Mariss Jansons
マリス・ヤンソンス

Ein leidenschaftliches Leben für die Musik
すべては音楽のために

Markus Thiel
マルクス・ティール
Oyamada Yutaka
小山田 豊 訳

春秋社

まえがき

もっと違う形になるはずだった。電話でゆっくり話す約束もしてあったのだ。とくに二〇二〇年夏、彼がザルツブルク祝祭*で振る予定だった、ムソルグスキーの『ボリス・ゴドゥノフ』について語り合いたかった。なによりもオペラをやりたかった彼にとっては、まさに待ちに待った機会だった。そのあとでマリス・ヤンソンスは、あまり余計な口出しはしたくない、引用を逐一チェックしたりはしないと言いながらも、この本についていくつか細かい点を補足したり、誤りを正したりしてくれるはずだった。ところが、話す予定のわずか数日前、二〇一九年十二月一日未明に、ヤンソンスは第二の故郷であるサンクトペテルブルクで亡くなった。彼にはまだやり残したプランがいくつもあり、仕事はあくまでも徐々に減らしていくつもりでいただけに、その死は驚きだった。音楽を愛する世界中の人々が衝撃を受け、打ちのめされた。

＊「音楽祭」と表記されることが多いが演劇の上演も行われており、オペラ・音楽部門と演劇部門とでは監督も異なる。

じつは最初、ヤンソンスはこの本に乗り気ではなかった。ドミートリー・ショスタコーヴィチについてなら、本を書く意味はあるでしょう、と最初の打ち合わせで彼は言った。ピョートル・チャイコフスキー、セルゲイ・ラフマニノフ、あるいはリヒャルト・シュトラウスでも――いずれもヤンソンスが自分のオーケストラで繰り返し演奏してきた作曲者たちだ。しかし指揮者や、あるいは演奏家一般についてはどうでしょう？　われわれはあくまでも解釈者で、再現芸術家です。天才が生み出した作品に形を与えるだけの存在ですよ。そんな人間に評伝なんて、おこがましい話です。自分みたいな人間について、わざわざ本を書いて伝える意味なんてないでしょう？　ヤンソンスは考えたとおりを言葉にした。

これはただの社交辞令で、謙虚そうに振舞いながら、じつは媚を売っているだけだと見ることもできる。あるいは必要以上に人目にさらされる不安から、疑い深い態度をとったとも解釈できよう。だが、マリス・ヤンソンスは、あくまでも本気でそう思っていたのだ。実際にこの本の企画を了承し、協力しましょうと言ってくれるまでには、長い時間がかかった。

「どうもまだ納得がいかない」と彼はよく言った。

ヤンソンスを知る人、彼とともに仕事をした人ならば、誰もがこのひとことを聞いた経験があるはずだ。音楽家はもちろん、各地でオーケストラの運営に携わるマネージャー、エージェント、劇場やホール、放送局などの責任者、そして演出家に至るまで。この言葉は「だめだ」ではなく、「これでいい」でもなく、「たぶんこうだ」や「知らない」とも違う。この言葉に表われているのは懐疑だ。それは静かにいつまでも胸に残り、心を悩ませる。だが、そうした性質のものであるからこそ、疑ってみることは重要であり、意味があり、実りを生む。ヤンソンスにとって、懐疑はもはや相棒のようなものであり、キャリアの最初からつねにその存在を意識していた。そして、それを振り捨てようとはしなかった――そんなことは不可能だったし、彼自身望みもしなかったからだ。

また、そもそもマリス・ヤンソンスがこうした評伝には書きにくいタイプの芸術家であることも、彼が最初は積極的でなかった理由だ。このあと描かれるとおり、数多くのスター指揮者たちの中でも、マリス・ヤンソンスは大いなるパラドックスに満ちた人物なのだ。彼のキャリアは、まさに一本道だった。早くから偉大な指揮者たちの薫陶を受け、その後あまり有名ではないオーケストラを率いる立場につく。やがてヤンソンスのおかげでその楽団がトップクラスの仲間入りを果たすと、海外のさまざまなオーケストラを相手に腕を磨き、やがて世界屈指の二つのオーケストラのシェフを兼務するまでになる。そして最後には、あのサイモン・ラトルが（やはり社交辞令抜きで）「ぼくたちの中では、彼こそが最高だ」と評したほどの高みに到達した。

ところが、そこに至る過程でヤンソンスは、自分を売り込むためのPR活動などまったくしておらず、クラシック音楽市場で売れっ子になるために必要とされる努力もしていないのだ。大げさなキャッチ・コピーで実力不足を補ってもらう音楽家もいるなかで、ヤンソンスのキャリアはそうした派手な宣伝文句とは無縁のままで完結している。たとえ彼がそういった手段をやむなく認め、使うと決めたとしても、あとで気が変わったヤンソンス（「どうもまだ納得がいかない」）を説得するために関係者全員が散々手を焼くのはよくあることだった。

本書では彼の人生をたどり、その節目となった出来事に正しく光を当てるいっぽう、より高い視点から包括的なテーマについても述べたい。そうした記述や説明も、ヤンソンスのオーケストラ遍歴を追う形で進めてゆくつもりだ。そのときのテーマに応じて、ときには話が重複したり、並行したり、あるいは時間を先取りして進むこともあるだろう。この伝記がかならずしも時系列どおりに進まないのは、一貫して変わらなかったものを示したり、あるいは比較対照を試みるためでもある。

この本の大きなテーマは、たとえば指揮者ヤンソンスはオーケストラのシェフとして、また解釈者としての自分の役割をどう考えていたのかという問題だ。音作りにこだわり、オーケストラのトレーニングにあたっては明確なコンセプトを持っていながら、ヤンソンスは自分と異なる演奏様式を実践している人々の考え方からも学ぼうとしていた。

楽譜の読み込みと分析に没頭するときのヤンソンスの熱中ぶりは、鬼気迫るものがあった——そして仕事にかけるこうした情熱は、オーケストラの側にも伝わった。そんな彼が芸術家としての自分をどう考えていたのかについても、語りたいと思う。偉大で、近寄りがたく、専制君主のように命令を下すマエストロたちの時代にヤンソンスは教育を受けているが、自分の意志を通すために彼らのような権威主義的な、支配者然としたやり方には頼らなかった。彼自身の仕事への取り組み方——あまり健康には良くなかったにせよ——を見せれば、それで十分だった。ここにも彼のキャリア上のパラドックスがある。ヤンソンスの音楽家としての原点は、指揮者が壇上の支配者だった時代にある。やがて指揮者は「同輩中の第一人者《プリムス・インテル・パレス》」、意識の高い——そして指揮者と同じように注目を浴びる——ミュージシャンたちのパートナーへと変わっていった。この変化に適応することで、彼自身も変貌を遂げたのだ。

ヤンソンスは文字通り仕事のためにみずからを燃やし尽くした。そしてそのことが彼を誰からも尊敬され、慕われ、愛される芸術家にした。そんな彼に対して、ついてゆけないという人々が音楽家の中にもいた。だが、ヤンソンスという人間をはなから拒絶したり、彼に対して恨みを抱いたりする者はいなかった。このあと本書で描くとおり、ヤンソンスが音楽の世界の中でも特別な存在だったのは、まさにこのような非の打ち所がない――そしてときには、いまひとつ捉えどころのない人物だったからだ。ヤンソンスの人柄にははっきりした特徴があったが、スター気取りの派手なふるまいとは無縁だった。そういった彼の持ち味は、解釈者としてのありかたにプラスに働いただけでなく、文化行政と関連する問題に積極的に取り組み、みずからの主張を曲げず、粘り強く交渉する際の武器ともなった。ピッツバーグでは楽団の存続のために闘った。またミュンヘンでは、新しいホール*の建設要求をついに認めさせた――この計画を（関係者や後援者の多くとは対照的に）ヤンソンスは絶対に実現可能だと最初から信じて疑わなかった。だからこそ、この新ホールの獲得は、彼にとってもっとも重要なもの、生涯をかけたプロジェクトとなったのだろう――ヤンソンス自身がこのコンサートホールの指揮台に立つことはかなわなかったとしても。

* 古く手狭なヘルクレスザールにかわり、バイエルン放送響のホームとなる新たなホールを求めたこと。本書の「ホールをめぐる新たな闘い」を参照。

マリス・ヤンソンス

目次

マリス・ヤンソンス

Mariss Jansons

すべては音楽のために

第二の誕生

あの有名な動機がホールに鳴り響いたあとの、たった四小節。そこが思いどおりにいかなかったので、黒のタートルネック・セーターを着て、髪を無造作にかき上げた若者は、このパッセージを歌いはじめる。

「タタタター、ティティティティー、タタタター」

p《ピアノ》で奏でられる動機がヴァイオリンからヴィオラへと引き継がれ、やがて爆発するようなトゥッティへとつながっていくところ。楽員たちは何もわかっていないとでもいうのか。これまでいろんな指揮者のもとで、この数小節をなんども演奏しているのに。いまの首席指揮者のロリン・マゼールともやっているはずだ。録音も数えきれないほど聞いただろうし、もしかすると音大生のころからさんざん練習してきたかもしれない。それなのにこの二十八歳の若者は、大真面目な顔をして、誰もが知っている名曲を基本からやり直そうとしている。

「ここが一番大事なんですよ」と、念を押すように言う。

「この三小節がうまくいけば、全体がまとまるんです。どうぞ、すべて均等に。速くならないで。

互いの音をよく聴いて」

マリス・ヤンソンスは、ベルリン放送交響楽団（現在のベルリン・ドイツ交響楽団）に、ベートーヴェンの交響曲第五番の冒頭部分を説明している。いや、説明どころではない。ベテランも多いこのオーケストラに向かって、もっと正確に、と要求しているのだ。

「どうぞ、もう一度」

一瞬オーケストラから目をあげて、虚空を見つめると、ふたたび決然した面持ちで、短く、ほとんどための無いアウフタクト。

「タタタター」

同じベルリンのフィルハーモニー管弦楽団には一歩譲るとしても、やはり一流であるこのオーケストラを相手に補習授業をしようというのか？　ヤンソンスにはそれが許されていた。いや、むしろそうするよう求められていた。一九七一年九月、ヤンソンスはヘルベルト・フォン・カラヤン指揮コンクールに参加していたのだ。クラシック界の帝王カラヤンは早くから彼に目をかけており、ヤンソンスは今このベルリンで、その期待に応えてみせねばならなかった。審査は第五次まで行われ、課題にはきわめて難度の高い曲も含まれている。最後の公開本選だけはベルリン・フィルハーモニー管弦楽団が演奏するが、それまでの審査はベルリン放送交響楽団が演奏を受け持っていた。審査員の顔ぶれも、まさに壮観だった。英ＥＭＩの敏腕プロデューサーで、フィルハーモニア管の創設者でもあるウォルター・レッグ、指揮法の教授として当代最高のひとりといわれたオーストリアのハンス・スワロフスキーもいる。そのスワロフスキーの審査メモには、ヤンソンスのモーツァルト、ベートーヴェン、ストラヴィンスキーの演奏についてこう記されている。

「ジュピター、良し。各部のつながり滑らか、ことに三連符よし。エロイカ、非常に良し。春祭《ハルサイ》、非常に良し。バルトーク、抜群の出来」そして総合評価は「天性の音楽家」。

審査のまだ早い段階で、ヤンソンスはラヴェルの『ダフニスとクロエ』の抜粋を演目として申請していたが、これには審査員から異議が出た。こういった繊細な曲はコンクール向きではない、ベートーヴェンの第五ではどうか、というのだ。一種の妥協案として、ラヴェルのこの曲はコンクールの最後の公開演奏で振らせてもらえることになった。一九七一年秋の映像には、ヤンソンスのリハーサル風景と本番の様子が収められている。『運命』の第三楽章から第四楽章につながる難所を、ヤンソンスはじつに明確な指示を出しながら、研ぎ澄まされた集中力でみごとに乗り切っている。オーケストラの各所に繰り返し視線を送ってコントロールに努め、漫然とタクトを振る瞬間は一秒もない。指揮者もオケも互いに相手から意識をそらさず、細部を調整し合っているのが傍目にもわかる。

そして、公開演奏での『ダフニスとクロエ』。

「ものすごく緊張しましたよ」と、ヤンソンスはのちに回想している。

「カラヤンがホールの客席にいたんですが、ぼくは自分の指揮の結果に満足できなかった。自分が作品から引き出したかったものを、ちゃんと示せなかったのです」

結果としては、あと一歩及ばなかった。第一位はポーランド生まれでイスラエル育ちのガブリエル・フムラ、第二位はマリス・ヤンソンスとポーランドのアントニ・ヴィト、第三位がブルガリアのエミール・チャカロフと決まった。しかし実際のところ、大多数の観客やメディアの注目を集めたのは、ヤンソンスのほうだった。インタビューの申し込みが殺到し、批評も彼に好意的だった。いちばん成熟した印象を受ける、という声が多かった。「ソ連邦出身のマリス・ヤンソンスは、ベートーヴェンの第五と『ダフニスとクロエ』の本番でもすばらしい仕上がりを聴かせました」と、テレビ番組でも称賛されている。「この若さで楽譜を実によく勉強しており、指揮の技術も見事です」ベルリンの聴衆もこの町らしい率直な反応を見せ、ある男性はテレビ・カメラにむかってこう言った。「あのロシア人は、大したもんだよ」

授賞式のためにふたたび舞台に上ったヘルベルト・フォン・カラヤンは、まるで後見人のような態度で、かつての助手の肩をぐっと抱きよせた。彼の本当のお気に入りが誰だったのか、これではっきりした。期待をかけられた側にとっても、カラヤンのこのジェスチャーには銀メダル以上の価値があった。それは第二の誕生にも等しかった。のちにヤンソンスはこう語っている。

「もう〝アルヴィーツ・ヤンソンスの息子〟じゃない。正真正銘のマリス・ヤンソンスになったのです」

第一の誕生はそれより二十八年前、一九四三年の冬のさなか、ラトビアでのことだ。人手も足りず、しかるべき医療の助けもなく、死の危険と隣り合わせの出産だった。母のイライーダ・ヤンソネはユダヤ系で、ドイツ軍占領下のリーガで潜伏生活を送っていた。兄弟や父親はすでにSSの手で殺害されている。イライーダ自身も、やがては逮捕され、収容所に送られるのではないかと怯えていた。

一九四三年一月十四日、息子マリスが生まれる——だがその祖国はもはや存在しないにも等しかった。一九四一年からラトビアはドイツに占領されている。しかしドイツ国防軍が進駐してくる前年に、この国はソ連に併合されており、人々は一年のあいだ圧政に苦しめられてきた。何千ものラトビア人がシベリアに送られ、恐怖政治が敷かれた。ドイツ軍はいわば解放軍として、多くの人々から歓迎を受ける。「今までよりはましだろう」と思う者もいれば、「これで明るい未来がやってくる」と喜ぶ者もいた。西からの侵略者にしてみれば、信頼できる協力者を見つけるのもたやすい状況だった。

ドイツ人が持ち込んだのか、それともずっと以前からこの国のどこかに巣食っていたのか、すさまじい反ユダヤ主義の嵐が吹き始める。ユダヤ系住民にとっては、死刑宣告にも等しかった。一九四一年の晩秋までにユダヤ人街区はほぼ一掃され、ルンブラの森の虐殺*などでおよそ三万人にのぼるユダヤ人が命を落とした。その少し前には、リーガ郊外の「モスクワ街」と呼ばれる地区にゲットーが設けられ、数千人がそこに押し込められた。さらに西からもユダヤ人が移送されて、ここに住まわされたので、住環境は悪化の一途をたどった。

ゲットーでの集団生活は破綻する。そのため多くのユダヤ人が町からラトビア各地の森の中へと送られ、そこで虐殺された。マリス・ヤンソンスが生まれてまだ数か月の一九四三年六月、親衛隊全国指導者ハインリヒ・ヒムラーは、ラトビアにも強制収容所を建設せよと命令を下す。リーガのゲットーは段階的に解体されていった。身を隠し、じっと耐え、あるいは善意のラトビア人に助けられて、この惨禍を免れることができたのは、ラトビアのユダヤ人の中でごくわずかに過ぎない。イライーダ・ヤンソネとひとり息子のマリスもそこに含まれていた。

---

* リーガ郊外ルンブラの森で、一九四一年十一月末から十二月初めにかけて、親衛隊により二万五千人以上のユダヤ人が虐殺された事件。

そんな潜伏生活を強いられたイライーダの夫は、指揮者のアルヴィーツ・ヤンソンスである。音楽がとりもつ縁だった。夫は歌劇場のヴァイオリン奏者から指揮者へ転向し、妻はそこのメゾ・ソプラノ歌手だった。ようやく戦争は終わったものの、人々の心にはまだ生々しい傷がのこる中、ふたりは地元リーガの歌劇場と契約する。ベビーシッターを雇う余裕はないし、そのつもりもない。家政婦を一人頼んで、家事をやってもらうのが精いっぱいだ。こうして幼いマリスは両親につれられて、毎日のように芸術の殿堂へ通う——といっても、そこがどういう場所なのかは、まるでわかっていないようだった。マリスは舞台裏や楽屋に通じる、あやしげな暗い通路を探検して歩く。そこではいつも大勢の人たちが、歌い、踊り、楽器を奏でていた。

ドイツ占領下の恐怖は去ったが、こんどはソヴィエト体制下での暮らしが一家を待っていた——そしてまた別の恐怖にさらされる。マリスは四歳で早くもそんな体験をしている。ＫＧＢの将校がとつぜん現れ、おばを連行すると告げたのだ。

「どうして？」と、マリスは尋ねる。すると、制服の男は答えた。

「ちょっと散歩に行くだけなんだよ。そしたらおばさんはまた帰ってくるから」

そして彼女はシベリアへ送られた。

そんな状況であればこそ、歌劇場はいわば避難所となり、現実から逃避するための場所となる。マリスはそこで上演される作品をぐんぐん吸収していった。最初はとくに意識しないまま、やがてどんどん惹き込まれて。チャイコフスキーの『白鳥の湖』や、ルートヴィヒ（レオン）・ミンクス作曲の『ドン・キホーテ』の稽古があると、マリスは家に帰ってから、台所で家政婦を相手に見よう見まねで踊ってみせる。たったひとりの観客としては、面白がってばかりもいられなかった。うっかりするとフライパンや鍋が床に転がり、皿が割れたりしたからだ。じきにマリスは上演の本番も見せてもらえるようになったが、時にはフィクションと現実の区別がつかなくなることもあったようだ。ある夜、五歳のマリスはいつものように、オーケストラピットの右上にあるボックス席に座っていた。彼の母もいつものように、舞台に出てくる。今夜はカルメンの役だ。作品の筋書きどおり、終幕でテノール歌手が彼女につかみかかる。嫉妬に狂ったドン・ホセがカルメンを刺し殺す場面だ。すると突然、ボックス席から甲高い叫び声が上がった。

「ぼくの母さんにさわっちゃダメ！」

アルヴィーツ・ヤンソンスは、わが子を外へつまみ出させた。

母と息子は――父がきわめて多忙だったせいもあって――深い愛情のきずなで結ばれていた。ユダヤ系住民への迫害や虐殺がこの家で話題になることはほとんどなかった。当時も、そしてもっと後になってからも、ソヴィエト社会の根底にはユダヤ人への差別意識があり、ときにはそれが表にあらわれてくる。他者への思いやり、人として守るべき道理、宗教の基本原理について、イライーダ・ヤンソネは幼いマリスに教え、また自分自身の生き方で手本を示した。そして、礼儀作法についても厳しくしつけた。当時のラトビアで、彼らのような社会階層に属する人々にとっては、それが普通だった。

学校に上がってからも、子供へのこうした教育は続く。

「そのころの学校には、まさに鉄の規律がありましたよ。人に接するときの態度についてです」と、ヤンソンスは回想する。

「先生から質問されたら、起立しなければならない。そのほかに生徒同士でも、男子は互いに礼をする、女子は膝を折ってお辞儀をします。そして成績をもらうときは、それがどんなにひどい評価でも、お礼の言葉を欠かしてはいけないのです」

こうした教育の影響は、生涯ヤンソンスから消えなかった。反権威主義的な教育には（「それじゃ野蛮人になれというようなもんですよ」）、どうしても共感できなかった。

「ぼくが古いのかもしれない。でもね、これは他人とどうやって共生していくか、という問題なんですよ。社会的な関係をどう築くか、共同体の一員になるにはどうすればいいか、どうすべきか、という話です」

だからといってこの親子の家庭に、むやみに服従を強いるような雰囲気があったわけではない。母が息子にむかって、問答無用で「とにかくやりなさい！」と命じるようなことは絶対になかった。

「母は何でも説明してくれましたよ、ぼくがすべて理解できるように。どんなことでも愛情をこめて伝えてくれました」

この子にとって父親はとにかく憧れの的で、大きなオーケストラを意のままに操るその仕事にも魅力を感じていた。歌劇場でのマリスは、たしかに楽しそうに舞台を眺めている。だがこのごろは、指揮台に目をやることが多くなったようだ。家でもそんなそぶりが目についた。お気に入りのシャツと、きれいなズボンを着せてもらって、テーブルの前に立つ。そしてそこに一冊の本と、木片をいくつか並べる――これがこの子の「スコア」と「楽団員」なのだ。三つのころからもう、父をまねてこんな遊びを始めていた。そんな場面を撮った写真が何枚か残っていて、髪をクシャクシャにしたマリスが、右手に指揮棒を握って写っている。やがて読み書きができるようになり、作曲家やその作品、時代背景についての知識が増えてくると、想像上の定期演奏会の会員のためにプログラムの解説まで作るようになった。

「空想の中では、もうこのころから、自分はかならず指揮者でしたね」

ずっと後になってから、彼はこう語っている。

「この世界にすっかりはまって、いつもそんな空想にふけっていましたよ」

最初のうちはただ面白がっていた両親も、この熱心さが単なる一過性のものではないと気がつく。この子は本気なのだ。ふたりはまだ幼い息子にけっして音楽を無理強いしてはいない。マリスはごく普通に育てられ、そしてごく自然にこの世界の扉をくぐった。自分で音楽を体験し、みずから望んで、遊びと同じように楽しみながら、この道を歩きはじめたのだから、誰にもそれは止められない。

「それはちょうど太陽の光がサッと差し込んで、行く手を示してくれたような感じでした。『ほらごらん、この道を行くんだよ』って」

ヤンソンスは当時を振り返り、そう語っている。

六歳になると、マリスは父からヴァイオリンを与えられた。この子にはこの楽器が向いているとアルヴィーツ・ヤンソンスは考え、みずから手を取って教え始めた。上達は早かった。最初はひっかくような耳障りな音だったのが、すぐに心地よい、魅力ある響きが出せるようになる。しかしどんなに才能に恵まれていても、日々のたゆまぬ練習、音作りの不断の努力は、けっして楽ではない。マリスはだんだん飽きてくる。他にもっとやりたいことができたのも、理由のひとつだ。自宅の音楽室よりも、中庭にいるほうが楽しくなったのだ。

ほぼ毎日、マリスと友人たちはサッカーをしに集まっていた。ときにはガラス窓を割って、近所の人にカミナリを落とされる。だが子供たちがしゅんとするのもつかの間で、いっこうに懲りる様子はなかった。ときどきひとりの女の子がそれを見に来ていた。この庭に面した家のひとつに住んでいて、父親は『ダウガヴァ』というサッカークラブの有名な監督だった。少年たちは女の子に「お父さんにいちど観に来てもらえないかな」ともちかける。ちょっとしたトリックプレーやフェイントぐらいなら、この子たちにもできたのだろう。監督はすっかりその気になり、八歳のマリスの才能に目をみはった。

このごろはもうヴァイオリンには見向きもしない。将来はサッカー選手になるのも悪くないや、と思いはじめている。そんなある日、監督がヤンソンス夫妻を訪ねてきた。お宅の息子さんは選手としてじつに有望です、と熱っぽく語りはじめる。どうでしょう、体育学校に入れるつもりはありませんか？　両親にとっては青天の霹靂だ。父の言葉は、すべての反論を封じた。

「なにもかも忘れろ」

そして監督のほうに向きなおると、こう言った。

「この子は音楽家になるんです」

マリス・ヤンソンスは打ちのめされる。だが、いつまでもこだわっていたわけではない。のちに人生を振り返って、このとき両親がそう決めたのを恨んではいない、と語っている。

「誰にも音楽を強制されたわけではありませんから」

ヤンソンス家の「独特な雰囲気」、偉大な作曲家たちとその作品につねに囲まれた暮らしは、この少年にとっては重圧ではなく、ごくあたりまえの日常だった。やがて自覚も芽生えてくる。将来、音楽の世界で生きていくつもりなら、しっかりした知識と徹底的な訓練が基礎として欠かせないのだ、と。

そんな専門知識のいちばんの初歩は、じつはもう身につけている。なんども繰り返し聞くようになった初めての曲のひとつが、のちにベルリン放送交響楽団の前で口ずさむ、あの「タタタター」で始まる交響曲だ。ベートーヴェンの第五番は、子供のころからの大のお気に入りだった。息子にせがまれて、両親は何度となくレコードをかけてやったものだ。やがてマリスはベートーヴェン作曲、作品六七と書かれたスコアを、自分で手にとるようになる。キッチンテーブルの前で指揮者ごっこをしていたのは、もう昔のことだ。マリスは自分で音符を追い、楽器を聴きわけ、曲の展開についていくことを覚える。スピーカーから流れてくる響きの向こうにあるものが、次第にはっきりと見えてくる。それればかりではない。この交響曲はマリスにとって最愛の曲というだけでなく、薬の役目も果たすようになる。

「病気で家にいなければならなくなると、いつも母に『第五のスコアをもってきて』とせがんでいましたっけ。そして母がレコードに針を落とすと――自分の世界が戻ってきて、生き返るような気がしましたよ」

父親たち

誰にも知られてはならない。割に合わないコレペティートア*の仕事をずっと我慢し、父親とは大喧嘩をして、心が折れそうになるような言葉を何度も浴びせられ、ようやく迎えた指揮者としてのデビューだった。場所は首都ベルリンの都心ではなく、その隣町である。出し物は交響曲の名作でもオペラでもなく、オペレッタだった——カール・ミレッカーの『ガスパローネ』がその日の演目だ。準備はすべて偽名で進められている。父の名前に傷がつかず、息子も重圧を感じなくて済むように。一九五五年二月、ポツダム市立のハンス・オットー劇場が仮の公演場所として使っていたレストランで、カール・ケラーと名乗る人物が指揮台に立った。この青年がじつはカール・クライバー（のちカルロスと改名）という名前で、高名な指揮者エーリヒ・クライバーの息子であることは、ごく内輪の人しか知らない。

父と子の関係がこじれ、うまくゆかなくなった結果が、この奇妙な偽装工作だった。指揮者の子供が優れた才能に恵まれ、音楽の道へ進もうとする。しかしその夢を実現するためにこれほど苦しまなければならなかった例は、二十世紀において他にはないだろう。ヤンソンスのほかに父の跡を継いで子が指揮者になったケースといえば、エーリヒとカルロスのクライバー親子がおのずと頭に浮かぶ。マリス・ヤンソンスの生涯においても、強く、有名で、大きな影響を受けた父の存在があった。父は手本であり、マリスは父を慕い、敬い、その愛情を一身に受けていた。父という手本がなければ、彼は芸術家の道を進まなかったかもしれない――このふたりとクライバー親子の間に、大きな、決定的な違いがあったのは確かだが。

アルヴィーツ・ヤンソンスは一九一四年十月十日、当時ロシア帝国領だったラトビアの港町リエパヤに生まれた。姉妹が三人と男の兄弟がひとりいて、アルヴィーツは――この時点では――一家でただ一人の音楽家となった。一九二九年から三五年までリエパヤ音楽院でヴァイオリンを学び、プロの演奏者となって一家の生計を支える。五年後、アルヴィーツ・ヤンソンスはリーガの国立歌劇場の第二ヴァイオリン奏者となった――エーリヒ・クライバーの指揮で演奏したこともある。仕事と並行して作曲と指揮の勉強も続けており、ドイツからリーガに亡命中の名指揮者、レオ・ブレッヒからも指導を受けた。

第二次大戦中、ラトビアの芸術家たちの四〇パーセント以上が国を去ることを余儀なくされた。歌劇場の上演体制を維持するためには、早急に指揮者を見つけてくる必要がある。こうして当時三十歳のアルヴィーツ・ヤンソンスにもチャンスが巡ってきた。指揮台に立つことを許されたものの最初はバレエ専門で、オペラを振ったのはもっと後だった。これは音楽家としてけっして恥かしいことでは

＊ ピアノ伴奏をしながら歌手などに稽古をつけるコーチ。

ない。現在の歌劇場システムでは、バレエ指揮者のほうが格下であるかのように扱われ、音楽総監督がバレエのプレミエを振ることはほぼあり得ないが、当時は事情が違っていた。

そのころリーガの国立歌劇場では、だいたい一シーズンに新制作の演目が五つあった。オペラが三つにバレエが二つ、あるいはその逆だ。ソ連の軍人や、そのほか占領軍関係の人々に人気のジャンルといえばバレエだった——オペラはラトビア語上演だったので、こちらのほうが親しみやすかったのだろう。さらにラトビアの上流階級にはバレエ鑑賞を好む伝統があった。こうしてアルヴィーツ・ヤンソンスの名前はまたたく間に知れ渡った。

バレエのプレミエは彼がほぼ一手に引き受けるようになり、オペラを任されることもあったが、たいていはすでに首席指揮者がやった演目の再演だった。アルヴィーツの一九四五年のスケジュール表には『トスカ』、『オテロ』、『スペードの女王』、『カルメン』といったオペラもあるが、やはり『ドン・キホーテ』、『ライマ』*、『眠れる森の美女』、『赤いけしの花』**、『ばらの精』***などのバレエが目立つ。一九二〇年に制定された法律によってラトビア国立歌劇場は別格の存在と認められ、国費からの助成が保証されている。つまりは国民文化の、さらにいえば民族のアイデンティティの一部として、国がオペラやバレエの振興につとめているのだった。

こうした状況の中で、一家は特別な存在だった。父親の職業だけがその理由ではない。国の側から見れば、ヤンソンス夫妻は民族意識の保持と発展のために力を合わせて働いているのだ。そんな彼らの生活と、農業経済と工業生産を中心とする当時のバルト三国の社会状況との間に、大きな隔たりがあったのも無理はない。このように高いステータスを認められていたからといって、政治への関わりを強制されたわけではない。ソ連体制下にあっても、アルヴィーツ・ヤンソンスは共産党への入党を避けている。そもそも彼は、こうしたことを公の場や仕事のときに口にするような人物ではなかった。四〇年代後半からスターリンが亡くなるまでは、劇場の運営が非常に難しい時期だっただけに、なおさら注意が必要だった。

両親は、ひとり息子の前ではこうした話題に触れないよう努めている。それよりも、夜ごと繰り広げられる舞台の上の、夢の世界のすばらしさについて繰り返し口にした。これは現実からの逃避と呼べなくもないだろう。

「全体としてみれば、ぼくの子供時代は幸せでした」

そうマリス・ヤンソンスは述べている。父も母も息子をあまり甘やかさず、恵まれた境遇におごらないよう気を付けている。

「なんの波風もなくすべてがうまくいくとか、親がなんでもかなえてくれるというのは、子供にとって危険だと思いますね」

あるとき、どうしてもおもちゃの自動車がほしいと愚図ったのに、「だめだ」と言われたのをヤン

* ラトビア生まれの作曲家アナトルス・リエピンシュ（ロシア名アナトリー・レーピン）作曲のバレエと思われる。一九四七年初演。ライマはバルト神話の運命の女神。

** レインゴリト・グリエール作曲によるソ連邦初の革命を題材としたバレエ。

*** 一九一一年にバレエ・リュスがニジンスキー主演で初演。音楽はヴェーバーの『舞踏への勧誘』（ベルリオーズ編曲）による。

ソンスは覚えている。

「そりゃ悲しかったですよ、でも両親は教えてくれたわけです。おまえが家でよく思っているほど、人生は穏やかで単純なものじゃないんだ、とね」

アルヴィーツ・ヤンソンスという指揮者の演奏スタイルは、われを忘れて作品にのめり込むこともなければ、自分という存在をひけらかすこともない。いささか陳腐な表現かもしれないが、最高の意味で、作品に対する奉仕者だった。それを示す記録がいまも残っている。映像で見るアルヴィーツ・ヤンソンスの指揮ぶりはきわめて明快で、職人の仕事のように無駄がなく、しかもけっして冷徹ではない。これが楽曲の解釈にも反映されている。たとえばチャイコフスキーの『白鳥の湖』は明るく軽やかで、情感におぼれることなく進んでゆくが、どんなテンポの変化にもきわめて柔軟に対応している。散漫で、あいまいな、メリハリのない表現をアルヴィーツ・ヤンソンスは好まない。その格好の例がベルリオーズの『幻想交響曲』だ。細部まで目配りのきいたフレッシュな解釈で、生気にあふれ、強烈なインパクトを与える。

モーツァルトの『レクイエム』の録音はいっぷう変わった、例外的なものだ。テンポは引きずるように遅く、あのセルジウ・チェリビダッケの演奏よりも、さらに極端だ。この「ラクリモーサ（涙の日）」は、録音史上もっとも遅いだろう。立ち止まり、中断しそうになりながらも、比類ない説得力をもって進むこの演奏には、作品の内容に対する深い洞察と、指揮者その人の宗教観が色濃く反映されている。そして、スローモーションのような遅いテンポながらも緊張感はゆるまず、盛り上がりはしっかりとコントロールされ、歌としての美しさにも配慮が行き届いている。こうした特色は指揮者アルヴィーツ・ヤンソンスの卓越したテクニックの一端を示すものだ。

一九四七年から五二年まで、彼はラトビア放送管弦楽団の指揮者も兼務するが、やがて戦後初のレニングラード指揮者コンクールで優勝し、そのキャリアは大きな節目を迎える。当時すでに伝説となっていたレニングラード・フィルハーモニー管弦楽団から、首席指揮者エフゲニー・ムラヴィンスキーのアシスタントに招かれたのだ。アルヴィーツ・ヤンソンスはためらわずにこの話を受け、レニングラード*へ向かった。当初はクルト・ザンデルリングに次ぐ第二副指揮者といった地位だったが、やがてザンデルリングが東ドイツのオーケストラに転出したため、昇格している。

ひとまず妻と息子はリーガに残して行ったが、レニングラードで再び一家が揃って暮らせるようになったのは、それから四年後である。単身赴任は、夫婦の間でよくよく話し合ったうえでの決断だろう。だが決め手になったのは、アルヴィーツ・ヤンソンスという人物の行動の指針だったに違いない。それを父は息子に伝え、息子はそれを、ときにはどうしても曲げざるを得ないこともあったにせよ、自分の信条として受け継いでゆく。

「自分の人生をどう決断していけばいいのか、パパ教えて、って何度もたずねましたよ。答えはいつも同じでした。『自分の胸にたずねるのが大事なんだ。きっと正しい答えを教えてくれる。問いかけたらすぐに答えが返ってくるから、それを聞き逃しちゃいかんよ。一秒遅くてもダメなんだ。そのときにはもう、頭が余計なことを考えてしまっているからな』」

＊　現在のサンクトペテルブルク。

レニングラードでのアルヴィーツ・ヤンソンスは、有名なフィルハーモニア*のすぐ脇の、小さな部屋に住んでいた。たまにやってくる妻と息子は、その狭さになかなかなじめない。一家にとってこの変化は大きな負担を伴うものだったが、あえてそれを受け入れたのにはいくつかの理由がある。まず、遠くバルト海をへだてたこの町は、リーガより音楽文化の水準がはるかに高く、そのぶん高い地位につける可能性があるとアルヴィーツ・ヤンソンスには思えた。それともうひとつ、リーガでの彼の上司、首席指揮者レオニーツ・ヴィーグネルスとの関係がどうもうまく行かない。リーガに留まっても、これ以上出世は見込めなかった。アルヴィーツが職を辞したことは、思わぬ結果をまねいた。数か月後、妻のイライーダが歌劇場の契約を打ち切られたのだ。妻と息子にとってはゆくえの定まらない、不安定な日々が続く。

「そのころ、父をねたましく思っているラトビア人は大勢いました。国を離れるのが許せなかったのでしょう。でも、そのうち父が有名になると、みな彼が誇りだと言っていましたよ」

こうした事情はあったものの、息子は尊敬する父の新しい仕事に、すっかり心を奪われてゆく。九歳にしてレニングラード・フィルの一二〇名のメンバー全員の苗字をすべて覚えていた――この時はまだ、レニングラードの町を見たこともなかったのに。一九五六年、ようやくアルヴィーツ・ヤンソンスは家族三人で暮らすために妻子を呼び寄せた。はたから見ればこれで家族は本来の形に戻り、単身赴任からくる問題ともおさらばできたように思える。しかし息子にとっては、これが思いがけない苦労の始まりだった。まさに一大転機であり、おそらくはマリス・ヤンソンスの人生にもっとも大きな影響をあたえた出来事だった。

音楽やスポーツをこれまでいっしょに楽しんできた仲間たちと別れ、さらにはロシア語がひと言もわからないせいで、最初は完全に孤立してしまったのだ。両親は家庭教師を探してくる。そして——父親からがんばれと言われたこともあり、その期待を裏切りたくない一心で——マリスは特訓授業を受け始める。おどおどして引っ込み思案な子供になるかわりに、マリス・ヤンソンスは十三歳にして早くもワーカホリックのきざしを見せ始めた。なんとしても落第しないために、まるで物に憑かれたようにロシア語を勉強する。そしてレニングラードでは、新しい人物と出会った。仕事一筋の生き方を教え、芸術家ヤンソンスの第二の父ともいうべき存在となったエフゲニー・ムラヴィンスキーである。

一九〇三年五月二十二日、サンクトペテルブルクに生まれたエフゲニー・ムラヴィンスキーは、アルヴィーツ・ヤンソンスとはまったく違うタイプだった。自負心がきわめて強く、近寄りがたいほど貴族的で、冷厳このうえなく、畏敬と恐怖の対象でさえあった。ムラヴィンスキーは専制君主型のオーケストラ・ビルダーであり、その意味ではアルトゥーロ・トスカニーニやジョージ・セルのソ連版ともいえる。一九三八年、全ソ指揮者コンクールで優勝したのちにレニングラード・フィルハーモニー管弦楽団を任されたムラヴィンスキーは、このオーケストラを世界の一流と肩を並べる優秀なアンサンブルに鍛え上げる。一九八二年に役職からは退くが、一九八八年に亡くなるまでこの楽団との密接な関係は続いた。この長期政権の間にショスタコーヴィチの交響曲を六曲初演し、なかでも交響曲

＊　レニングラード・フィルの本拠地であるホール。

第八番はムラヴィンスキー本人に献呈されている。のちに交響曲第十三番の初演をめぐる行き違いがもとで決裂するまで、ムラヴィンスキーとショスタコーヴィチは親しい関係にあった。政治に関してはどちらかというと目立たない立場を貫いたムラヴィンスキーだが、ソ連の楽壇においては皇帝《ツァーリ》にも等しい絶対的な存在だった。

ムラヴィンスキーの本質は、その演奏にあますところなく反映されている。チャイコフスキーであれ、ほかのロシアの作曲家であれ、ムラヴィンスキーの解釈は既存の型にはまらない。あくまで明快な様式感、鮮烈なドラマ性、各パートが極限までくっきりと磨き上げられ、クリスタルのように輝くさまは比類がない。その冷たい炎ともいうべき新即物主義の美学によって、そのほかの作曲家たちの作品もまた光を放つ。残された映像では、オーケストラに霊感を吹き込んで自在にドライブするというよりも、むしろ完成済みのものを淡々と提示しているように見える。楽員も、また彼らを統率する指揮者も、ここまで確信の持てる表現に到達するまでには長い道のりがあった。演奏会の定番と言われる有名曲を再録音するにあたっても、ムラヴィンスキーはスコアをじっくりと見直し、オーケストラを何度も招集して練習を重ねた。のちにマリス・ヤンソンスもこのやり方を踏襲している。ヤンソンスも、一度作り上げたものに満足してしまうことは絶対になかった。ムラヴィンスキーと彼の仕事ぶりは、西側の大物指揮者たちの賛嘆の的だった。ヘルベルト・フォン・カラヤンは、あるときチャイコフスキーの交響曲第五番を録音した。しかしセッションの終了後にムラヴィンスキーのレコードを聴くと、録ったばかりのテープをすべて破棄するよう命じた、という逸話がある。

マリス・ヤンソンスが伝えるところによると、ムラヴィンスキーは「まさに鋼鉄の巨像でしたね。

でも心の奥には、深い情愛を秘めていましたよ」。あるときヤンソンスがレニングラードで目にした情景は、まさに象徴的といえる。ピアノのスヴャトスラフ・リヒテル、ヴァイオリンのダヴィッド・オイストラフ、チェロのスヴャトスラフ・クヌシェヴィツキー*が開演前に集まって、おしゃべりに花を咲かせていた。そこへムラヴィンスキーが現れた。

「なにもしない、なにも言わない——ただ通りかかっただけです。なのにこの天才たちが、伝説の巨匠だったこの三人が、急に口をつぐんで、まるで催眠術にかけられたみたいに立ちつくしていましたよ。これがムラヴィンスキーの魔力です。意志の力からくるオーラの凄さです。カラヤンも似たところがありましたね。あの人も、余計なことはひとことも言わなかった」

リハーサルのもっとも効率的なやり方を、マリス・ヤンソンスはムラヴィンスキーから学んでゆく。オーケストラと向き合うとき、ムラヴィンスキーの頭の中にはほんのささいな点に至るまで、綿密な響きのイメージが出来あがっている。そこからまず各パートの調和や、土台となるリズムの刻み方をつめてゆく。ここでの指示をどうやって実際の音に反映させるかは音楽家任せで、自分はそこまで立ち入らないという指揮者も多い中、ムラヴィンスキーは各楽器の演奏法まで細かく指示してゆく。こうした瞬間は若き日のヤンソンスに鮮烈な印象を残し、それがのちのちまで影響を与え続ける。いろんな楽器をマスターしておきなさい、という父アルヴィーツからの助言も、なるほどそのとおりだと思われた——自分の解釈を楽団員にも納得してもらうには、音楽理論や演奏のコンセプトについてリ

---

* ソ連を代表するチェロ奏者(一九〇八—六三)。オイストラフ、オボーリンとの室内楽で知られる。ミャスコフスキーなど同時代の作曲家の初演も多く、モスクワ音楽院教授も務めた。

ハーサルで話すだけでは足りないのだ。

エフゲニー・ムラヴィンスキーとアルヴィーツ・ヤンソンスという、まったく違うタイプのふたりの指揮者を師と仰ぎつつ、マリス・ヤンソンスは音楽家として成長してゆく。やがてムラヴィンスキーはアルヴィーツ・ヤンソンスに対しても支配力を持つようになってゆくが、助手である以上、その意に従わなくてはならない。これが彼らの関係をより複雑なものにした。つまりヤンソンス一家を生かすも殺すも、言うなればムラヴィンスキーの気分次第であり、誰もが恐れるこのソ連音楽界の大御所にとって、コミュニケーションとはすなわち上意下達の一方通行以外ありえなかった。イライーダも、マリスも、そしてアルヴィーツも、こうした状況となんとか折り合いをつけてゆくほかはない。ただ、父アルヴィーツもムラヴィンスキーも、マリスの才能を認め、それを伸ばそうと心掛けていた。若き音楽家の夢を壊すようなことは一切していない。そこがカルロス・クライバーの場合との決定的な違いであり、ふたりの性格の違いもここに起因している。

カルロス・クライバーの友人だったミヒャエル・ギーレン*によれば、指揮者を目指したいと打ち明けたカルロスに対し、父エーリヒはさんざん説教をしたあげくこう言った。

「クライバーという指揮者はひとりで十分だ」

さらには息子をむりやり理系の道へと進ませた。カルロスはしかたなく大学で化学を専攻するが、結局は中退してしまう。その後、父はついに折れて息子が指揮者になるのを許すが、カルロスは特定のことに妙な嫌悪感を示すようになる。たとえば指揮法の基礎となる理論を学ぶのを拒んだ。カルロス・クライバーの伝記を書いたアレクサンダー・ヴェルナーは、こう付け加えている。

外部からのプレッシャーだけでなく、カルロス自身が自分に対して極端なプレッシャーをかけていた。そのために、みずからの能力に絶対の自信を持ちながらも自分に満足できず、失敗の不安におびえ続けなければならなかった。(…)思い描いていたような結果が得られないと、身も心も病んでしまうのだった。

マリス・ヤンソンスの置かれた状況はここまで極端なものではなかったし、自分の人生に対してこれほど根本的な、病的なまでの絶望感をおぼえることもなかった。まず父と母がいつもそばにいて、彼の気持ちを考えながら相談にのってくれた――これに対してエーリヒ・クライバーは、何か月も客演に出かけて家を空けることも多く、家族にとって身近な頼れる存在ではなかった。さらには周到なキャリア戦略にもとづいて各地の主要なオーケストラや歌劇場を渡り歩き、世界を股にかけて活躍するスターに出世していた。それにくらべると、レニングラード・フィルの海外公演を何度か指揮し、日本やオーストラリアのオーケストラにも呼ばれ、一九六五年からはイギリスのハレ管弦楽団の客演指揮者を務めたとはいえ、アルヴィーツ・ヤンソンスの指揮者人生ははるかに地味なものだった。カルロス・クライバーの場合、父との確執、そして自分で自分を縛り、みずから活動の場を狭めたことが、長年にわたるトラウマとして心をさいなむ結果となったが、マリス・ヤンソンスにとって人生が

＊ ドイツの指揮者、作曲家(一九二七―二〇一九)。南西ドイツ放送響のシェフとして、マーラーや二十世紀音楽の演奏で知られる。第二次大戦中アルゼンチンに移住していたころ、同地でカルロス・クライバーと知り合っている。

変わるほどの出来事といえば、生まれ故郷のラトビアを離れ、ロシアに渡ったことに尽きると言ってよい。

新しい環境に早く慣れなければならない。父親をがっかりさせたくない、という気負いもあっただろう。そして、どうせやるなら脇目もふらず、一直線に目標を目指そうという固い決意。十代のヤンソンスの毎日は、こうした思いに支配されていた——これがのちに、指揮者としての職業倫理の土台となる。

「自分一人ですべてをしょい込んで、もう狂ったように勉強したものです。ほかの子たちより悪い点数なんて、死んでも嫌でしたから。学校でときには八時間勉強して、それから家に帰ると、家庭教師のお姉さんにほかの科目を教えてもらって。真夜中まで机に向かうこともしょっちゅうでした」

ただし両親はひとり息子を罰で脅してむりやり机に向かわせたりはせず、むしろ脇からあたたかく見守っていた。故国を離れ、言葉すら通じない異文化の中で暮らし始めるという強烈な体験の中で、のちに顕著になってゆくマリス・ヤンソンスの根本的な性格は形作られていった——父との関係で苦しんだことはなかった。この状況の中で自分自身に課した課題のほうが、はるかに重荷だった。ドイツのクライバー親子と並ぶ二世代指揮者と言われても、ヤンソンスはむしろ両者の決定的な違いのほうを意識していた。

「ぼくもカルロス・クライバーと同じように、父親の使っていたスコアを受け継ぎ、自分の音楽づくりの手本にしています。けれどもうちの父は、いつもぼくを支えてくれるやさしい人でした。情にもろくて、他人に厳しくできなくてね。ぼくにとっては音楽家としても人間としても、まさにお手本でした。なにか問題を抱えると、ぼくは母に相談することが多かったです。ごく単純に母のほうが暇があったし、いっしょにいる時間がずっと長かったから。母は、子供のことになると無我夢中になってしまうようなところがありました。それほどまでにぼくを愛おしく思い、大切にしてくれていたんですね」

指揮台への第一歩

リーガと、いまでは再びサンクトペテルブルクと呼ばれているレニングラードとは、ほぼ六〇〇キロ離れている。当時は、一日がかりでなんとか行けなくもない距離だ。それでも一九五〇年代中ごろのマリス・ヤンソンスにとっては、ネヴァ河畔の古都は永遠にたどり着けないほど遠くに感じられた。レニングラードで彼は、はじめての大きなカルチャーショックを経験する。最初は言葉がわからなかったせいもあるが、それだけではない。日々のちょっとした出来事が、彼にとっては違和感だらけだった。リーガでは、子供はなにかにつけお辞儀をしなさい、としつけられていた。感謝するにせよ、好意を示すにせよ、人と接するときはいつもそうするのだ。親しき中にも礼儀あり、というのが家庭でのルールだった。ところがソヴィエト連邦ではそれよりもっと大切なものがあることを、若きマリスはいやおうなく知らされる。こちらでは、まず人に対して遠慮などしなかった。

「ほかの子と違っていてはいけない、それからラトビアでは違うやり方に慣れていたことを気取られてはいけない、と子供心に思っていました」

最初の数年間、彼のモットーは「とにかく目立つな」だった。よその国から来たことはもちろん、特権階級に属していることも、絶対誰にも気づかれてはならなかった。父はいろんな贈り物をかかえて帰ってきたが、中には高価な衣類もあった——マリスはそれを着て登校するのを拒んだ。同級生たちに自分の父とその職業について話すのさえ避けていた。

ソ連社会の習慣や伝統を、少年マリスはすぐに理解してゆく。労働者層であれば、息子が父親と同じ仕事につくことは社会的に認められていた。というより、むしろそれが奨励されていた。さらに上の階級となると話は違う。要人の子供たちは、家族のステータスの恩恵にあずかっていた。特別扱いされ、資質や能力にかかわらず、しばしば高い地位についていた。マリスは、自分もそんなひとりだと陰口を言われるのは絶対に嫌だった。アルヴィーツ・ヤンソンスは、レニングラードでは当時まだ珍しかったメルセデス・ベンツに乗り始めた。車は町中の評判になり、持ち主の名前も知れ渡る。学校まで車で送ってもらうときは、少し手前の路地で降ろしてくれるよう、マリスは父に頼んだものだ。誰に言われたわけでもなく、自分の意志でそうしたのだとヤンソンスは言う。

「面倒だなんて思いませんでした。むしろ、そうできてうれしかったくらいです。そうでなきゃ、恥ずかしくって。うちが一般の家庭より物に恵まれているのを見られたくなかった、それだけです」

生徒たちはとくに妬むような様子もなく、この転入生を受け入れた。マリス・ヤンソンスが置かれた状況の大変さがわかったせいもある。ロシア語の最初の書き取り試験で、教師から四十九か所の間違いを指摘された。とてもこのままにはしておけない。両親は家庭教師を雇い、正規の授業のあとでさらに四、五時間勉強を見てもらうことにした。三か月後の第二回書き取り試験で、間違いは十二か所まで減っていた。

同年代の子供たちの間で、マリス・ヤンソンスはだんだん人気者になってゆく。よその国から来たことはすぐわかったし、どことなくエキゾチックな雰囲気があった。背もほかの少年たちより高かった。しかし本人はけっして目立たないよう、わざと背を丸めて歩いている。そこまでしていても、やはりラトビアから来た少年は人目を引いた。女の子たちのあこがれの的だった。「ずいぶんモテましたよ」とヤンソンス自身が認めている。うれしい反面、これは困った状況だった。大勢の中に埋没していられないからだ。

「夏休み明けに、男の子がもうひとりクラスに入ってきました。ぼくと背丈は同じくらいだったんですが、こんどはみんなそっちに夢中になっちゃってね。おかげである意味、ぼくは楽になりました」

勉強でほかの子たちに遅れをとらぬよう、寸暇を惜しんで努力した甲斐はあった。マリス・ヤンソンスは卒業のときに銀メダルをもらっている。

音楽家になるための専門教育をはじめて受けたのは、いまでも名門校として知られる「特別音楽学校」に入ってからだ。その建物にいま足を踏み入れてみると、マリスの若かった頃とほとんど変わっていないような感じを受ける。寄木張りの床はあちこちが欠け、壁はどこも茶色く色褪せている。脚が一本欠けたグランドピアノには、椅子が当てがってあった。しかし廊下をゆけば、練習曲や自分なりの解釈をはじめて試す響きが鳴り渡っている。マリス・ヤンソンスのはるかな後輩たちだ。

音楽学校では、また違う体験が待っていた。マリスには恋人ができたのだ。ピアノ専攻のイーラと出会ったのは、第七学年のときだった。一九六六年にふたりは結婚する。最初は順調そうにみえた。

一九六七年には娘のイローナが生まれる。この子ものちに音楽の道に進み、マリインスキー劇場*のコレペティートアになった。

「あの子には、音楽以外の選択肢がありませんでした」とヤンソンスは言う。残念ながらイーラとの夫婦生活は長くは続かず、オスロ時代にふたりは別れている。

ヤンソンスは当時を振り返って、「ぼくが若すぎたんでしょう」と締めくくっている。

レニングラードの特別音楽学校に話を戻すと、そこでの彼の目標は、とにかくこの町の音楽院に進むことだった。そして一九七五年、めでたく入学試験に合格する。ヤンソンスは指揮とピアノ、ヴァイオリンを学んだ。父親と違う職業につくことなど、もはや想像すらできなくなっていた。

「ヴァイオリンはかなり腕が上がって、トップクラスに入るほどでした。ところがそのあと、怠けてしまって。合唱指揮を勉強したときに、ようやくはっきり道が定まりました――それでもヴァイオリンのレッスンは続けていました。指揮者にとってヴァイオリンはとても大事な楽器だと父に言われていたからです」

音楽以外のことは一切眼中になかった。ヤンソンスは寝る間も惜しんで専門の勉強に打ち込んだ。当時そこまで自分を駆り立て、束縛していたものについて、のちのヤンソンスは肯定的に語っている。

「あのころは、暇な時間なんて全然なかったですね。いまから思えば、それが自分にはよかった。やるべきことをきちんとやり遂げること、みずからの責任を果たすことを学びました」

* サンクトペテルブルクにあるオペラとバレエ専門の劇場。ソ連時代はキーロフ劇場と呼ばれた。

のちに仕事人間になりそうな兆候が、こうして次第にはっきりと表れてきた。ヤンソンスに指揮法を教えたのは、当時もっとも影響力の大きい教育者だったニコライ・ラビノヴィチ*である。父親たちの世代に対して反抗するとか、少しでも違った生き方や別の職業を試してみるといった可能性を、ヤンソンスは考えもしなかったようだ。

「反抗してみたところで、どうせ中途半端に終わるのが関の山だと思ったんです。人間として、あるいはぼくの場合は芸術家として、何もやり遂げられずに終わるような気がして。自分の内面世界がまだ十分に固まっていませんでした。だから、とにかく自分が手本にできるものを信じて、兵士のようにあらゆる務めを果たしたのです。これもラトビア流の厳しい規律を仕込まれたせいかもしれませんがね」

レニングラード音楽院のすぐれた点は、高名な教授陣だけではない。同じ建物に付属の劇場が入っていた。すぐそこに実践の場があることのメリットは計り知れない。学生たちはプロのコーラス、歌手、バレエ団を相手に勉強できる。指揮科の学生ならば週二回、「本物」のオーケストラの指揮台に立てるのだ。さらにヤンソンスは、ある合唱団の指導もしている。ところがだんだん時間のやりくりがつかなくなってきた。ある冬の朝、氷点下二十五度の寒さの中、合唱の練習を終えたヤンソンスはその足で音楽院の教室に向かう。外はまだ真っ暗だが、それでも遅刻にはちがいない。教授はもう大目に見てはくれなかった。指揮の勉強をしながらコーラスの面倒を見るなんて無理がある、どちらを選ぶか、いますぐ決めなさい！ と雷を落とされた。ヤンソンスは指揮の勉強を選んだ。

オペラ研修所では、学生がプロに混じって名作と呼ばれる歌劇の練習をしていた。ヤンソンスが初めて振らせてもらえたのは、モーツァルトの『フィガロの結婚』だった——ただし当時の慣習どおり、ロシア語版である。なにより重要視されたのは、感情表現だ。

「テクニックや様式感ももちろん大事でした」ヤンソンスは当時をこう回想する。

「でも、たとえばアメリカとは違いました。むこうの学校ではまず歌唱のテクニックを第一に教えます。いっぽうヨーロッパでは昔も今も、発声を整えること、そして様式感を身につけることに重点を置いています。ロシアでは、学生が課題曲をとことんまで自分の思うように表現してかまいません——もしその子がピアニストで、ちょっとしたミス・タッチがあっても悲観する必要はないんです。音を一つぐらい外したって、先生たちは大幅に減点はしませんから」

ヤンソンスにとって音楽院は、激動の波がしだいに高まるこの世界の中で、孤島のような場所だった。芸術家たちを——彼らは国家に逆らうリスクを冒さないがゆえに——保護し、国威高揚のために厚遇してきたソヴィエト帝国は、屋台骨が揺らぎ始めていた。一九六八年春、アレクサンデル・ドゥプチェクが率いるチェコスロヴァキア共産党は、自分たちの国に自由化と民主化をもたらす綱領を実行に移そうとした。硬直化した、非人間的な支配体制に対する抵抗の動きが市民たちの間に芽生えたのが一番の要因だった。しかし、いわゆる「プラハの春」は頓挫する。八月、ワルシャワ条約軍の部隊がチェコスロヴァキアへ侵攻したためだ。

このように騒然とした雰囲気の中、ヤンソンスは若手指揮者としてチェコのオストラヴァで指揮を

＊ 一九〇八—七二、レニングラード音楽院教授。ユーリー・シモーノフやネーメ・ヤルヴィの師でもある。

する機会を与えられた。「芸術に国境はない」とよく言われるが、地元の人々の多くは二十五歳の彼をソ連の文化政策の手先とみなし、冷ややかな視線を向けた。気がつくとステーキにガラス片が入っていたこともある。リハーサルはうまく進まず、指揮者の指示に対してチェコのオーケストラはほとんど耳を貸してくれない。しかしやがて楽員たちは、指揮台のこの若者が音楽に対してどれだけ熱い思いを抱いているかを認め始める。しかもそれは、彼ら自身の音楽、チェコの音楽だった。これがわだかまりを解くきっかけとなった。

このチェコ滞在中に、あるドイツ人ピアニストからしばらくの間、メルセデス・ベンツのハンドルを握らせてもらう機会があった。ヤンソンスにはこれが夢だった。ところが思わぬ事態が起こる。警察の検問に引っかかったのだ。彼が持っていたのはパスポートだけで、免許証は手元にない。だが、ソ連から来た芸術家だとわかったとたん、警官はサッと敬礼して、先へ進むよう促した。これもまた、はかなく終わったこの国の春の、混乱のなかのひとこまだった。

政治がらみのことを話すときは、声をひそめるのがヤンソンス家の流儀だった。「それもキッチンのような、内輪の場所でね」。めったなことは話題にせず、細心の注意を払い、話す相手もレニングラードで知り合った親しい人々に限っていた。そのために家族が被害を受けたり、不自由を強いられたりしないよう、気をつけている。ヤンソンス一家は、ムスティスラフ・ロストロポーヴィチやギドン・クレーメルのような弾圧は受けなかった。それでもアルヴィーツ・ヤンソンスは、日ごろの用心をうっかり忘れてしまうことがあった。レストランで政治ネタのジョークを披露しているうちについ声が大きくなってしまい、夫を黙らせるためにイライーダは何度も注意を促さねばならなかった。

一九六八年は、マリス・ヤンソンスにとって運命の年となる。まず、レニングラード・フィルハーモニー管弦楽団にデビューを果たす。そしてちょうど同じころ、彼のキャリアに大きな影響を及ぼす人物との出会いがあった。ヘルベルト・フォン・カラヤンがベルリン・フィルを率いてソ連にやって来たのだ。カラヤンはコンサートを行うだけでなく、マスタークラスを開きたいと申し出た。文化省はただちにその準備に取りかかる。レニングラードでは十二名の若手指揮者が選ばれ、その中ではマリス・ヤンソンスが最年少だった。西側クラシック音楽界の頂点に立つこの巨匠が見つめ、耳を澄ますなか、ヤンソンスはブラームスの交響曲第二番から、第一楽章のコーダに取りかかる。

カラヤンはその出来栄えに感心した。そしてヤンソンスと、同じ参加者のドミートリー・キタエンコに対して、じつに気前の良い、特別な提案をしてくれた。ベルリンに来てわたしのところで修業しないか、というのだ。指揮者のキャリアの第一歩として、まさに夢のような話ではないか。ソ連当局はマリス・ヤンソンスの渡航申請を却下した。文化大臣で政治局員でもあるエカチェリーナ・フルツェワに対し、カラヤンはみずから手紙を送る。その内容はきわめて明快で、あまり友好的ではない言い回しも使われている。それに対しても、なしのつぶてだった。ここまで頑迷な態度を前にしては、権力をほしいままにし、自分の意思を貫くのに慣れているこの大指揮者もお手上げだった。

ところが抜け道がひとつあった。当時ソ連とオーストリアの間で、文化交流のプログラムが実施されていた。指揮を学ぶ学生たちはウィーンに留学でき、逆にオーストリアの若いバレリーナたちは、レニングラードのワガノワ・バレエ・アカデミーで勉強できた。ここはかつて皇帝アンナ・イヴァノヴナが設立した、世界でもっとも影響力のあるバレエ学校のひとつだ。幅広い人脈を持つカラヤンは、この交換留学生の名簿にマリス・ヤンソンスの名前を滑り込ませた――実力者に目をかけられた修業中の若者は、こうしてウィーン行きのチケットと、ウィーン国立音楽大学への入学許可を手に入れたのである。レニングラードでのマスタークラスから一年後、ヤンソンスは列車に揺られてオーストリアの首都へと向かう。到着後はただちにソヴィエト大使館に出頭するよう申し渡されていた。出迎えたのはラトビアの当局とつながりのある、KGBの係官だった――故国を遠く離れたウィーンでも、ヤンソンスは監視下に置かれていた。

　彼にとって重要なことはひとつしかない。いま自分が世界の音楽の中心地にいるという事実だ。それに比べれば、政治問題や、中立で自由主義的なオーストリアの状況など、ヤンソンスにとってはたいした意味を持たなかった。ハンス・スワロフスキーとカール・エスターライヒャーというふたりの名教師に出会ったことは、彼にとってまさに決定的だった。一八九九年ブダペスト生まれのスワロフスキーは、ウィーン交響楽団の首席指揮者やグラーツ歌劇場音楽監督を歴任し、一九四六年からはウィーン国立音楽大学の教授を務め、指揮法の教師としては国際的にもっとも有名なひとりだった。スワロフスキーのもとからは、クラシック界を代表する名指揮者がつぎつぎと巣立っている。クラウディオ・アバド、イヴァン・フィッシャー、ヘスス・ロペス＝コボス、ズービン・メータ、ジュゼッペ・シノーポリ、シュテファン・ゾルテス*と、その名は枚挙にいとまがない。

　スワロフスキーにはムラヴィンスキーのような独裁者ふうの雰囲気はなかったものの、自意識のあり方においては意外に似たところもあった。自己演出、表面的な美の探求、効果狙いなどとはまったく無縁で、むしろ嫌悪すらしていた。やはりスワロフスキーの教え子のひとりで、ギリシア生まれのドイツの音楽学者コンスタンティン・フローロスは、ウィーンでの学生時代を回想したエッセイにこう書いている。

われわれがスワロフスキーから学んだことをひとつひとつ挙げてみよう。まず、芝居がかったジェスチャーを一切排除した、この上なく正確なバトン・テクニック。テンポ設定についての考え方、フレージング、アーティキュレーション、デュナーミク、そしていわゆる演奏記号、その多くは発想標語だが、こうした指示に細心の注意を払うことだった。（…）「偉大な作曲家たちのスコアは、正しい解釈を身につけるためのあらゆる課題の宝庫である」というのがスワロフスキーの持論だった。彼にとって指揮者がまず果たすべき任務とは、こうした楽譜の指示をとことんまで厳密に守ることだった。

指揮者が身体言語で伝えるべきこうした基本の復習は、マリス・ヤンソンスにとっても得るところが多かった。

「スワロフスキーは、ぼくの指揮法を根本から変えました。そもそもオーケストラの前に立ってタクトを振るとはどういうことか、そこから学び直す必要があったのです。これはそう簡単ではない。オーというのは、出てくる音に対してどれだけ先振りしていいかという加減がわからないのですよ。オーケストラの雰囲気やエネルギーを感じつつ、しかも同時にそれを損なってはいけない。そのころのぼ

＊　一九四九年ハンガリー生まれ。エッセンのアールト歌劇場など、オペラでの活躍で知られる。

くの動きには、まだ柔軟さや弾力性が欠けていました」

ウィーンでマリス・ヤンソンスが指揮法を教わったもうひとりの教授は、自身もスワロフスキーの弟子であり、のちにそのアシスタントとなった人物である。カール・エスターライヒャーは一九二三年、オーストリアのニーダーエスターライヒ州ローアバッハ・アン・デア・ゲルゼンに生まれ、一九六四年からウィーン国立音楽大の大学オーケストラの指導にあたり、一九六九年に教授となった。彼もまた、響きと楽曲構造の明快さ《クラルテ》をなによりも重んじるタイプだった。聴衆に向かって語りかけるのは解釈者ではなく、作品そのものであるべきだ、というのがその信条だった。亡くなった八年後、二〇〇三年の『ウィーナー・ツァイトゥング』紙の記事によれば、カール・エスターライヒャーのブルックナーは「輪郭がシャープで、ときに素っ気なく響きさえするものの、つねに明快な解釈」であったという。

昼間は両教授の授業でみっちりしごかれ、さらに室内アンサンブルや学生オーケストラを前にして、指揮の基礎実習もこなさねばならない。夕闇が迫るとヤンソンスの足はいつもカールス広場のほうへ向かうのだった。楽友協会（ムジークフェライン）の黄金の大ホールには、毎日のように通いつめていた。最初のうちは行儀よく列に並んで待ち、ホールの扉が開くやいなや、安い立見席のいちばん良い場所を取ろうと駆け出したものだ。やがて本番だけでなく、リハーサルを見学することが多くなってゆく。いつしかヤンソンスはホールのドアマンや楽屋口の係員たちと顔なじみになった。そして、内緒でそのまま入れてもらえるようになる。そこで彼が見たもの、聴いたものはどれも、これまでは父の話やレコード棚の中でしか知らないものばかりだった。ウィーン・フィルやウィーン交響楽団は言うに及ばず、全世界からやってきた有名オーケストラと巨匠指揮者たちが突然眼の前に現れたのだ。地理的にも、また音楽の面でもソ連という枠から出た経験のないヤンソンスにとって、まったく別の世界が開けた。まずはそれを受け入れ、順応する必要があった。

ヤンソンスはやがて自分が微妙な対立関係の中にいることを知る。いま教わっているスワロフスキーとエスターライヒャー、あるいは彼が大きな影響を受けたムラヴィンスキーは、厳しく、あるいは仮借ない冷徹さをもって、作品を音として組み立ててゆく。マリスの父アルヴィーツ・ヤンソンスも、ある程度までは似ている。彼らにとってなにより大切なのは正確さと、スコアの指示に徹底して従うことであり、音でみずからの理想を語ったり、自分の感情を吐露することは二の次だった。楽曲の構造を明確化し、分析しようと努め、充足感や心躍るような感激を伝えることにはあまり関心がない。重要なのはあくまでシャープな造形と一貫した方向づけであり、各部分の対比を柔らかくぼかしたり、あるいは豊麗な美しさで聴衆を魅了することはなかった。それに対して、当時まだ指揮者として勉強中だったヤンソンスがヘルベルト・フォン・カラヤンとの出会いから経験したものは、かなり違うどころか、まったく対照的な美学だった。カラヤンの解釈（だけではないが）は、壮麗さで聞く者を圧倒し、恐ろしいまでに筋肉質で、唯美主義的であり、そうした傾向はますます強まっていった――そのボディランゲージと、目を閉じたまま指揮に没頭するポーズには、どこかわざとらしい雰囲気も漂っていた。

ウィーンに着いてすぐ、ヤンソンスはカラヤンに電話で一報を入れていた。カラヤンは大いに喜んで、助手として来てくれてもかまわないよ、と鷹揚に言った。一九七〇年にようやくそれが実現する。

行くことを禁じられたベルリンではなく、いわば中立地帯のザルツブルク・イースター音楽祭でヤンソンスはカラヤンと再会した。この音楽祭は一九六七年に、カラヤンがいわば独自のプロジェクトとして始めたものだ。* ザルツブルク以外ではオペラをやらないベルリン・フィルを使って、カラヤンはワーグナーの『ニーベルングの指環』の上演に取りかかる。もっとも、最初の年が『ワルキューレ』という一風変わった順序ではあったが。**

こうして一九七〇年の春、ヤンソンスがザルツブルクにやってきたときには、『指環』の大詰めである『神々の黄昏』の準備がまさにたけなわだった。そのほかに音楽祭の一環として、モーツァルトのレクイエム、ブラームスの交響曲第一番、ブルックナーの同じく第九番、クリストフ・エッシェンバッハをソリストに迎えて、モーツァルトのピアノ協奏曲第二十三番（KV488）といった曲目がプログラムに載っている。一九六八年にレニングラードで初めて聴いたベルリン・フィルとの再会は「衝撃でした」とヤンソンスは回想する。これほど伸びの良い響き、これほど濃密で厚みのある音色は経験がなかった。毎日朝九時から夜の十一時まで、ヤンソンスはカラヤンの指示を受けるために控えていた。リハーサルにはすべて立ち合ったが、とくに目を見張ったのは、このスター指揮者がたったひとつのヴァイオリンの音にこだわり、磨きあげる様子だった。カラヤンは同じ音を二〇秒、三〇秒と延ばすよう要求し、そのたびに中断して、

「違う、違う。そうではない。正しい響きを見つけてほしい。もう一度どうぞ」

と繰り返していたのをヤンソンスは覚えている。

ふだんは容易に人を寄せ付けないカラヤンが、ヤンソンスとは音楽について言葉を交わした。むろ

んそれはごく短い、スケジュールの隙間のような時間に限られていた。リハーサルであれ本番であれ、カラヤンはいつも開始ぎりぎりにやってきて、終わるとすぐに真っ赤な愛車のフェラーリに飛び乗って、走り去るのだ。しかし、いつも舞台の袖や、あるいは舞台裏に控えているこの青年は、彼の関心を引いた。ヤンソンスに向かってカラヤンは、自分の解釈のもとになっているものや、自分が大事にしている原則はなにかといったことを何度か話してくれた。ヤンソンスの才能を認めていたのはもちろん、彼の仕事にかける熱意がどれほどのものか、見定めていたのだろう。

カラヤンの理想は、ワーカホリックといえるほど仕事熱心な人間で周りを固め、彼らを意のままに動かすことだった。それは『神々の黄昏』のオーケストラ練習からもうかがえる。カラヤンはオーケストラが弾かない部分をいちいち説明したりせず、どんどん先へ進めてゆく。初めて練習に参加したティンパニ奏者が、自分の入りを完全に逃してしまった。ヤンソンスによればカラヤンはすぐ演奏を止め、怒りに声を荒らげた。

「なんだこれは？　きみは総譜《スコア》の隅々まで知っておかなきゃならんのだよ！　スコアを手に取りたまえ、そして、この個所でいったい何が起こっているか、誰がここで歌っているかをよく見るんだ！」

こっぴどく叱られた楽員は、自分のパート譜だけでなくスコアもならべて、さっそく猛勉強を始め

＊　一九二〇年から夏に行われているザルツブルク祝祭とは異なる。
＊＊　四部作である『ニーベルングの指環』は、序夜『ラインの黄金』、第一夜『ワルキューレ』、第二夜『ジークフリート』、第四夜『神々の黄昏』の順で上演されるのが普通。

たものだ。
ヤンソンスのザルツブルクでの滞在先は、文字通りの仮の宿だった。オーストリア・ソヴィエト文化協会の図書室で、マルクス、エンゲルス、レーニンの著作が並ぶ長い本棚の間で寝ていたのだ。だが人生には、助手として下働きに励む以外の楽しみもあっていいはずだ。ヤンソンス自身もそう思った。あるとき彼は友だちを十数人そこに集めて、ちょっとしたパーティをやった。みんなはそのまま酔いつぶれて寝てしまったが、カラヤンに目をかけてもらっている自分がこれでいいのかという不安で、ヤンソンスはひとり目を覚ました。まだ外が暗いうちに彼はみんなを起こし、悪いけど帰ってくれないか、と頼んだ。日常からのささやかな逸脱よりも、義務感のほうが勝ったのだ――これもまた、いかにもヤンソンスらしい出来事だった。

カラヤンのもとでのこの数週間は、彼にとって「夢のような、素晴らしいひととき」だった。そして、さらにそれは続く。夏のザルツブルク祝祭にも参加を許されたのだ。数多くの演奏会と並んで、モーツァルトのオペラの連続公演を体験した。指揮者の顔ぶれは、小澤征爾（『コジ・ファン・トゥッテ』）、ズービン・メータ（『後宮からの誘拐』）、ヴォルフガング・サヴァリッシュ（『魔笛』）、カール・ベーム（『フィガロの結婚』）、そしてもちろんカラヤン（『ドン・ジョヴァンニ』）。ちなみにカラヤンは、ヴェルディの『オテロ』も振る。そのリハーサル中に、激しい言い争いが起こった。そしてカラヤンのほうが――ヤンソンスのみならず、誰もが驚いたことに――勝ちを譲ったのだ。オテロ役の歌手ジョン・ヴィッカーズに対し、カラヤンは特定の個所を際限もなく繰り返させ、そのつど何かしら気に入らない点を指摘した。このテノール歌手のスタミナも、そして自制心もついに限界に達するときがきた。ヴィッカーズはかんしゃく玉を破裂させた。

「もういいかげん黙っててください!」

ヤンソンスの言葉によると、カラヤンは「ぐっと言葉を飲みくだして、それで終わりにしました」。そんな出来事でさえ、新人指揮者にとっては勉強の種なのだ。のちにヤンソンスは厳しい言い方をしたり、絶対に譲らない態度を見せることもあったが、わざと他人を傷つけたり、無理な要求を突き付けたり、誰かをさらし者にすることは絶対になかった。当時の彼はカラヤンを、あらゆる意味で手の届かない存在だと感じていた。

「ぼくにとってあの人は、長い翼をもった大きな鳥のようでした。ぼくたちは地上にいる。しかし彼は、はるかに高い視点から見おろしながら、この世界の上を悠然と飛んでいたのです」

その鳥はいま一度、この若き指揮者がいる地上まで降りてくる。カラヤンは彼を、自分が主催するベルリンでのコンクールに招いた。二十八歳のヤンソンスが最終選考で敗れ、名誉ある第二位に甘んじたことは、それほど重要ではない。アルヴィーツ・ヤンソンスの息子が、マリス・ヤンソンスとして独り立ちしたことにくらべれば。

ソ連からの巣立ち

一九七一年、マリス・ヤンソンスは転機を迎える。レニングラードに若い指揮者の有望株がひとりいるという噂はすでにあった。しかしそれが真実であると証明し、さらには実質的なキャリアの第一歩を踏み出すきっかけとなったのは、カラヤン・コンクールでの入賞だった。ベルリン・フィルハーモニー管弦楽団の選りすぐりのプレイヤーたちを前にして、よくあれだけ大胆に振舞えたものだと、あとになってヤンソンス自身冷や汗が出る思いだった。レニングラードならば楽員たちにもある程度の馴染みがあったが、ベルリン・フィルに対しては礼を尽くすのが当然だと思っていたし、そのぶん不安も大きかったのだ。

当時はまだ軽い手ごたえぐらいだったものが、やがて確信へと変わる。

「自分は良きオーケストラ・ビルダーだと思っています」

ヤンソンスは一切の気取りなしにこう話していた。うまい指揮者、シェフとして有能な指揮者はいくらでもいる。しかしアンサンブルを鍛え上げ、ひとつの方向性を作ってゆくのはまた別の仕事だというのだ。レニングラードで、ついに彼はエフゲニー・ムラヴィンスキーのアシスタントとなった。

そしてこの当代随一のオーケストラ・ビルダーから、じかに教えを受けることを許された——これでヤンソンス家は父子二代にわたって、この首席指揮者を補佐し、支える立場についたことになる。

マリス・ヤンソンスはすべてのリハーサルの見学を許され、誰もが恐れるムラヴィンスキーと、あらゆることについて話す機会を与えられた。指揮の技術についてはほとんど教えてくれず、話題になるのはいつも作品の内容や解釈についてだった。カラヤン・コンクール入賞後の、レニングラードでの最初の演奏会は、難しい演目ばかりだった。このときヤンソンスがフィルハーモニアで振った作品の中には、ストラヴィンスキーの『春の祭典』もあり、ムラヴィンスキーはアシスタントの指揮ぶりに大いに満足した様子だった。またシベリウスの交響曲第一番は、今回と同じようにR・シュトラウスの『ティル・オイレンシュピーゲルの愉快ないたずら』と組み合わせて、カラヤン・コンクール以前にも取り上げた経験があったが、これらも技術的にはなかなか手ごわい曲だった。

ヤンソンスはシーズンごとに通常の定期演奏会をひとつ任されることに決まったが、じきにその回数は増えていった。契約上はっきりと書かれてはいなかったが、この助手という仕事には、いわば副指揮者として、海外ツアーなどで首席指揮者の代わりをつとめることも含まれているようだった。ムラヴィンスキーはこの青年の将来性を早くから見抜いている。また名教師ニコライ・ラヴィノヴィチの門下生であれば、実力のほどは保証付きとみて間違いないと知っていた。さらに、この町には独自の事情があった。「レニングラード楽派」とも呼ぶべきグループが音楽の解釈はもちろん、その他の社会生活にまで影響力を持っていたのだ。彼らは文化のエリートであり、ヤンソンス一家がそこに加われたのも、フランス語とドイツ語を自在に操る、まさに貴族のようなムラヴィンスキーの庇護があればこそだった。

マリス・ヤンソンスが自分の上司と芸術面でほとんど対立しなかったのも、こうした背景によるものだ。ムラヴィンスキーの演奏は楽曲の構造を明確化し、けっして情緒に流れることがない。自分の楽曲解釈もかくありたいとヤンソンスは思っている。そうは思いながらも、ロシア系のレパートリーの中でムラヴィンスキーが好んで取り上げる作品は、避けるようにしていた。原則として、そうした曲を振るのはツアーに出かけた時に限っていた。国外ではどうしても、チャイコフスキーをはじめとするロシアの代表的作曲家たちを避けては通れない——海外のプロモーターがレニングラード・フィルハーモニー管弦楽団を呼ぶのは、まさにそうした作品の「本場ならではの演奏」を聴かせるためだったからだ。

楽団員や指揮者に関する限り、海外公演に出かけても懐具合はたいして変わらない。いっぽうソ連の国家当局は、彼らの海外ツアーから大きな利益を得ていた。報酬の九〇パーセントは国に納めなければならない仕組みなのだ。レニングラード・フィルのツアー指揮者としてヤンソンスがもらっていたギャラは、一番良かったときでさえ、一晩当たりわずか百ドルに過ぎない。

「だからといって、悪態をついたりはしなかったですよ。そういうものなんだ、とわれわれは思っていましたから」とのちにヤンソンスは述べている。

指揮者として名前が売れてゆく、レニングラード・フィルと一緒に仕事ができる、そして何よりもムラヴィンスキーからじかに教えを受けられるのは、金には代えられない貴重な経験だった。

「ムラヴィンスキーは、それまで自分が関わったどんな人とも違いました」

そうヤンソンスは回想する。

「根はとてもシャイな人でした。人と交わるのが大の苦手でね。とても信心深くて、そして——どうしてそんなことが可能だったのか、ぼくにもわからないですが——全員参加が義務である共産党の特別記念演奏会を、ただの一度も指揮しませんでした。レニングラード・フィルの最初の海外公演のあと、十二人のメンバーがそのまま西側に亡命しましたが、そんな事件があってさえ、彼の権威には傷ひとつ付かなかったのです。『困りましたな、同志ムラヴィンスキー。あなたの楽員たちが逃げ出してしまいましたぞ』そう追及されて、彼は答えたそうです。『わたしから逃げたのではない。きみたちから逃げたのだ！』と」

やがてヤンソンスも、ソヴィエト共産党への入党という問題に直面する。党の幹部から三回にわたって強い働きかけを受けたが、それは勧誘というよりも要請に等しいものだった。最初は「まだ自分は年齢が若すぎるので」と断った。その次と、しばらく間をおいて三度目の要請に対しては、別の言い逃れを考えた。いま党員になってしまったら「あの指揮者は政治的なコネがあるから出世できただけだ」と、いつまでも後ろ指をさされるでしょう。そのような事態はソヴィエト連邦の文化政策上、望ましくないのでは？　党幹部たちには反論のしようがなかった——そして、この指揮者の言いぶんを認めた。

さらに別の理由からも、一九七一年はヤンソンスにとって重要な年だった。レニングラード音楽院の指揮科講師に迎えられたのだ。これからはオーケストラ・ビルダーとして自分が持っているものを、さほど年齢の違わない学生たちに伝える立場となった——他の教授たちに比べて、まだ経験を積む余地があったのは確かだが。その後二〇〇〇年まで客員教授として教えている。さすがにその頃になると指揮者としてのスケジュールがきつく、学生と接する十分な時間が取れないと認めないわけにはいかなかった。

ほんの数年前まで夢にも思わなかったことが、いまのヤンソンスにはあたりまえのように認められている。西側に行ける。それも、世界有数のオーケストラの副指揮者として。当局の指示により、演奏曲目にはまず「ソ連の音楽」がなければならない。これはそもそも、国外ツアーの許可を受けるための前提条件だった。楽団も指揮者も、これには従った。海外のホールに詰めかけた聴衆たちが聴きたいのも、そういった曲なのだから。それでも、グレーゾーンは存在する。ベートーヴェンやブラームスといった古典をレニングラード・フィルが演奏するからといって、誰がそれを止めるだろうか？こうしてマリス・ヤンソンスの存在は国外にも知られるようになり、ソ連の看板オーケストラを指揮する彼の姿を目にする機会が生まれた。海外公演の宣伝には、たしかに目玉としてムラヴィンスキーの名前が大きく載っている。だが、ヤンソンスにもいくつかの演奏会を振る機会が与えられた。そして、もしボスであるムラヴィンスキーが病気ともなれば、残りのツアーの全日程をヤンソンスが代わって指揮した。

いまにして思えば、ムラヴィンスキーは一定の戦略に基づいて出演の頻度を調整していた、首席指揮者でありながら、自分が振る回数が多くなりすぎるのを避けていたのではないか、とヤンソンスは言う。

「定期的に出演はするものの、回数は抑える。だからムラヴィンスキーが指揮台に立つのは、プレイヤーたちにとっては常にひとつのイベントでした。こんな異例のやり方がいつまで続けられるだろうかと、危ぶむ声はありましたよ。けれども、なにも問題はないとムラヴィンスキーは示したのです。結局、彼はレニングラード・フィルに五〇年間も君臨し続けたのですからね。楽団員に対するしごきがあまりにも厳しいと感じている人も中にはいましたが、彼に対して限りない畏敬の念を抱いている点では、誰もが同じでした」

この経験をヤンソンスは自分がオーケストラのシェフになるときまで忘れず、同じようなスケジュール戦略を実行に移す。自分のオケを振るのは一シーズンに十週から十二週と決めて、この限度を超えないようにしていた。その目的はまず、自分とオーケストラが互いに飽きて、倦怠期のような関係になるのを防ぐためだった――カラヤンとベルリン・フィルですら、そうなるのは避けがたかったのだ。ヤンソンスはムラヴィンスキーの教えを忠実に守ってキャリアを積みながら、この戦略の有効性を試してゆく。オスロとミュンヘンでそれぞれ二十年近く首席指揮者の地位を守れたのが、その正しさの証明だ。

一九七六年、ムラヴィンスキーとレニングラード・フィルの海外ツアーに同行して、マリス・ヤンソンスはイギリスを訪れる機会を得る。そこで音楽マネージャーのスティーヴン・ライトと初めて会った。ライトは、目の前にいる若手指揮者に引き込まれるような魅力を感じた。そして、もっと西側のオーケストラとコンタクトを取ったほうがいい、と強く勧めた。というのも、いまの状況はヤンソンスにとってあまりにも居心地が良すぎるからだ。レニングラードにいくら愛着があっても、結局は副指揮者だ。中長期的な展望に立てば、現状に満足してはいけない。

これについては、父と子の間で盛んに議論が交わされた。それでもアルヴィーツ・ヤンソンスは、息子が海外のポストに就くことにあまり良い顔をしない。ソ連の音楽水準だって十分高いじゃないか、というのがその根拠だ。ピアノのエミール・ギレリスやスヴャトスラフ・リヒテル、ヴァイオリンのダヴィッド・オイストラフ、そしてもちろん、指揮の師と仰ぐエフゲニー・ムラヴィンスキー——こうした立派な芸術家たちといっしょに、おまえだって重要な地位につけるんだよ、と父は言う。

実を言えば、すでにソ連国内のほかの団体からマリス・ヤンソンスは接触を受けていた。モスクワのオーケストラや、レニングラード第二のオペラハウスであるマールイ劇場*から首席指揮者のオファーがあったのだ。その一方で、父と子の間には決定的な違いがあった。マリスは西側世界を深く知り、ウィーンでは各国から集まった若い仲間たちと交流していた。そして何よりも、世界の音楽マーケットを動かすグローバル・プレイヤー、ヘルベルト・フォン・カラヤンとのつながりがあった。カラヤン主催のコンクールで二位をとったことで、マリス・ヤンソンスの前には広く扉が開かれた。自信と才能にあふれるこの指揮者に、多くのオーケストラやプロモーターたちが熱い視線を送っていた。

一九七八年六月、マリス・ヤンソンスはウィーンの楽友協会大ホールでレニングラード・フィルハーモニー管弦楽団を指揮した。ほんの数年前までは、彼自身がクラシック界を代表する巨匠たちの姿を仰ぎ見ていた、まさにその場所である。プログラムは典型的なムラヴィンスキー好みのものだった。プロコフィエフの『古典交響曲』のあとで休憩をはさみ、メンデルスゾーン＝バルトルディのピアノ協奏曲第一番。ソリストはアレクサンドル・スロボジャニク**である。最後のチャイコフスキーの交響曲第四番では、ヤンソンスのタクトのもと、熱いエネルギーが一気に炸裂した。

結局のところ、ヤンソンスにとってソ連での出世はもはや意味をなさなくなった。狭い枠には収まりきらないほど、大きく成長していたのだ。それから数十年後、ソ連時代の文化の繁栄をヤンソンスは懐かしそうに語っている。国からの手厚い支援、それによって生まれ、育てられ、守られた芸術家たち。「芸術のための芸術《ラール・プール・ラール》」がそこにはあり、市場へのインパクトや利益の最大化といった概念とは関係なしに、芸術そのものが追求されていた。だが芸術家ヤンソンスの自立のプロセスは、すでに始まっている。あとはもう、それを最後までやり遂げるほかない。

ロシアのオペラハウスの音楽監督というポストも、ヤンソンス自身は歌劇が大好きだったにもかかわらず、やはりしっくりこなかった。音楽以外の事務仕事が山ほどあるのに、海外に客演する余裕などあるだろうか？

「できるだけ長くムラヴィンスキーのもとにいられるように考えたほうがいい、それが勉強になるから、と当時父から言われました。後になって、自分はひょっとすると失敗したかもしれない、と思ったりもしましたよ。やっぱりどこかソ連国内のオファーを受けるべきだったのじゃないだろうか、とね。そのままうまくいって、ロシアのオケのシェフとして名前が売れる。そうなれば、海外での活動も認められたかもしれない。でも結局は、正しい決断をしたと思っています。実際そういう立場になったときに、いったいどんな圧力をかけられるか、当時は見当もつきませんでしたから」

＊　マリインスキー劇場に対する「小劇場」の意。現在は革命前と同じくミハイロフスキー劇場と呼ばれる、オペラ・バレエ専門の劇場。

＊＊　ウクライナ出身のピアニスト（一九四一―二〇〇八）。力強い演奏で米国での人気が高かった。

さらにマリス・ヤンソンスには、しばらく前から心に決めた原則があった。父が行く先々で息子を話題にするのは、ありがた迷惑だった。内輪だけでの縁故採用に頼るつもりはなかったし、そういうやり方は「大っ嫌いでした」。

マネージャーのスティーヴン・ライトと出会う以前から、ヤンソンスは北欧に注目していた。ソ連国民にとっては、比較的問題の少ない地域だったせいもあるだろう。労働者階級の敵である西ドイツ、フランス、そしてもちろんアメリカなどでポストに就くのに比べて、スカンジナビア諸国での仕事であれば、共産党の官僚たちを説き伏せるのが容易だった。コペンハーゲン、あるいはストックホルムも候補地として検討してみる。そこで父はいいアイデアを思い付いた。七〇年代に何度かオスロ・フィルハーモニー管弦楽団を指揮していたアルヴィーツ・ヤンソンスは、そこに息子を売り込んだのだ。むろんマリス本人は、苦い顔をしたに違いないが。

一九七五年九月、マリス・ヤンソンスは初めてオスロで指揮台に立った。楽員たちは、初顔合わせのこの指揮者が大いに気に入る――皮肉にもそれは、フィンランド出身のオッコ・カムが新しい首席指揮者として就任するわずか数週間前だった。意外なことに、その後まもなくカムはオスロでの任期をあと四年限りとさせてほしい、と表明する。なんとも困った状況になってしまった。せっかくカムのもとで新しい時代が幕を開けたのに、オーケストラはもう次の後継者を探さねばならない。そこで白羽の矢が立てられたのが、マリス・ヤンソンスだ。オスロで本人と話し合ったあと、こんどは事務方がレニングラードへ交渉に向かう。

「こういうことがあっても、カムは妬んだり、へそを曲げたりしませんでした」

コントラバスのスヴェイン・ハウゲンは語る。

「少なくとも、それを表には出さなかった。奥ゆかしい人でした」

ヤンソンスにとって初めての、この首席指揮者のポストは、次の段階への通過点となるはずだった。まず西側のクラシック業界のシステムに慣れる。主要な都市からは離れたところで、学んだことを試し、その土地に溶け込む。本人はなるべくそう見られないよう、気を遣ってはいたものの、いわばその後の大いなるキャリアを築くための腕試しなのだ。ところが、そうはならなかった。五年、六年、七年のつもりが、気がつけば二十二年の月日がたっていた。在任期間の長さでヤンソンスに及ぶのは、ひとりしかいない。ノルウェーの指揮者、ピアニスト、作曲家でもあったオッド・グリューナー＝ヘッゲは、一九三一年から三三年まで、そして一九四五年から六二年までの二度にわたって首席指揮者を務めている。かつては実力のわりに無名だったこの楽団を、最終的にこれだけ長期間にわたって盛り立て、その将来を決定づけた人物は、マリス・ヤンソンスをおいて他にはいない。

オスロ・フィルとの「事実婚」

ふさわしい場所としてよく選ばれるのは市役所の一室だが、コンサートホールで行う場合もある。出席者はまずはその町の市長、オーケストラの理事会と事務局の面々、プレス関係者、そして新しくやってきた期待の星。誰もがＰＲ効果を意識して、フォーマルな衣装に身を包み、カメラに向かって笑みを振りまく。イベントの名目は、新しく就任する首席指揮者の契約調印式だ。そして新時代の幕開け、将来への期待、著名な芸術家を迎える喜びと、新任者の抱負といったメッセージが披露される。マリス・ヤンソンスの場合、ひとつだけ問題があった。オスロでのセレモニーそのものが中止になってしまったのだ。

互いを信頼した紳士協定、握手、数回にわたる前向きな話し合い。ここまですべてが整っていて、契約だけができていない。レニングラードから来た青年指揮者になにか信頼できない点でも見つかったのか？　迎えるオスロ側の事情が変わったとか、ヤンソンスの人柄に問題があったのではない。彼の国籍がソ連だったこと、そしてその国の馬鹿げた慣習が、契約不能という事態を引き起こしたのだ。ヤンソンスとオスロ・フィルハーモニー管弦楽団が共に同じ道を歩むことに合意した時点から、外交交渉の長い道のりは避けて通れなかった。

ヤンソンスは文化大臣と直談判するために、繰り返しモスクワに足を運ぶ。それと並行してノルウエーの大使も、大臣に面会を求めた。

「この政治家という連中は、誰ひとり自分の決定に責任を取ろうとしないんですよね」

そうヤンソンスは語っている。

「みんな自分より上の者が恐いんです。ただ、いかにもソ連らしいことですが、本来は禁止されていることでも、かならずどこかにうまい抜け道があって、許可が下りるようにはなっていました」

国家にとって利益になることならば、何とかなると誰もが知っていた。国がそれをコントロールしているという体裁になればよかったのだ。

「たとえば海外ツアーの際には、かならずソヴィエトの音楽を演奏するよう求められていました。われわれ音楽家は、書類の上では『やります』と言っておくんです。そのあと実際にわれわれがどうするかなんて、誰も関心がないですから」

首席指揮者に就任する四年前、はじめてオスロに客演したときには、大きな課題を出された。四週間のうちに四つのプログラムをこなすのだ。最初のコンサートは、ノルウェーの現代作曲家ハーラル・セーヴェルー*(一八九七―一九九二)の『熱情的序曲』、そしてカミラ・ヴィックスをソリストに迎えてベートーヴェンのヴァイオリン協奏曲、最後にセルゲイ・プロコフィエフの『ロメオとジュリ

* 九つの交響曲と数多くのピアノ曲などを残す。ドイツ軍への抵抗や祖国の自然といったテーマもわかりやすく、二〇世紀ノルウェー作曲界の長老と呼ばれた。

エット』第一・第二組曲から、ヤンソンス自身の組み合わせによる抜粋が披露された。二番目のプログラムはジョアキーノ・ロッシーニ『泥棒かささぎ』序曲のあと、J・S・バッハのチェンバロ協奏曲ロ短調*とリストの『死の舞踏』(いずれもソロはアイナル・ステーン＝ノックレベルグ)、さらにドヴォルザークの交響曲第七番というものだ。三番目はファミリー向けコンサートで、シューベルトの交響曲第七番『未完成』、ヨハン・ハルヴォルセン(一八六四―一九三五)のノルウェー狂詩曲第一番、それにカミーユ・サン＝サーンスの『動物の謝肉祭』という取り合わせだ。そして最後となる四つ目の演奏会は、ベートーヴェンのピアノ協奏曲第一番(ソリストはスティーヴン・ビショップ)と、ジャン・シベリウスの交響曲第一番だった。

これら四つのプログラムはバラエティ豊かで、音楽へのさらなる興味を呼び起こすと同時に、バロックから穏やかな同時代の音楽に至る、さまざまなスタイルの音楽をカバーしようと試みている。さらには誰もが知っている名曲や、ドヴォルザークやシベリウスのシンフォニーというヤンソンスの得意曲も含まれていた。しかしこの若い指揮者にまず求められたのは、このオーケストラのレパートリーの中核をなす、ノルウェーの作曲家たちの作品を振ってみせることだった。楽団から見ても、また指揮者の側から見ても、互いの手の内を探る手段としてはいかにもありそうな、盛りだくさんな選曲だった。この四週間を経て、オスロ側の見解ははっきりと固まったらしい。ヤンソンスとはうまくやっていける――先ほど述べたような、奇妙な外交上の問題はあったにしても。

西側諸国への客演を許されたほかのアーティストたちと同様に、ヤンソンスも外貨を持ち帰った。報酬の九〇パーセントまでは国に納めなければならない。当時、特定の国への渡航は年一度と限られ、最長でも七十日間と法によって定められていた。このためヤンソンスがオスロと首席指揮者の契約を結ぶには、大きな障害を乗り越えねばならないと思われた。ソ連国家が定めた渡航期間の制限とノルウェーでの仕事とを、どうやって両立させればいいのか？　どうやりくりしてみても十週間以上は必要で、最低でも四回の出張は不可避だった。あらためてモスクワへ陳情を重ねた結果、「ソ連流ソロモン王の裁き」**ともいうべき賢明かつ寛大な決定が下されて、この問題も一件落着となった。ヤンソンスは首席指揮者に就任してもよい、ただし正式な契約書にはサインしないこと、というのがその解決策だった。

「許された期間より長く国外に留まりたいときは、いつも役所の担当部門へ出かけて行ったものです」ヤンソンスは当時をこう振り返る。

「そして、事情を一からくわしく説明する——そうすれば、見て見ぬふりをしてもらえたのです。いつも綱渡りの連続でしたが、基本的には毎回こうやってなんとかしのいでいました」

ほぼ十年間にわたってヤンソンスとオスロ・フィルハーモニー管弦楽団は、事実婚の状態を続けてゆく。

「実際、それで何も問題ありませんでした。決定に関わったソ連側の人間は全員、ぼくがほんとうは首席指揮者だと知っていましたよ。なにごとであれ、はっきり白黒をつけようとするのは危険で、

＊　楽団の資料にＢＷＶなどの記載がなく、編曲と思われるが不明。
＊＊　子供の母親であると主張するふたりの女性に、古代イスラエルのソロモン王が赤子を二つに割いて渡せと命じ、本当の母親を見抜いたとされる故事。

うまいやり方があるのなら、とにかくそれを利用するのが得策でした」

世界に類を見ないヤンソンスとオーケストラとの特殊な関係は、ペレストロイカによって法律だけでなくソ連国家そのものが力を失ったことによって、ようやく終わりを迎える。

今でこそこの時代を笑いの種にもできようが、当時の芸術家たち（とそれ以外の人々も）にとっては、容易ならぬ状況だった。一九七七年、レオニード・ブレジネフがソ連の最高指導者の座につくと、一夜にしてスターリン主義は批判の対象ではなくなり、部分的な再評価さえなされるようになった。フルシチョフの改革は撤廃され、言論の自由は厳しく制限された。いまにして思えば、これらはすでに老朽化した国家体制の最後のあがきであり、やがては致命的な結果をもたらした。八〇年代の半ば以降、この体制はもはや後戻りのできない、崩壊への道を歩み始める。

こうした反動化によって知識人や芸術家は難しい立場に立たされ、なかには生命の危険にさらされたケースもあった。オーケストラの団員の多くが国外に逃げ、ソ連文化の担い手であった有名人ですら、西側へ出ることを余儀なくされた。作家・劇作家のアレクサンドル・ソルジェニーツィンは一九七四年に逮捕され、国外追放された。ヤンソンスと親交のあったピアニスト、ミハイル・ルディも一九七七年フランスに亡命している。一九七八年、ヴァイオリニストのギドン・クレーメルは渋る当局を説得し、特例として二年間海外に客演旅行に出る許可を得た。そして二度とソ連には戻らなかった。指揮者キリル・コンドラシンも一九七八年、オランダへの客演旅行の最中に政治亡命している。マリス・ヤンソンスが外国で常任職につく許可を願い出たのは、こうした状況のさなかだった。

ヤンソンスはソ連の行政当局に対し、亡命の意思はまったくないと明言する。これはうわべだけの言葉ではなく、偽りのない本心だった。妻が、娘が、そして両親がまだレニングラードで暮らしている。なにがあっても彼らを置き去りにしたくはなかったし、またそんなことは不可能だった。

「もしも身寄りがひとりもいなかったら、話は違ったかもしれません」

のちにヤンソンスはそう認めている。そしてもうひとつ、無視できない大きな理由があった。

「自分が置かれた日々の暮らしの状況は、そう悪いものでもないと思えたのです。たしかに規制は厳しく、禁止事項もあった。でも自分は、国家の威信と外貨獲得のために海外へ出ることを許された、ひと握りの芸術家に属していました。発言にさえ注意していれば、いろんなことがずっと簡単に運んだのです」

こうした立場がもたらす利点、家族との生活、さらにはレニングラードという魅力あふれる都市での暮らし。これらすべてが国外へ出るのを思いとどまらせたのだ。

たしかに自宅では――ヤンソンス家の歴史的な背景からみて当然だが――政治がらみの話題が出ることもあった。けれども、まだ勉強中の若い指揮者であるマリス・ヤンソンスは、体制批判をあえて公には口にしなかった。自分はそういった役目に向かないと思っていたせいもある。

「ロストロポーヴィチの気持ちはよくわかります。しかしあの人の場合、音楽活動は制限どころか停止させられてしまった」とヤンソンスはのちに語っている。

つまり当時のヤンソンスは、他の多くの芸術家たちと同じように、政治権力には追従しない、たとえ形の上だけでも党員にはならない、無批判に体制を支持しないという一線を守った上で、国との間にある意味、個人的な協定を結んでいたのだ。

協定と言っても、ソ連という国家はそれを狡猾な政治的論理によって許容し、むしろ奨励さえしていたから、こうした形で折り合いをつけるのは難しくなかった。それでもさまざまな制約や嫌がらせのような規則は、たとえあくまでも散発的でたいした影響はなかったにせよ、たしかに存在した。その例として、高名な芸術家たちが海外に客演する場合、男性ならば妻を同行させるのは許されない。そこで彼らは当局に掛け合おうとした。ピアノのエミール・ギレリスなどは、なんとか大目に見てもらえないかとこんな言い訳を考えだした。

「わたくしは老齢のため体力の衰えがいちじるしく、それゆえ妻による介助が必要であります」

この言い訳に自分なりの味付けを施して、当局宛ての文書に使ったのが、チェリスト兼指揮者のムスティスラフ・ロストロポーヴィチである。ヤンソンスはこのエピソードが大好きだった。

「敬愛する文化大臣殿。わたくしは若く健康な成人男性であります――まさにそれゆえに、お許し願いたいのです。妻を同伴することを」

ヤンソンスは――オスロ時代、あるいはその後も――自分が恵まれた立場にあると十分自覚していたし、自分にはそれを捨て去る勇気がないのもわかっていた。ヤンソンスは非政治的な人間であり、文化政策以外の政治には関わろうとしなかった。終の棲家と定めたサンクトペテルブルクで最期を迎えるまで、静かな暮らしを続けた。音楽以外の問題に関して、彼の公式な発言が伝えられることはついぞなかった。大物政治家といっしょの記念写真もなければ、同じ指揮者のヴァレリー・ゲルギエフのように、国威発揚のための祝祭コンサートに出演することもなかった。

「ぼくはテーブルをドンと叩いて、大声で発言するようなタイプの人間じゃなかったのです」

とヤンソンスは語っている。

「それに、才能があってそれを伸ばす機会に恵まれた人ならば、禁止や制限などの影響はそれほどありませんでした」

レニングラードへ移ってきた子供のころから、何事にも全力投球だった彼にとって、ほかのことに費やす時間などなかったのも事実だ。仕事と、若くして得た名声とが、ある意味ヤンソンスを世間の荒波から守る防波堤となった。

「そう、たしかにぼくは運がよかったと言えますね。本当に生きるか死ぬかの瀬戸際に立たされて、それをなんとか切り抜けたとか、運命のいたずらに翻弄されたといったことはなかったですから」

マリス・ヤンソンスとオスロ・フィルの音楽作りは、間もなくぴったりと息が合いはじめる。彼がどのメンバーとも分け隔てなく会話を交わすのは、楽員たちにとっては新鮮だった。共に仕事をしていくうえでの大枠となる条件も、すぐに交渉がまとまる――ただ、公式な文書になっていないだけだった。こうした障害もついには片付いて、オスロでは新たな時代が始まった。それは楽団にとってはもちろん、この指揮者にとっても新たなスタートだった。さまざまな職務上の責任を負う地位につくのは初めてだ。ようやくそれに慣れたばかりのところで、こんどは父や、ムラヴィンスキーや、カラヤンのそばで観察し、学んできたことを、自分なりのやりかたで実地に応用しなければならない。みずからが置かれた特別な状況に合わせてゆく必要があった。

ヤンソンスとカムは、オスロでの役割を交代した。ヴァイオリン奏者でもあったフィンランドの指揮者オッコ・カムは、このオーケストラにとって結果的には中継ぎ役にとどまった。一九七九年九月二十七日、ヤンソンスは首席指揮者就任後はじめてコンセルトフスの指揮台に立つ。ノルウェーじゅうが注目したこの夜の曲目は、この国の作曲家エドヴァルド・フリフレート・ブレイン*（一九二四―一九七六）の『序曲』、フェーリクス・メンデルスゾーン＝バルトルディのヴァイオリン協奏曲（ソリストはコンサートマスターのビャルネ・ラルセン）、そしてピョートル・チャイコフスキーの交響曲第四番だった。

毎年一時的にレニングラードを離れ、数週間単位でオスロで過ごすようになったとはいえ、何ものにも縛られず自由気ままに行動できたわけではない。ほかの音楽仲間たちと同様、どこに行ってもソ連の影がつきまとった。国家権力などというあいまいな形のものではなく、つねに見張り役が目を光らせていたのだ。ヤンソンスの場合、ひとりの外交官がその役目を担っていた。この女性はロシア語しか話せず――これもじつに矛盾した話だが、やはりソ連という国家システムのどうしようもない機能不全を示す一例だ――ヤンソンスはしじゅう彼女のために通訳をしてやらなければならなかった――その気になりさえすればこの状況につけ込んで、ひどい悪さもできた。

あるときオスロ・フィルハーモニー管弦楽団は、隣国スウェーデンに演奏に出かけることになった。この「護衛係」は重大問題に直面する。スウェーデンに入国するためのビザがなかったのだ。ツアー用のバスに乗るところまではヤンソンスにくっついてきたものの、そのあとは彼が無事帰ってくるよう祈るしかない。一行がコンサートを終えてオスロに戻ってくると、ヤンソンスは自分のホテルの前で降ろしてくれるよう頼んだ。つまり、ひとりだけ楽団員より早く降りたのだ。やがてバスが最終目的地に着いたとき、例の監視係は首席指揮者の姿が見えないのに気づいて慌てふためいた。生涯の最後に至るまで、ヤンソンスはこの出来事を語るたびに「してやったり」という笑顔を浮かべたものだ。

「最後にみんなが降りる、でも、ぼくだけがいないわけです。『スウェーデンに残るらしいですよ』なんて、わざわざ言ったメンバーも何人かいたらしい。彼女、もう真っ青になって、すぐに電話してきましたよ。ぼくがホテルで受話器をとったときの向こうの喜びようは、言うまでもないでしょう」

オスロでのヤンソンスは、いつも同じホテルの同じ部屋を滞在先に指定されていた。どうも怪しいとヤンソンスは疑っていた。そうでなくても普段から、電話でプライベートな話をするときは用心している。さきほどのような出来事があったあとだけに、ソ連当局が手を回して会話を盗聴するのはもはや確実と思われた。ホテルの部屋は安全ではないというのが彼の見立てだった。

「オスロのソ連大使館がぼくの身辺を嗅ぎ回っているのはわかっていました。だからといって、別に命の危険を感じていたわけじゃありません。ただ、しっかり意識はしていましたね。部屋で話しても大丈夫なことと——ホテルの外で直接話すべきことの区別を」

＊ 管弦楽曲『外海へむけて』で有名。交響曲やオペラも残した。

チャイコフスキーで大躍進

「西側で立派なキャリアを築きたければ、ロシア物だけをやってちゃだめなんです」

マリス・ヤンソンスには十分わかっていた。いかにソ連から来たとはいえ生まれはラトビアの若者が、オスロで典型的なロシア人のようにふるまうわけにはいかない。オーケストラのほうも、契約にあたってはそういうプログラムの方向づけを求めはしなかった。両国間の過去のいきさつから、むしろそれは控えてほしいとの希望だった。むろん、この新人に期待されていたこともある。同時代のノルウェーの作品をレパートリーに組み入れてほしい、というのだ。自国の文化への誇りは当然として、じっさいスカンジナビアでは（バルト三国でもそうだが）、あまり過激でない現代曲は定期演奏会のプログラムに欠かせない彩りとして、すでに定着していた。

「正直、あまりうれしくはなかったですね」後にヤンソンスはそう告白している。こうした姿勢は、彼がロマン派の重厚長大なレパートリーを子守歌代わりにして育ち、やがて学生時代にはウィーン古典派の音楽にも開眼したことと関係があるだろう。ちなみにヤンソンスは、ショスタコーヴィチ、プロコフィエフ、R・シュトラウス、あるいはラヴェルのものを除けば、二〇世紀の作品で重要なものはそれほど多くないという意見の支持者だった。

プログラムの組み立てにはきわめて慎重だった。オスロで何度か演奏してみて、いわば「安全確認済み」となった作品をよその町で披露するようにした。やがてこうした作品のストックが増え始める。恒例のスカンジナビア諸国からの招待はもちろん、ロンドンのプロムス、ザルツブルク祝祭、ニューヨークのカーネギー・ホール、東京までもがツアーの予定表に加わった。ほどなくして各地のエージェントやホールの支配人たちは、ヨーロッパの北のはずれに将来大化けしそうな若手指揮者の出現を感じ取った。オスロ・フィルハーモニー管弦楽団はもちろん、マリス・ヤンソンスという人物が脚光を浴び始めたのだ。ヤンソンスの名前はすでに各地の名門オーケストラへの客演を通じて、着実にひとつのブランドへと成長しつつあった。

ヤンソンスが着任する直前の数年間に、オスロ・フィルはスイスに二回短期ツアーを行い、アメリカにも二度のツアーに出かけていた。新しいシェフを迎えてからは、一貫して海外公演の期間が長くなっていく。しかし関係者にとっては、そう簡単な話ではなかった。これまで海外ツアーに出るのは年間約三週間だったが、国際的な評価を高めるためにヤンソンスはそれをもっと増やす算段をする。抵抗にぶつかった彼は、まずオーケストラの事務局を説得にかかった。長い議論を重ねて結論に至るというプロセスは、この若い指揮者にとってはこれまであまり経験がないものだった。

こうしたツアーのいくつかは、とくに思い出深いものとして関係者全員の記憶に残っている。一九八四年秋のイギリス・ツアーがそうだ。二週間の予定で、ヴァイオリンのアルヴェ・テレフセンとピアニストのアンドラーシュ・シフも同行した。この海外公演では重大な出来事があった。オスロ・フィルの訪英とほぼ並行してアルヴィーツ・ヤンソンスもまた、恒例となったハレ管弦楽団への客演のためにマンチェスターにやってきていた。すこし前から体調がよくないという自覚はあった。リハーサルのさなかに心臓発作で倒れ、そして十一月二十一日にアルヴィーツ・ヤンソンスはこの世を去った。七十歳だった。折しも息子マリスが手兵を率いてイギリスに到着したその日の出来事だった。

家族以外の人々にとっても、これはショックだった。その夜、マリス・ヤンソンスは予定通りコンサートの指揮台に立つと決める――グリーグの『ノルウェー舞曲集』とピアノ協奏曲、そしてシベリウスの交響曲第二番というプログラムは、いつ終わるとも知れぬつらいひとときだった。

これまで一度も息子を仕事先のオスロにたずねたことのなかった母親が、公演先までやってきた。しかしツアーの中止は話題にもならなかった。悲しみをこらえつつ、父ならばそうしたであろう道をマリスは選ぶ。なんとしても、やり遂げねばならない。オスロ・フィルとの旅を続けながらマリス・ヤンソンスは葬儀の手配をした。アルヴィーツ・ヤンソンスはイギリスで荼毘に付され、遺骨は息子が受け取った。こうして父と子はバスの中でもホテルの部屋でも、ずっといっしょだった。ソ連に戻って帰国の手続きをしていると、国境警備兵が骨壺を開いて、中身をかき回した。禁制品が入っていないか検査するというのだ。マリスと母親はあまりのことに呆然とし、怒り、嘆いたが、どうにもならない。さらに長時間足止めされたり、反抗的と見なされる危険を考えて、彼は言いたいことをぐっとこらえ、兵士たちの気が済むまでやらせておいた。「こんな目に遭うくらいなら、いっそ西側に残っていれば」という考えが、繰り返し頭に浮かんでくる。そのたびにマリス・ヤンソンスは、この思いを振り払うのだった。娘も母も、まだネヴァ川のほとりで暮らしている。ふたりを置いては行けなかった。

このときからショスタコーヴィチの交響曲第五番は、ヤンソンスにとって特別な、きわめて個人的な意味を持つ作品となった。深い悲しみと同時に成功をもたらした今回のツアーでは、この曲が演目の中心だったのだ。すでにオスロでヤンソンスはこの作品をことのほか入念に準備していた。「ペル・アスペラ・アド・アストラ」——苦難を通じて星の彼方へ。これはベートーヴェンがみずからの交響曲第五番を作曲したときの基本理念であり、ショスタコーヴィチのこの作品にもあてはまる。

この曲の初演者は、ヤンソンスの師であるムラヴィンスキーだった。大詰めの勝利の行進曲は、誤った道に迷い込んでいた放蕩息子の帰還としてソヴィエト政府から称賛された。その一方で、空疎なまでの長調の狂騒の中に歪んだ表情を読み取り、これを強制された歓喜と解釈する向きもある。この当時からすでにヤンソンスは、楽譜の表面だけをなぞる実証主義的な演奏を嫌っていた。そして自分の楽団員たちには耳を澄まして、音楽から二重三重の意味を聴きとるよう求めた。このツアーでは演奏会を重ねるにつれて集中力が高まり、情念は激しさの度を増していった。演奏旅行の最終日となった十二月三日、ロンドンのバービカン・センターの客席には、ほかのオーケストラからもたくさんのミュージシャンが詰めかけた。

「あとでみんなわれわれのところへやってきたんですが、もう打ちのめされたというか、魂を奪われたような感じでした。あの美しさ、あのエネルギー、あの表現の深さにね」

当時コンサートマスターをつとめていたスティグ・ニルソンはそう表現している。

「自分たちの本来のレベルを遥かに超えたあんな演奏ができたのは、たぶん後にも先にも一度きりでしょう」

しかし、当時のオスロ・フィルハーモニー管弦楽団にとって、さらに決定的な役割を果たした作曲家が別にいる。ただし最初は彼の作品の演奏を認められるのに、ずいぶん苦労もした。ノルウェー人たちは、オーケストラを売り込むための飛び込み営業を始めた。大手のレコード会社との契約を求めたのだ。最初の感触は、むなしく追い返されるセールスマンと同じで、やはり無駄足かと思われた。場所はレコード産業の一大中心地であるロンドンだ。やって来たのはオスロ・フィルの楽団員たち。カバンの中にはピョートル・チャイコフスキーの交響曲第五番のマスターテープが入っていた。録音のために彼らが集まったのは、しばらく前の一九八三年三月で、とくに依頼があったわけではなく、レーベルとの契約もまだだった。

リハーサルと録音のセッションは、オーケストラとしての公式な仕事とは別に日程が組まれた。つまりマリス・ヤンソンスも彼の楽員たちも、まったくの無報酬だった。ともに協力して作り上げたこの成果を、いよいよ国内の枠を超えて、広く知らしめようと決意したのだ。しかも選んだのは、自分たちの力をよそと比べてもらってかまわないという自信のある曲だった。演奏を録音して、オーケストラとそれを率いる青年の名刺代わりにしようと考えたのだ。自分がシェフとしてどれほどのことを成し遂げたか、どれだけ成長したかをヤンソンスは自覚していたし、ほかとの競争にも負けないという自信を深めていた。しかしチャイコフスキーの五番というのはどうなのか？　当時はレコードが名声だけでなく（いまとは違って）金にもなったが、市場は飽和していた。世界のトップクラスのオーケストラがスター指揮者を迎えて盛んに録音を行っている中でも、チャイコフスキーの交響曲第五番・

第六番といえば定番中の定番で、数々の名盤がすでに存在していた。

オーケストラからは、プレイヤーと事務局双方の代表者がオスロからロンドンに向かったが、まずこの現実をいやというほど思い知らされた。どのレコード会社からも次々と門前払いを食わされたあげく、やっと親身になって話を聞いてくれたのは、まだ歴史の浅い小レーベルのシャンドスだった。録音はレコードにプレスされ、市場に出回り、宣伝も行われる。そして誰もが驚いたことに、飛ぶように売れた。批評筋からは絶賛の声が相次ぎ、ある意味ここから上昇のスパイラルが始まった。シャンドスが冒したリスクは――ヤンソンスもオスロ・フィルも、世界的に見ればまだまだ有名というには程遠かった――どの観点から見ても、十分割に合うものとなった。このチャイコフスキーの五番の演奏は、ノルウェー国内で評判になったのはもちろん、クラシック音楽の中心地から遠く離れた土地でこれだけのものが生まれたことに、世界の聴衆が驚いた。

「とつぜん、この曲の録音としては最高のものだ、なんて言われて」ヤンソンスは当時をこう振り返っている。手放しの賛辞は、彼にとっても「さすがに照れ臭かったですよ」。

「けれどもこれが起爆剤になって、急にあちこちからぼくたちのチャイコフスキーを聴かせてくれという要望が舞い込んで来ました」

間もなくシャンドスのほうでは交響曲全集の話が持ち上がる。『マンフレッド交響曲』や、『イタリア奇想曲』のような人気の小品も録音しようというのだ。すぐに関係者間で協議がまとまって、計画通りに録音プロジェクトが始まる。まさに、夢にすら見たことがないような企画だった。「国際的なマーケットでわれわれが大躍進するきっかけになりました」とスティグ・ニルソンは語っている。

おもしろいことにヤンソンスは、チャイコフスキーの交響曲第六番をずっと避けてきた。たしかに純音楽的な領域を大きく超えた、さまざまな事実との関連が取りざたされる曲ではあるが、おそらくはムラヴィンスキーやカラヤンの卓越した解釈があまりにも鮮明に耳に焼き付いていたせいだろう。どこでも人気の高いベートーヴェンの第九に関しても、ヤンソンスは同じような態度を取った。しかしオスロでチャイコフスキーの交響曲全集に取り組むうちに、ようやくヤンソンスの中に確信が芽生えてくる。第六番もこなせるという自分なりの手ごたえがあった——さらにはこの曲でも自分独自の、ほかとは明らかに違う解釈を打ち出せるようになったのだ。オスロのスタジオで作業が進むにつれて、参加者の誰もがより完璧を求め、自分の仕事に厳しくなっていった。六番のレコーディングにヤンソンスは満足がいかない。彼はオーケストラの主だったメンバーを招いて、懸念を打ち明けた。五番に比べ六番は、どうもいまひとつの出来じゃないだろうか？　ミュージシャンたちもこれには納得し、さっそく追加のセッションが設定された——ただしギャラの追加はなしで。『悲愴』の二度目の録音は、全員が「これでよし」と言える結果となった。

「それほどまでに、このときのオーケストラは士気が高く、熱意にあふれていました」

それから長い年月を経て、ヤンソンスは語る。

「とにかく、信じられないくらいでしたよ」

その一方で、録音という作業そのものは、彼にとってつねに苦行だった。とりわけ苦手なのは全曲を録り終えたあとの編集作業と、最終的にＯＫの決定を下すことだった。それは若いころのチャイコフスキー全集から生涯の最後に至るまで、ほぼ変わらなかった。

「わけがわからなくなるんですよ」

ヤンソンスはそう語っていた。

「細かな調整作業をやりながら、どこでOKを出すかの判断をする。自分にとってはこれがいちばん苦手な仕事です」

最終的に発売許可が出て、プレスされたCDが市場に出回ると、ヤンソンスは肩の荷が下りた思いで、何もかも忘れてしまうのだった。

「もしかすると十年後ぐらいにもう一度、じっくり聴いてみるかもしれません。でも、きっとイライラするんでしょうね。ひどい間違いにすぐ気がついて。それにぼく自身、日々変化していますから。作品の中に、常に新しい何かを発見したいんです。以前の自分の解釈には、どこかしら未完成なところがあるように感じます」

のちにこんなコメントを残したにもかかわらず、それは杞憂というべきで、このチャイコフスキー交響曲全集のボックスはいまだに市場での価値を失っていない。二〇一八年にもシャンドスはこのセットを再発売している。ヤンソンスがのちに再録音したものと聴き比べてみれば、その理由もうなずける。彼はバイエルン放送交響楽団とともにミュンヘンで二〇〇九年に交響曲第五番、二〇一三年には第六番を入れている。ライヴ録音を放送局がCDとして発売したものだ。二十年以上あとの録音と比べてみる意味は十分ある。テンポの配分だけをみても、示唆に富んでいる。

第五番を例にとろう。第一楽章でオスロ・フィル盤は13分50秒だが、バイエルン放送響との録音では、ほぼ一分遅く振っている。それに対して第二楽章アンダンテ・カンタービレでは、再録音でも以前のテンポを驚くほど正確に維持しており、オスロ盤の12分24秒に対してバイエルン盤は12分25秒である。第三楽章のワルツ（オスロ盤5分25秒、バイエルン盤5分43秒）と終楽章（オスロ盤11分25秒、バイエルン盤12分03秒）では、第一楽章と同じように、再録音のほうがテンポが遅い傾向がみられる。

この当時からすでに、他の指揮者たちとマリス・ヤンソンスとの違いは際立っていた。作品に対する固定化されたイメージにとらわれず、パトスの表出を目的とはしない。西欧でしばしば「ロシアの魂」と誤解され、揶揄されるような、伝統的な演奏スタイルの誤解や濫用とは無縁だ。作品に溺れて自分を見失うこともなければ、作曲上のアイデアや技法を効果たっぷりに強調しようともしない。ヤンソンスのチャイコフスキーには常に、膨大なエネルギーのポテンシャルがある。しかしそれにはしっかりと方向付けがなされ、コントロールされている――それでいて、冷たいとか、計算ずくといった印象は与えない。一見矛盾するように思われるが、こうした演奏によってこそ、チャイコフスキーの構造上の工夫がくっきりと浮かび上がるのだ。微妙な音色の変化によってドラマを表現するために、この作曲家がどれほど細心の注意を払ったか、その意図と、細部の彫琢の跡も見えてくる。

交響曲第五番の第一楽章を聴いてみればよい。オスロ、ミュンヘン、どちらの録音でもいい。ゆっくりはじまる序奏からして、アゴーギクに関する指示は厳密に守られている。バイエルン放送響との新録でも細部はおろそかにされず、管・弦の各セクションのバランスが保たれている。アクセントや突然の場面転換にも必然性の裏付けがあり、唐突な轟音のように響きわたることはない。最強音でさえつねにグラデーションがあり、ふくらみがある。まさに模範的で、他の追随を許さない演奏ぶりだ。

バイエルン放送交響楽団との新録からは、歳月を経てヤンソンスがチャイコフスキーの五番という作品を完全に手中に収めている様子が聴きとれる。以前に比べ――あくまでも最小限の、そして品の良い――ルバートが増え、アゴーギクが全般的にずっと自由になっている。柔らかくブレーキを踏むように微妙に落とされたテンポが、再び「元のスピード」へと戻ってゆく。個々のプレイヤーの表現も、自由度を増している。もっともこれは、バイエルン放送交響楽団というオーケストラのレベルがとびぬけて高いせいもある。ヤンソンスは第一楽章のワルツふうのパッセージ（一七〇小節以降）に至る移行部を、まるで小さな奇跡のように演出しているが、より引き締まった、迫力に満ちた演奏であるオスロ盤には、こうした表現はまだ見られない。

そのかわりに旧録では、直情径行型のチャイコフスキーが表現されている。たとえば終楽章は、アレグロ・ヴィヴァーチェが荒々しく炸裂すると、熱狂と狂乱が渦を巻く。まるでオーケストラ内部で互いを追い越そうとしているかのようだ。バイエルン盤でもこの個所は迫力たっぷりではあるものの、静止状態から突然襲いかかるような表現ではなく、曲全体の整合性により配慮したものとなっている。最後のコーダもまた、よくある紋切り型の表現とははっきりと一線を画している。オスロ盤の勝利の凱歌はけっしてお祭り騒ぎに陥ることなく、弦はむしろレガートを基調とし、そこを貫くようにピリリとしたアーティキュレーションの金管が響く。バイエルン盤ではほんのわずかだが、響きがより暖かく、軟らかく、管と弦との関係はより対話に近いものとなっている。

交響曲第六番といえば、交響曲作家チャイコフスキーが最後に残した『悲愴』な作品として、伝記上の事実とからめて特別視され、チャイコフスキーの人生そのものを描いた悲劇のサウンド・トラックのように受け取る見方もあるが、ここでもヤンソンスは他の多くの指揮者たちとは異なっている。

やはりオスロ盤のほうがバイエルン盤よりテンポは速めだが、表現の違いはそれほど大きくない。第一楽章はオスロ・フィルとの旧録が17分57秒に対してミュンヘンでの新録が18分08秒、第二楽章は7分27秒対8分04秒、第三楽章は8分20秒対9分04秒、そして終楽章は9分48秒に対して10分19秒となっている。全般的にオスロ盤のほうがコントラストがより鮮明で大胆であり、いかにも涙を誘うような『悲愴』の伝統的な表現との違いが際立っている。

たとえば第一楽章の序奏部は重苦しくなり過ぎず、むしろ淡々としている。それが一変して激烈なアレグロ・ヴィーヴォに入ると、オスロ・フィルは演奏可能なぎりぎりの所まで煽られる。まるで駆り立てられるようなこの雰囲気は、バイエルン放送響との演奏ではさほど目立たない。かわりにこの楽章の最後のくずおれるような虚脱感がより強く打ち出され、表現の身ぶりはさらに大きく、ニヒリズムが強調されている――そして終楽章においても、同じ雰囲気が再びあらわれる。

交響曲第六番に関して言えば、チャイコフスキーの創作の源が民族的なものにあることをどちらの解釈もはっきりと表わしている。特に第二楽章ではバイエルン盤のほうがわずかながらより柔軟で、デリケートな魔法のような瞬間があるのに対し、オスロ盤は大胆な強調のしかたが際立っている。ほぼ同じことが第三楽章にも言える。古いほうの録音では、ベルリオーズ風のグロテスクな音楽として鋭いアクセントが付けられているために、テンポがいつまでも正しく収まらないように感じられる。ミュンヘンでの演奏では、もはやヤンソンスはそこまでの冒険はせず、アレグロ・モルト・ヴィヴァーチェのこの楽章は、より柔らかく豊かな響きで、時計が時を刻むように着実に進んでゆく。

第五番、第六番、あるいはそれより前の交響曲であれ（その中では第四番が、ほかのどの録音もまず及ばないような激しい演奏である)、マリス・ヤンソンスのチャイコフスキーは、音楽以外のものには関心がないとはっきり宣言している。隠された意味や伝記上の事実の暗示、あるいはその場限りで消えてゆく感情表現などは、彼にとってはどうでもよかった。これらチャイコフスキーの交響曲は――シベリウスやショスタコーヴィチにも同じことが言える――交響詩とは違うという理解なのだ。だから、たとえそこからなんらかの副次的な意味が聞こえてきても、それは多層的な作品の中の、ひとつの層の出来事に過ぎないという考え方だ。

「ロシア音楽には、間違った情緒性、誇張された感情に走りがちな傾向があるのです」

とヤンソンスは語っている。

「これが落とし穴なんですよ。どの曲も、とにかく自然に振るべきなのです――『スペードの女王』のような偉大な悲劇であってもね。そういう技術論はおくとしても、とにかくメロディによって感情をあれだけ見事に表現できる作曲家は、チャイコフスキーをおいて他にはいないと思っています」

ヤンソンスは前もってスコアをしっかり研究し、綿密にリハーサルを行い、楽譜の指示を厳密に守った。こうした積み重ねによって、作品自体が持つ構造上の可能性を最大限に発揮させることができたのだ。この点に関してヤンソンスは、彼が非常に尊敬していたニコラウス・アーノンクールと(人間のタイプはまったく異なっていたが)意外にも一致している。とりわけオスロ・フィルハーモニー管弦楽団との演奏からは、チャイコフスキーがいかに音のレトリックを重視していたかが浮き彫りになる。対話として、論証として、またときには弁証法的に発展してゆくひとつの小宇宙が現れる。しかもそこからは音楽する喜びと、あえてリスクをとる勇気とがはっきりと聞こえてくる。そのおかげで、すべては音による講釈や、無味乾燥な分析に陥るのを免れているのだ。

イギリスのマイナー・レーベル、シャンドスの責任者たちは、こうしたことをいち早く見抜いていたわけだ。そして、レコードの市場がいつもそうであるように、この成功を聞きつけたメジャー・レーベルが食指を伸ばしてくる。このときはEMIが交渉に乗り出し、一九八七年、シャンドスに代わってオスロ・フィルハーモニー管弦楽団と契約を結んだ。この会社にとっては創業以来もっとも大規模な独占契約だった。一九九二年にはさらに十五種類の録音を行うという合意のもと、契約は更新される。

「やってほしいと言われたのは、ロシア物ばかりでしたよ」とヤンソンスは後にこぼしている。世界のクラシック業界のきびしい掟を、初めて思い知らされたのだ。オスロでの演奏会でも、ツアー先でも、また客演のときも、譜面台に載っているのはそうした曲ばかりで、たしかに万雷の拍手は鳴りやまない。それなのに、いつしかヤンソンスは「楽しくなくなったのです」。ついにある時、おそらくは葛藤の末に、もうチャイコフスキーはやらないと決意した。

これをよい機会に、ヤンソンスは自分のレパートリーを拡げ始める。ブラームス、シューベルト、シューマンのすべての交響曲にオスロでじっくりと取り組んだ。ほぼ十五年にわたって、まるでみずからにレパートリー上のダイエットを課したかのように、ヤンソンスはロシア物をいっさい振らなかった――例外は、心から愛するショスタコーヴィチだけだ。とはいえオスロでのチャイコフスキー全集は、オーケストラと指揮者との協同作業の成果としていつまでも残り、市場での彼らの地位を押し上げる起爆剤の役目を果たした。そしてこの録音を聴いたすべての人々の耳には、はっきりと聞き取れた。オスロ・フィルがもはやただの「いいオーケストラ」ではなく、トップクラスのアンサンブルに生まれ変わったことが。

ロシアの誘惑、国際的な成功

かつてのように力強く、競争にも耐えうるオスロ・フィルハーモニー管弦楽団。世界の国々の聴衆は、チャイコフスキー全集が完結してはじめてその実力を知った。しかしクラシック市場の事情通たちは、すでに八〇年代の中ごろからそれを意識していた。もはや「隠れた有望株」どころの騒ぎではない。海外公演の契約数の伸びは、ノルウェーのオケとラトビア生まれのシェフのコンビに対する需要の高まりをはっきり示している。

一九八五年十一月、ヤンソンスはかつての留学先であるウィーンを再び訪れる。中部ヨーロッパを巡る長期間のコンサート・ツアーで、チューリヒ、ジュネーブ、ベルン、ローザンヌ、フランクフルト、ヴィッテン、*アーヘン、リンツなどを回った。そしてついに、心躍る舞台に立つ日がやってきた。学生のころ毎日のように足を運び、大先輩たちの指揮姿を仰ぎ見たあの場所で、首席指揮者としての晴れ姿を披露するのだ。それ以前に楽友協会ホールで演奏したのは、レニングラード・フィルを振った二回きりだった。今回は段取りが難航した。楽友協会もコンツェルトハウス**も、演奏会場を提供するとともにコンサートの主催者も務めるのだが、このときはオスロから来る楽団のマネジメントを引き受けてはくれなかった。

こういう場合ウィーンではよくあるように、三番目に大きな主催元である音楽事務所、ジュネス・ミュジカルがその役をかって出た。当時の社長はトーマス・アンギャンで、のちに一九八八年から二〇二〇年まで、ウィーン楽友協会の総裁を務める人物だ。これでノルウェーからの一行は、一九八五年十一月二十九日、「黄金のホール」と呼ばれる楽友協会大ホールで演奏できることになった。プログラムはグリーグの『ペール・ギュント』組曲、ウラディーミル・スピヴァコフをソリストに迎えてシベリウスのヴァイオリン協奏曲、そしてチャイコフスキーの交響曲第六番だった。

「突然、天上の世界が目の前に開けたようでした」

数十年の時を経て、アンギャンはこう語る。

「それからはもう、彼らを離しはしませんでしたよ。何度でも繰り返し呼びました」

最初はあくまで仕事上の付き合いだったが、やがてアンギャンとヤンソンスは友情で結ばれる。さらに決定的な出来事が一九八五年に起こる。マリス・ヤンソンスはひとりの女性と出会った。休暇で出かけた黒海のリゾート地、ヤルタの浜辺での出来事は、まるで恋愛小説かロマンス映画の筋書きにそっくりだった。友人のひとりが、すぐそこですごい美人が泳いでるぞ、と言い出した。なんとなく気になる。会ったこともないその女性にヤンソンスが近づいてゆくと、どちらからともなく会話が始まった。彼女もレニングラード出身だとわかって、さらに一段と心をひかれた。運命の導きだと

* ドイツ・ルール地方の都市。現代室内楽祭などで知られる。
** 一九一三年完成のホール。現在はウィーン交響楽団の本拠。

彼には思われた。のちにふたりが語った話は、ぴったり一致している。

「ひと目で恋に落ちた、ってやつね」イリーナ・ヤンソンスはそう回想する。

「あの人が指揮者だなんて、知りもしませんでした」

マリスはどこか内気そうで、遠慮がちな様子だったらしい。そこが彼女にはとても好ましく思えた。このときはお互い既婚者だったので、とりあえず手続き抜きでいっしょに暮らし始めた。その後どちらも離婚が成立し、一九九八年にふたりは晴れて結婚した。イリーナはその後もしばらく開業医として働いていたが、やがて彼女にもはっきりとわかった。日々夫の顔を見たければ、自分も一緒に旅行するしかないのだ。

「仕事はやめましたが、自分が犠牲になったとは思っていません」

のちにドイツの週刊誌『シュピーゲル』の取材に彼女はこう答えている。

「わたしはマリス・ヤンソンスという人といっしょにいたかった、そしてほかの選択肢はなかったのです。そのころすでにあの人は、人気の指揮者としてひっぱりだこでしたから。本当にこうしてよかった、と毎日実感しています。この人なしには生きていけないとさえ思っているんですもの」

八〇年代半ばに、ヤンソンスの祖国の状況は根本的に変わった。ゴルバチョフが推進したペレストロイカによって、ようやく自由が幅広く認められるようになり、国の屋台骨が揺らぎ始める。ヤンソンス本人には間接的な影響しかなく、これまで通り海外へ渡って、向こうでの仕事に没頭できる。だが、ソ連の文化芸術界が存亡の危機に直面していることには心を痛めた。国の看板として役に立つという理由もあって、ソ連では文化への助成が自明のことだったが、もはや時代は変わったのだ。

「以前なら音楽とスポーツは二つの柱でした。それなのに、急に音楽への関心が薄れていったのです――ぼくが言いたいのは、財政上の支援だけではありません」

ソヴィエト文化の殿堂であるレニングラードのキーロフ劇場とそのオーケストラ、あるいはモスクワのボリショイ劇場は、閉館になった施設も多かった中、さほど打撃を受けていない。より規模の小さな団体は、その影響をもろに受けた。そしてヤンソンスが特に心配していたのは、後進の育成だった。世界に冠たる理想として、彼が日頃から称賛していたあのソ連の芸術家育成システムが危機に瀕していたのだ。「ほんとうに気の滅入る毎日でした」

ヤンソンスにとって音楽上の本拠地であるオスロについて言えば、彼は飛躍的な発展に貢献していた。この時期、海外公演の数は年々増加していた。オスロ・フィルハーモニー管弦楽団とヤンソンス本人に来てほしいという引き合いは増える一方なのだ。一九八七年から一九九六年の間にイタリア、スペイン、日本、台湾、中国、アメリカなどから（国によっては何度も）招かれている。一九九三年、九五年、九七年には、世界の音楽祭のメッカというべきザルツブルクで公演を行う。そして、一九八五年のデビュー以降、ウィーンの楽友協会ホールでは常連となっている。ほぼ毎年のようにヤンソンスはこのホールの指揮台に立っており、オーケストラはレニングラード・フィルやトーンキュンストラー管弦楽団（ニーダーエスターライヒ）、あるいはウィーン交響楽団の場合もあった。

このように国際的なキャリアの階段を一気に駆け上がり始めたちょうどそのとき、ある人物の訃報が届いた。その影響はさまざまな波紋を呼ぶ。一九八八年一月十九日、エフゲニー・ムラヴィンスキーが亡くなったのだ。アルヴィーツ・ヤンソンスと同じく、心不全だった。ムラヴィンスキーがレニングラード・フィルと行なった最後の演奏会は、前年の三月だった――曲目はシューベルトの未完成交響曲とブラームスの交響曲第四番である。後継者として、すぐにマリス・ヤンソンスの名前が挙がった。自らの死を予感してか、ムラヴィンスキーは生前、たびたびその方向で希望を口にしていた。それに加えて、ヤンソンスがレニングラード・フィルの指揮を任される機会もますます増えていた。急な代演も珍しくはない。ムラヴィンスキーが健康上の理由で降板するときは、右腕であるヤンソンスが代わりに指揮台に立つ。盛大な文化行事として行われる海外公演のいくつかは、ヤンソンスがひとりで全部の公演の指揮を引き受けていた。

だが、競争相手がひとりいた。ユーリー・テミルカーノフである。当時五〇歳で、ヤンソンスと同じレニングラード音楽院で学び、一九七六年からは同地のキーロフ劇場の首席指揮者を務めている。テミルカーノフには、党の実力者たちの後押しがあった。各方面の責任者たちの内部協議の結果、ヤンソンスは次点に終わる。世界最高峰のオーケストラのひとつを引き継ぐ機会はこうして去った。だが、これもじつは天からの戒めではなかったろうか？　当時のヤンソンスにとっては失望そのものだったが、のちにこう客観的に述べている。

「ぼくは野心に燃えていましたが、その一方で、よくわかってもいたのです。自分にはまだ、ソ連国内でシェフの地位に就いた実績がない。それに、ぼくがまだ若造だったのにくらべ、テミルカーノフははるかに経験を積んでいた。後になって振り返ってみれば、こう言わずにはいられません。『あれでよかったんだ。人生悪いことばかりじゃない、神さま、助けてくださってありがとうございます』ってね」

マリス・ヤンソンスは、ふてくされも傷つきもしなかった。それどころか自分からユーリー・テミルカーノフに連絡を取り、もしよければ二番手の指揮者としてレニングラード・フィルハーモニー管弦楽団に残りましょうか、オスロの仕事と兼任の形になりますが、と申し出た。この提案は、純粋な親切心から出たものではない。ヤンソンスにとっても、こうした極上のアンサンブルと仕事ができるのは喜びに違いないのだから。テミルカーノフはこれを受け入れた。当時の不安定な状況のもとでは、これは継続性を維持するうまい方策だったためだ。国からの財政支援が次第に縮小されつつある中で、これまで特別扱いされてきたレニングラード・フィルのような楽団ですら、意識を改める必要に迫られる。もともと高い給料に恵まれていなかった楽団員たちは、やる気を失いかけた。これもまた、ムラヴィンスキーの助手だったヤンソンスと契約を続けた理由のひとつだった。ヤンソンスとこのロシアの名門オーケストラとのつながりは、二〇〇〇年まで続く。それ以後はもう、どうやってもスケジュールの都合がつかなかった。

一九八八年は、マリス・ヤンソンスにとって別の意味でも重要な節目となった。四月二十二日とその翌日、ショスタコーヴィチの交響曲第七番『レニングラード』を録音するため、ヤンソンスはレニングラード・フィルハーモニー管弦楽団の指揮台に立った。ただし収録場所は意外にも、ネヴァ川にほど近いフィルハーモニアではなく、オスロのコンセルトフスだった。ショスタコーヴィチのもっとも有名な交響曲であり、一九四二年ドイツ軍に包囲されたレニングラードで初演されたこの曲には、当時の歴史的な出来事を暗示する要素があふれんばかりに詰め込まれている――しかも、第二次大戦の戦禍を描いた単なる表題音楽の域をはるかに超えている。音楽による戦いの狼煙、さまざまな伝説に彩られた名曲、反戦の叫び、轟音が描くカリカチュア、プロパガンダとして悪用された交響曲、巨大な怪物のように膨れ上がった構造物。それらすべてがショスタコーヴィチの作品六〇なのだ。無数の引用や暗喩がちりばめられ、強烈なエモーションがみなぎるこの曲は、さまざまな意味で危険な作品だといえる。

この交響曲を指揮するにあたってヤンソンスは、新即物主義の「独裁者」と呼ばれた恩師ムラヴィンスキーの姿勢を受け継いでいる。むろんヤンソンスの場合、構造的なものの表出、響きの厳格な純化、冷徹なまでの精確さといった要素はやわらげられている。それによって、いわば細心の注意をはらいつつ激情を描き尽くしてみせたのだ。ただし、スローガン風の派手な表現は避けている。ヤンソンスがつねに心を砕いたのは、作品それ自体を提示することであり、俯瞰的な視点から指揮すること——そして同時に、人を惑わし、誤った理解に導くような、芝居がかった要素に自分を見失わないことだった。すぐれた様式感と、そして綿密に考量された、けっしてそれ自体を目的とはしないドラマ性とが、彼の録音を格調高いものにしている。

これが全集にまで発展しようとは、当時は誰ひとり思っていなかった。最終的には二〇〇五年に十五曲すべてが揃う。ひとつの楽団によるのではなく、ヤンソンスとゆかりのあるオーケストラが顔をそろえている。第一番はベルリン・フィル、第二・第三・第四までと、第十二・第十三・第十四番がバイエルン放送響、第五はウィーン・フィル、第六と第九はオスロ・フィル、第八はピッツバーグ管弦楽団、第十番・第十一番はフィラデルフィア管弦楽団（厳密には、ヤンソンスの関係はそれほど深くない）、第十五番がロンドン・フィル——そして先ほどの第七番がレニングラード・フィルというわけだ。

いくつもの賞を贈られたこれらの録音は、全体として見れば非の打ちどころがなく、ほかの数多くの演奏をはるか凌駕する、まさにスタンダードたりうる演奏だ。相反する二つのことがここでは実現している。それぞれのアンサンブルの響きの特性はときに大きく異なっていて、個性の違いはそのまま録音にはっきり刻まれている。それでいて、指揮者ヤンソンスの並外れた統率力が常に全体を支配している――ひとつの主要主題がつぎつぎと新しく姿を変えて、しかも互いに密接な関係を保ったまま紡がれてゆく、変奏曲にもたとえられるだろう。

それぞれの曲に選ばれたオーケストラは、おおむね適材適所といえる。ウィーン・フィルの第五番には、このオーケストラのマーラー演奏の経験豊富さがうかがえる。オスロの面々は、狂騒とヴィルトゥオジティが炸裂する第六番の演奏を楽しんでいる。第十四番でミュンヘンの楽員たちは、繊細な技巧を生かした、淡い色彩が微妙に変化する室内楽のような演奏を成し遂げている。二〇〇六年、ドイツの週刊新聞『ツァイト』のオスヴァルト・ボージャンは「ヤンソンスの録音は聴き手の心をつかんで離さず、あらゆる細部にこだわりながらも形式上の関連は常に守られ、統一が保たれている」と評している。どれほどエモーショナルな表現をしようとも、ヤンソンスは卓越した構造主義者なのだ、とボージャンはいう。

「チェスの名手のような頭脳の持ち主だった作曲者本人も、これらの演奏は気に入ったに違いない。現時点では、ショスタコーヴィチの解釈者としてヤンソンス以上の適任者は見つからないだろう」

実際ヤンソンスはショスタコーヴィチ本人を見かけたことが何度かある。また、ムラヴィンスキーのリハーサルに作曲者本人として立ち会うのを見学する機会もあった。だが、まだヤンソンスはほんの駆け出しだったから、ちょっとした雑談以上に深い話はしてくれなかった。いずれにせよヤンソンスの耳には、ムラヴィンスキーの嘆きがいつまでも残っている。老指揮者は弟子にむかって「ショスタコーヴィチは本当になにも返してよこさない。困ったものだ」と始終ぼやいていた。貸した本や楽譜のこともあったが、音楽上の疑問点について、それこそ星の数ほどの疑問をぶつけても、何も返答がないのだった。細かい質問に対して、ショスタコーヴィチが明快な答えをくれたことは一度もなかったとヤンソンスは記憶している。もうそんな気力は残っていない、あるいは、指揮者が細部をどう解釈しようがどうでもいいとでも言いたげなようすだった。

「本当に心の優しい、いい人でしたよ。他人が困っているのを見ていられないんです。ただ、おそろしく神経質で、異常なほどの心配性でした」ヤンソンスはこう伝えている。

「会ったばかりのこっちまでが、気の毒になってしまうほどでね。それにとても早口で、ものの言い方がぶっきらぼうだった。ショスタコーヴィチはとても広い心の持ち主で、深い愛と、深い苦しみにあふれた人でしたが、それを口に出すのが下手だったのです。自分の音楽について話すのも嫌いでした。ウォトカがとにかく好きで、女性には惚れっぽくて、またサッカーに関しては、まさに熱狂的なファンでした」

その作品にはじめて触れたときから、ショスタコーヴィチはヤンソンスのもっとも敬愛する作曲家となった。

「じつに強烈な音楽です。極限まで凝縮されたパッションが他のすべてを圧倒している。楽器の使い方や音色のセンスについても、まさに天才的な作曲家です」

そして、歴史上の事件や当時の政治状況に対する彼の態度は、他の多くの職業作曲家とはまったく違っていた、ショスタコーヴィチは真に時代と共に生きた作曲家だった、と語っている。

この作曲家とヤンソンスとの間にはもうひとつ、特別なつながりがある。ヤンソンスがレニングラードの特別音楽学校に通っていたころ、同級生にヴォルコフという男がいた。のちに音楽学者、批評家となり、一九七九年に『ショスタコーヴィチの証言』を出版したソロモン・ヴォルコフである。詳細で、驚くほど直截な内容の自伝的発言を収めたこの書物は、作曲家本人の綿密な監修のもとで出来上がったものだとヴォルコフ自身は述べている。その内容の信憑性については、いまなお疑問が残る。ヤンソンスは、あるフィンランドの音楽評論家から、『証言』の初稿をオスロへ送ってもらった。つまり、このセンセーショナルな著作を、最初に読むことができたひとりというわけだ。各ページごとにショスタコーヴィチのサインがあったようにヤンソンスは記憶している。その筆跡には見覚えがあった。それが本物か、それとも偽造されたものだったのか、ヤンソンスにはその後もずっと判断がつかなかった。

「そんな一介の若造を相手に、ショスタコーヴィチが何もかも打ち明けるなんてあり得るでしょうか？　その一方で、人間は年を取ると、ときどき胸の内をあらいざらいぶちまけたくなるのも事実なんです。自分の思いを後世に伝えるためにね。やっぱりぼくには、判断が付かないなあ……」

しかし、この本で克明に描かれた当時の社会情勢やショスタコーヴィチが抱えていた実存的不安、当局からの容赦ない強制や脅迫、体制賛美の音楽という衣の下で偽りのない真実を描こうとする苦闘などは、ヤンソンスにとって――ほかの無数の読者たちと同じく――どれも信憑性があるように思われた。

「ショスタコーヴィチはベートーヴェンと同じ魂の持ち主でした。音楽を書くことで闘っていたのです。スターリンの弾圧によってあれほど痛めつけられなかったら、ショスタコーヴィチは二〇世紀におけるヴェルディの役割を果たしたでしょう。そしてもしショスタコーヴィチが作家だったら、スターリンは彼をさっさと処刑していたはずです」

ショスタコーヴィチの交響曲を初めて録音した一九八八年は、マリス・ヤンソンスがアメリカにデビューした年でもある。ロサンジェルス・フィルハーモニー管弦楽団を何度か指揮して、チャイコフスキーの作品を合計十曲披露している。しかもそれに先立って、カナダのモントリオール交響楽団からも招かれていた。こうしてヤンソンスの客演先の数はどんどん増え、この時点ですでに二十五カ国を訪れていた。

この上昇傾向はさらに続く。九年後の一九九七年秋、オスロ・フィルハーモニー管弦楽団と行なった一連のコンサートがその頂点を成している。ヤンソンスがノルウェーで首席指揮者を引き受けて十八年目のことだ。ウィーンの楽友協会ホールでオスロ・フィルが一週間にわたってレジデント・オーケストラの役割をつとめ、グリーグ、オネゲル、ベートーヴェン、ブルックナー、R・シュトラウスの作品を含む五つのプログラムを演奏した。十一月一日にはウィーンの万聖節コンサートの一環としてヴェルディの『レクイエム』を上演する。ソリストはミシェル・クライダー、マルケラ・ハツィアーノ、ヨハン・ボタ、マッティ・サルミネンという顔ぶれだった。その翌日、十一月二日の万霊節

(死者の記念日)には、クライダーとハッツィアーノのふたりにウィーン・ジングフェライン合唱団も参加して、マーラーの交響曲第二番『復活』が演奏されている。これだけ大掛かりな契約でも、楽友協会にとってはもはやリスクの心配など必要なかった。オスロ・フィルとヤンソンスによるこのフェスティバルは、輝かしい成功を収めた。

イギリスとウィーンでの「浮気」

「いよいよ翼を広げたというわけです」

元マネージャーのスティーヴン・ライトはこう表現している。大きく羽ばたいたマリス・ヤンソンスはヨーロッパ各地をめぐり、そして現在のホームグラウンドであるオスロから南東の地をめざした。別のオーケストラのシェフを掛け持ちするのは問題外だ。だが、音楽の世界ではきわめて重要な国のひとつで、国際的な足場をさらに固められる選択肢が急に浮上したのだ。うまい具合にヤンソンスのスケジュールは——まだ今のところ——世界中で活躍する他の指揮者たちほどぎっしり詰まってはいない。

ヤンソンスが無理のない策として選んだのは、プリンシパル・ゲスト・コンダクター、いわゆる首席客演指揮者の地位を得ることだった。それも国際的な知名度の点では、ヤンソンスが着任したときのオスロ・フィルよりさらに目立たないオーケストラで。楽団の名前は、ＢＢＣウェールズ交響楽団*という。

最初のコンタクトは、カラヤン・コンクールに出場後まもなくだった。カーディフに本拠を置くこのオーケストラは、将来性が豊かな青年指揮者に注目した。これによって英国内の他のオーケストラに差をつけ、できれば収益を伸ばしたいという思惑もあっただろう。やがてヤンソンスは客演に招かれる。そして彼の記憶では、たちまち互いに好意を抱いたことがわかった。

「恋愛と同じですよ」とヤンソンスは表現する——彼に言わせれば、ひとつのアンサンブルとじっくり付き合い、定期的に仕事をしていく上で、こうした結びつきは欠かせないのだ。その直後、ヤンソンスの机の上に向こうからの提案が届く。よりしっかりとした関係を結びませんか、というのだ。

ＢＢＣウェールズ交響楽団は、当時この放送局が運営していた五つのオーケストラのひとつだ。ウェールズでは唯一のプロフェッショナルなオーケストラで、その名が示す通り、二つの役割を果たしていた。公共放送であるＢＢＣの委託による活動と、ウェールズという地域の誇りを示すことである。

このオーケストラの前身となる楽団は一九二四年に創立された。一九三五年の団員数はたった二〇名で、第二次大戦後に三〇名をわずかに超えた。アンサンブルは増強を続け、一九七六年にＢＢＣウェールズ交響楽団と改称された際のメンバー数は、六十六名に増えていた。かなり大規模な管弦楽作品でも演奏可能になるのは、その後一九八七年に八十八名の体制となってからである。

「ＢＢＣウェールズ響といえば、とてもいい楽団なのに評価は低かったですな」

スティーヴン・ライトはこう分析する。

「ＢＢＣの放送オケだけに、ロンドンとのつながりがある。そこにうま味があると思ったわけです」

＊　一九九三年にＢＢＣウェールズ・ナショナル管弦楽団と改称。

首席指揮者に関して言えば、このオーケストラはちょうど過渡期を迎えていた。一九八三年から八五年まではトランシルヴァニア（ルーマニア）出身で元フルート奏者のエーリヒ・ベルゲルがその任にあった。一九八七年になってようやく日本の尾高忠明が後任に決まり、一九九五年までこの楽団を率いている。

毎年四週間、ヤンソンスはカーディフに客演する。オスロでの契約に加えて彼が新たに手にした合意書には、そう書かれている。だが合意に至った要因は、指揮者と楽団員たちがひと目で互いを気に入ったことだけではない。ＢＢＣウェールズ響はヤンソンスに対して、テレビ番組と音楽ビデオという形でチャイコフスキーの交響曲全集をやりましょう、と提案してきたのだ。ここはＢＢＣのオーケストラの中でも、テレビ収録にもっとも力を入れていた。ヤンソンスにしてみれば、ますます人気が上がっているオスロでの録音を理想的な形で補完してもらえるわけだ。これからは、彼の指揮ぶりが録音を通じて広まるだけでなく、世界のクラシック・ファンがそれを見られるのだ。ただしこれは、若く、情熱にあふれ、本場仕込みの正統派で、師匠ムラヴィンスキーの冷徹なまでの解釈を基本線では守りつつ、独自の見方も盛り込める指揮者として名前が売れつつあったヤンソンスに、「チャイコフスキーのスペシャリスト」というレッテルが貼られることをも意味していた。

「そのころとしては、まさに画期的でした」ピーター・レイノルズの著書『ＢＢＣウェールズ・ナショナル管弦楽団』の中で、当時オーケストラ・ディレクターだったヒュー・トレゲリス・ウィリアムズはヤンソンスとの仕事をこう回想している。

「おまえの生涯でいちばん仕事がきつかったのはいつか？」ときかれたら、こう答えます――セント・デイヴィッズ・ホールで脇目もふらず働いた、あの六時間だ、とね。こっちはチャイコフスキーのシンフォニー全六曲を五十ほどの短いテイクに分けて録ったものを、外科医みたいに切ったり貼ったりする作業でてんてこ舞いなのに、舞台の上のヤンソンスからは下のわたしに、ひっきりなしに電話であれこれ言ってくるんですから。

コンサートの映画やビデオにこの当時はまだ大きな需要があった。こうしたメディアの制作を推進したのはヘルベルト・フォン・カラヤンだが、彼の映像作品は独特のやり方で視覚的な美しさを極限まで追求した、ナルシシズムの香りさえ漂うものだった。いっぽうのＢＢＣは、事実を伝える報道機関であるというのが基本姿勢だ。ヤンソンスにとって、この企画の宣伝効果は計り知れないほど大きい。一九八六年、チャイコフスキーの交響曲全六曲と『マンフレッド交響曲』がヤンソンスの指揮で収録された。これは彼のキャリア戦略において、もっとも重要な企画のひとつだ。それに続いて、あらゆる交響曲ツィクルスの中でも、おそらくもっとも人気の高い連続演奏会が行われる。ヤンソンスとウェールズのオーケストラは、テレビカメラの前でベートーヴェンのシンフォニーを全曲演奏したのだ。

すでにこの時点で「とても優秀なオーケストラでした」とヤンソンスは語る――映像はたしかにそれを裏付けている。ヤンソンスは気取ったポーズをとることもなく、持ち前の明快なバトン・テクニックでスコアに斬り込み、ウェールズ響の楽員たちを巧みに導く様子が見て取れる。この映像でのヤンソンスの身ぶりには、どこか軍司令官のような威厳もあると同時に、楽員を大いに鼓舞する何かがそこから伝わってくる。まるでごくやさしい自然なことのように、ヤンソンスはオーケストラを限界にまで持ってゆく。そして彼の要求は、さらにそれ以上のものを求めているように見えた。ある批評家は一連のコンサートのあとで「まるで全員が悪魔に憑かれたように演奏していた」と記している。ともかくヤンソンスがこのアンサンブルに新しい、これまでとは違った秩序を根付かせようと努力していることは、誰もが評価していた。

ウェールズでのヤンソンスは、ロマン派の主要なレパートリーを受け持つことが多かった。契約は四年だった。このオーケストラとは、ほかにもR・シュトラウスの『アルプス交響曲』などの録音が作られている。

一九八八年、BBCウェールズ響はヤンソンスにとってこの上なく重要な国へ出かける。行き先はソヴィエト連邦だ。公演先はキエフ、ノヴォシビルスク、そして彼の住まいがあるレニングラードである。ヤンソンスはいまひとつ心が晴れない。ソ連当局の規定により、自分の町で外国のオーケストラを振るのは許されないのだ。そのため、尾高忠明が指揮台に立つ。レニングラードで尾高はヤンソンスの家に泊めてもらった。

レニングラードでの演奏会は、楽団の歴史上もっとも高い評価を受け、その名を轟かせたもののひとつだ。ブラームスの交響曲第一番が鳴りやむと、ホールには歓声と拍手が怒涛のように巻き起こった。ヤンソンスは数日のあいだ運転手役をかって出て、ところどころ痛みの目立つレニングラードの通りを走りぬけ、自分が若いころ学んだ思い出の場所を、指揮者仲間の尾高に案内する。そこでふたりは互いの共通点をはじめて知って驚いた。どちらもウィーンに留学し、ハンス・スワロフスキーの下で学んだ同窓生だったのだ。

さらにもう一つ、イギリスのオーケストラとの深い結びつきが生まれる。これもはやり、マネージャーであるスティーヴン・ライトの働きによるところが大きい。ライトはロンドン・フィルハーモニー管弦楽団の会長と親しかった。新たなポストの可能性をヤンソンス本人と慎重に相談する。ロンドンで年に三週間なら、なんとか都合がつきそうだった。一九九二年、正式に話が決まる。ヤンソンスはロンドン・フィルの首席客演指揮者を引き受けた。そして一九九七年までその地位にとどまる。

定期的にコンサートを指揮する以外に、ここでもレコーディングの話が出た。やはりヤンソンスはまずロシア系のレパートリーを録音するよう求められた。つまり彼は常連のゲストとして、「本場仕込みのやり方」でオーケストラを鍛えてくれるよう期待されていたのだ。ショスタコーヴィチの交響曲第十一番と第十五番、ムソルグスキーの『展覧会の絵』、チャイコフスキーのバレエ『くるみ割り人形』全曲、あるいはリムスキー＝コルサコフの『シェヘラザード』といった作品のCDが作られてゆく。

イギリスでのこれら二つの契約からは、ヤンソンスが重要なポストを狙っていたことがうかがえる。いずれも国内最高の楽団ではないが、注目の的となるための足がかりにふさわしいポジションなのだ。そしてこれらのオーケストラは――特にBBCウェールズ響の場合は――自分好みに操ることができ、みずからのイメージ作りと、オーケストラ・ビルダーとしての可能性を確かなものにしてゆくことにつながったのである。

イギリス国内のほかのアンサンブルも彼に目をつけはじめ、カーディフとロンドンに羨望のまなざしを送るようになった。名プロデューサーのウォルター・レッグが創立したフィルハーモニア管弦楽団からは、さらに上位のポストを提示されたが、これはヤンソンスのほうが断った。ちなみに一九九七年このオーケストラの首席指揮者に就任したのは、クリストフ・フォン・ドホナーニだ。ロンドン交響楽団からも、同じような誘いのシグナルが送られてきた。ヤンソンス本人も認めているように、彼が望みさえすれば、さほど問題なくイギリスのオーケストラでシェフの地位につけたかもしれない。

「でも、そのときはすでにオスロ・フィルという〝正妻〟がいましたから」

さらに付け加えるなら、ヤンソンスにはまだ時間がたっぷりあった。この辛抱が報われて、のちに世界有数の二つのオーケストラを同時に率いることになる。

この間にヤンソンスは、手兵オスロ・フィルハーモニー管弦楽団のレパートリーをどう発展させていったのだろうか。このオーケストラ全体、あるいは個々のプレイヤーの強みは、どのようなところにあると思っていたのか。アンサンブルの音作りのうえで、どんな作品を重要視していたのか。演奏会のデータはその答えを教えてくれるだけでなく、そこからは意外な結果も浮かび上がってくる。

オスロでの演奏回数を作曲家別で比べたとき、大差でトップに立つのは意外にもエドヴァルド・グリーグ（一三九回）だ。そのあとにルートヴィヒ・ヴァン・ベートーヴェン（一一五回）、リヒャルト・シュトラウス（一一一回）、ピョートル・チャイコフスキー（一〇三回）、ジャン・シベリウス（八四回）と続く。グリーグがとびぬけて多いのは、ヤンソンスが『ペール・ギュント』からの抜粋だけでも三〇回、ピアノ協奏曲は二十七回指揮したことも原因だろう。そのため作品別でみても、この二曲が第二位と第三位を占めている。ちなみに一番演奏回数の多かったのはシベリウスの交響曲第二番（三三回）で、ショスタコーヴィチの第五番も三〇回とかなり上位に入っている。そのほかに「ヤンソンスのお気に入り」と呼べそうな作品は、ドヴォルザークの第八番（二三回）、ベルリオーズ『幻想交響曲』、ラヴェル『ダフニスとクロエ』第二組曲、シベリウスの交響曲第一番（いずれも二二回）、そしてリヒャルト・シュトラウスの『英雄の生涯』（二〇回）だ。

ことに最後のシュトラウスの交響詩は、このあとヤンソンスの手兵となるオーケストラで取り上げる頻度がますます高くなる。アムステルダムでもミュンヘンでも、『英雄の生涯』といえばヤンソンスのトレードマークになっていたほどだ。シュトラウスの作品に心惹かれていたヤンソンスは、学生時代すでにこの曲を指揮している。そしてその経験から彼は、オーケストラの響きを整えてゆくうえで、この作曲家がどれほど重要かを実感した。リヒャルト・シュトラウスは独自のやり方で個々の楽器や楽器群を自在に操り、輝かしい音色を生み出すすべを心得ていたからである。

交響曲だけのデータをとってみると、順位は変動する。リヒャルト・シュトラウスのように、このジャンルの作品を残さなかった作曲家が除かれるためだ。ヤンソンスともっとも縁の深い作曲家がリストの先頭にあるのは、驚くにあたらない。オスロ・フィルハーモニー管弦楽団での任期中に彼がショスタコーヴィチの交響曲をプログラムにのせた回数は、七十六回にのぼる。なかでも第五番は三〇回も演奏されており、第九番の演奏回数が十五回しかないのをみても、この曲がヤンソンスにとってどれほど重要であったかは明らかだ。ベートーヴェンの交響曲も、演奏回数ではショスタコーヴィチのそれと並んでいる。合計七十六回のうち第二番（十六回）が最多で、そのあと第七番（十六回）、第三番（十四回）と続くが、第六番を一度も取り上げていないのが目を引く。交響曲部門で三番目に演奏回数が多かったのはジャン・シベリウスだ。ただ、これはスカンジナビアのオーケストラならではのことで、中部ヨーロッパや英米の楽団と比較はできない。演奏回数は六十一回にのぼるが、全七曲のうちヤンソンスが選んだのは第一番、第二番、第三番、そして第五番である。

ヤンソンスとオスロ・フィルのコンビは、大ヒットした全集録音のおかげでチャイコフスキーのエキスパート集団のように思われがちだったが、コンサートでの演奏回数では第四位にとどまる。チャイコフスキーの交響曲は合計五十三回演奏されているが、第四番と第五番がいちばん多かった（いずれも十七回）。

ウィーン古典派の巨匠、モーツァルトとハイドンの比較も興味深い。ハイドンはヤンソンスがとくに好んでいた作曲家のひとりで、演奏の技術や音色を整えるのに役立つため、再三にわたりプログラムに組み込んでいた。単に作品全体の合計では、ハイドン（四十二回）がモーツァルト（三十三回）よりやや多い程度だが、ジャンルを交響曲にしぼると差ははっきりと拡がる。ヤンソンスのもとでオスロ・フィルはハイドンの交響曲を三十四回演奏している（『ロンドン交響曲』と呼ばれる十二曲が圧倒的に多い）のに対し、モーツァルトのそれはわずか十一回しか取り上げていない。

モーツァルトの作品にあまり光が当てられていないとなると、そこから新たな疑問が湧いてくる。オスロ時代にほとんど、あるいはまったく取りあげていない作曲家は誰だろうか？　ヨハン・ゼバスティアン・バッハは一度きり（『管弦楽組曲』第三番より「エール」）、ゲオルク・フリードリヒ・ヘンデルは『王宮の花火の音楽』が三回、フランツ・シューベルトの作品もたった六回しかやっていない。

ブルックナーの深遠な作品世界の全容にヤンソンスが目覚めるのは、まだ先のことだ。この時代は交響曲第四番を四回、第七番を十三回指揮したにとどまっている。意外なまでに禁欲的な姿勢は、ロベルト・シューマンの作品に対しても共通している。オスロ・フィルとはヴァイオリン協奏曲を二回、ピアノ協奏曲を三回やったきりである——だが、交響曲にはまったく手を付けていない。

作曲家別の統計には、オスロ・フィルハーモニー管弦楽団の伝統や誇りに配慮したとおぼしき名前もいくつか現れる。いずれもノルウェー人作曲家のヨハン・セヴェリン・スヴェンセン*（一八四〇—一九一一）、ゲイル・トヴェイト**（一九〇八—一九八一）、エギル・ホーヴラン***（一九二四—二〇一三）などがそうだ。あまり相性の良くない、あるいはどうにもうまが合わない作曲家もいたのをヤンソンスは隠そうとしなかった。

「ノルウェーでは新作の初演もずいぶんやりました。全部が素晴らしい作品だったとは言えないのが正直なところです」

二〇〇五年、『フランクフルター・アルゲマイネ』紙のインタビューでこんなふうに答えている。

「たとえば、カール・ニールセンの作品とはあまり縁がありません。とても優れた作曲家ですし、指揮したこともありますが、強く惹きつけられるところがないのです。エルガーもそうですね。やはり立派な作曲家ですが、ぼくとは違う世界です」

---

* グリーグの同時代人で『ヴァイオリンと管弦楽のためのロマンス』や民族色豊かな管弦楽曲を書いた。

** 民謡や教会旋法に基づく親しみやすい作品を書いたが、災害や火事でその多くを失う不運に見舞われた。

*** 数多くの作品の中でも、ミサ曲やカンタータといった宗教合唱曲や、オルガン曲で知られる。

マリス・ヤンソンスにとっては、オスロ時代からすでにロマン派の主要な作品がレパートリーの軸だった。しかしながら、自分の役割を「ロシア物のスペシャリスト」に限定するつもりはない。彼にとってショスタコーヴィチとチャイコフスキーはたしかに重要だが、シベリウスとグリーグという、まったく肌合いの違う北欧の作曲家にも、またオーケストラから最大限の音響効果を引き出す名手だったリヒャルト・シュトラウスについても、同じように力を注いだ。キャリアを積むにつれてシベリウスとグリーグの占める割合はしだいに小さくなってゆくが（オーケストラの伝統の違いによるもの）、ほかの作曲家たちの重要度は変わらない。そうした中でベートーヴェンについては、注目すべき点がある。交響曲全集の録音が完成したのはかなり遅く、バイエルン放送交響楽団のシェフに就任してからようやく着手している。

オーケストラと共に音作りに励み、成長し、新たな表現領域を開拓する。それに伴って名前が売れ、クラシック業界での市場価値が上がってゆく。オスロ・フィルに着任して十年もたつと、マリス・ヤンソンスにとってはそれがもはや日常となっている。だが、もしも自分の思い描くサウンドがいますぐ手に入るとしたら？　学生時代から手本と仰ぎ、理想としていたオーケストラと共演できたら、どれほど幸せだろう？　この夢は一九九二年の春に実現する。ヤンソンスはウィーン・フィルハーモニー管弦楽団にデビューすることになった。

そのお膳立てをしたのは、当時ウィーン・フィルの事務局長だった、ヴィオラのヴァルター・ブロフスキーである。ヤンソンスとブロフスキーはウィーンのハンス・スワロフスキーのもとで数か月いっしょに学んだ時期があり、ふたりは知り合いだった。ちょうどこの年はウィーン・フィルハーモニー管弦楽団の創立一五〇周年にあたり、オーケストラは数か月にわたって膨大な数の演奏会を抱えていた。ロリン・マゼールとアメリカを回ったあと、ジュゼッペ・シノーポリと日本ツアーに出かける。ウィーンでの最初の祝賀コンサートはリッカルド・ムーティが受け持ち、記念式典ではクラウディオ・アバドがタクトを振る。そしてようやく、第一回「ウィーン春の音楽祭」のオープニングにマリス・ヤンソンスが登場した。

会場はいつもの楽友協会ホールではなく、コンツェルトハウスだった。オーケストラは覇気がなく、祝典続きの日々にいささかげんなりした様子だった。ヤンソンスが選んだ曲目は——チャイコフスキーの交響曲第六番と並んで——バルトークの『弦楽器、打楽器とチェレスタのための音楽』だ。ウィーン・フィルの通常のレパートリーとはまったく異質な作品なので、やめたほうがいいと忠告してくれる人もあった。練習の時点ですでに、ヤンソンスは後悔するはめになる。メンバーの何人かは、彼が学生のころから顔を知っているベテランだ。それなのにリハーサルがうまく先へ進まず、バルトークの第一楽章と第三楽章にひどく手こずってしまった。時間だけが流れ、プログラムの残りを練習する余裕がほとんどない。楽団に対する敬意からか、それともこうした状況に戸惑ったせいか、ヤンソンスは穏やかな姿勢を崩さない。初顔合わせでいきなり強い態度に出るのは、彼の流儀ではなかった。

「たしかに最高のひとときではなかったですね」

一九九九年四月九日のデビュー・コンサートを、ヴァイオリンのクレメンス・ヘルスベルクはそう表現する——しかし、目の前にいる指揮者が並外れた力量の持ち主であることは間違いないと思っていた。

「また一緒に仕事をするつもりでいることは、お互いにまったく疑っていませんでした」

四月十一日の二回目の演奏会のほうが、やや出来はよかった。この新人の潜在能力については、ウィーン・フィルの面々もはっきり認めている。ヤンソンスには再来年もう一度来てもらおうということで、意見は一致した。そして一九九四年、彼はウィーン・フィルの前に戻って来る。もっとも場所は本拠地のウィーンではなく、公演先のザルツブルクだった。今回は実験は行わず、ショスタコーヴィチの第六番とベルリオーズの『幻想交響曲』という、まさにヤンソンス好みのプログラムだ。さらに三年後、ヤンソンスにとって思い出の場所である楽友協会大ホールで、ついに定期演奏会を指揮する機会がやってくる。曲目はドビュッシーの『海』とショスタコーヴィチの交響曲第五番だった。

ゆっくりとだが、やがてヤンソンスはウィーン・フィルにとって家族のように親しい、特別な音楽家の一団に迎え入れられる。それには別の理由もあった。この楽団は新しい指揮者の台頭をこれまでになく待ち焦がれていた。レナード・バーンスタイン、カール・ベーム、ヘルベルト・フォン・カラヤンという、かつてのスター指揮者は三人ともすでに世を去り、カルロ・マリア・ジュリーニやゲオルク・ショルティもすでにかなりの高齢となっている。マリス・ヤンソンスは、ちょうどよいタイミングでやって来てくれたのだ。だが、プライドの高いウィーン・フィルの手練れたちがなにより評価したのは、ヤンソンスの作品に対する姿勢であり、彼のレパートリーの広さ、知識の深さであり、そして準備の周到さだった。

「要するにあの人は、オーケストラのシェフになるために生まれたような人物なんです」

コントラバスのミヒャエル・ブラーデラーは、ずっと後にこう述べている。

「自分がやりたいことについてびっくりするほど正確なイメージを持っていて、そこからほとんどブレない。だから弾くほうの自由は、あくまで制限付きです。われわれにとってそれは決して悪いことじゃなく、むしろチャレンジですね。マリス・ヤンソンスはけっして妥協なんかしない。それでいていつも穏やかに、敬意をもって接してくれます。ところがいざ演奏会の本番となると、仕上げに意外な隠し味を加えてくるんですよ」

リハーサル中のいかにもヤンソンスらしいエピソードが、ウィーン・フィルではいまだに語り継がれている。祈るように手を合わせて、彼はオーケストラにこう頼んだのだ。

「みなさん、ここは実にきれいなメロディじゃないですか。あなたがたが素晴らしいサウンドを持っているのは、誰もが知っています。お願いですから、どうかそれを出し惜しみしないでください」

ヤンソンスがオーケストラの力を最大限に引き出そうとするときの、典型的な言い方だった。その一方でヤンソンスは、ウィーン・フィルハーモニー管弦楽団の伝統に身をゆだねたりしなかった。音楽の始まりを示すだけの合図係に甘んじるつもりはなかったのだ。

「ヤンソンスは真っ正直な人です。作品に対してだけでなく、自分自身に対してもね」

クレメンス・ヘルスベルクはそう語った。

「彼は音楽作りの場に、格別の人間味を持ち込んだのです」

人生を変えた心筋梗塞

ひとつの塩漬けニシンをみんなで分け合う、つましい夕食。それでも飲んで騒いで、踊ったあげく、石炭用のスコップと火かき棒でのおどけた決闘騒ぎ。現実のわびしさを忘れ、人生を楽しもうとする陽気なパリの芸術家たちの世界に、しかし突然、死の影が忍び寄ってくる。瀕死の病で、もはや階段を上ることすらおぼつかないミミは、最後に一目会いたいとロドルフォの住まいにやって来る。しかし彼のほうも、ただそばにいてやることしかできない。

こうして、オペラ史上もっとも感動的な死の二重唱のひとつにさしかかるころ、オーケストラの中で突然、ただならぬ事態が持ち上がった。オスロのコンセルトフスで行われた、このセミ・ステージ形式の上演*にかかわった人々は、衝撃の光景をいまだに忘れられない。

コンサートマスターだったスティグ・ニルソンは、その瞬間をこう語っている。

「上演中のいつだったか、まだ早い時点で、マリスはわたしに『なんだか具合が悪い』と言ってきたんです。どうしたらいいかわからないまま、とにかく彼の様子に注意していました。突然体がよろめいたので、とっさにヴァイオリンを脇へ置くと、マリスはわたしの腕の中へ倒れ込んできたんです。

わたしたちの手で彼を運び出しました」

エリーゼ・ボートネスは、そのうしろの第二プルトに座っていた。

「ミミが死ぬ場面でした。マリスはスティグに抱きかかえられて、それでも彼の肩越しに指揮を続けようとしてましたね。オケのメンバーの大半は、弾くのをやめるのがこわかった。ミミ役はとても若い人だったけど、やっぱりそのまましばらくは歌い続けていたわね。二、三分のうちに、だんだん潮が引くように音がやんで。さらに何分かたって女性用の楽屋に戻ってみると、しんと静まり返っていました。みんな目に涙を浮かべてました」

一九九六年四月二十四日は、マリス・ヤンソンスにとってまさに運命の日となった。診断結果は心筋梗塞、しかも重症だった。なんとか最後の和音までたどりつきたい一心だった、とヤンソンスは回想する。

「ただタクトを動かしているだけでした。なんの気持ちも込めずにね。どれだけ差し迫った状況か、気がついた時にはもう遅かった。そして倒れてしまったのです」

オーケストラ・マネージャーが舞台に飛び出して、お客様の中にお医者さんはいませんか、と必死で叫ぶ。コントラバスのスヴェイン・ハウゲンには、ただ影のようなものが自分の脇を駆け抜けてゆくのが見えただけだった。助けに来たのは高名な心臓の専門医で、しかもヤンソンスの親しい知人だ。ほかにもすぐに医師が何人も名乗り出た。そのあとハウゲンがホールを出るときには救急車が来てい

＊　歌手は衣装をつけるが、装置は簡単なものに限られる。

て、シェフはその中で寝かされていた。

「もうこれで二度と会えないんだな、と思いました」

病院がそこから数分の距離にあったことが、ヤンソンスの命を救った。ホールには、ショックに打ちのめされた音楽家たちと観客がまだ残っていた。

だが、救急救命処置、そのあとの入院、絶対安静、生活様式の見直し、これらすべてをもってしても、しばらくしてまたヤンソンスが発作を起こすのを完全には防げない。彼の家族や友人、オーケストラ、そして誰よりも彼自身が、これは命にかかわる危険な状態であり、どう言葉を変えてみてもごまかせない深刻な病気であり、あっさり治りなどしないと認めざるをえない。――あらゆる点において、マリス・ヤンソンスは岐路に立たされた。目に浮かぶのは、一九八四年に心臓発作で急逝した父親のことだ。どちらに従うべきだろう。理性か、それとも音楽か?

当時五十三歳のマリス・ヤンソンスは、膨大な仕事量をこなす日々を送っていた。ベルリン・フィル、ウィーン・フィル、アムステルダムのロイヤル・コンセルトヘボウ管弦楽団、ニューヨーク・フィルへの客演に加え、ロンドン・フィルとBBCナショナル・ウェールズ管弦楽団で首席客演指揮者をつとめ、手兵オスロ・フィルとは多くのコンサートはもちろん、海外ツアーも指揮していた。これらのすべての仕事にフル・スロットルで取り組んできた。そのせいで身体が耐えられる限界を超えてしまったことを、いまヤンソンスは思い知らされた。じつを言えば、こうなるかもしれないという予感は以前からあった。ロシアでもドイツでも、医師から警告されていたからだ。

ところがオスロでプッチーニの『ラ・ボエーム』の公演が近づいてくると、ヤンソンスは逆にもっとたくさんの仕事を自分から背負い込んでしまう。もともとオペラは好きだった。リーガでの子供時代、父がピットで指揮をとり、母が舞台で歌うのを見て育った彼の心には、その思い出が深く刻まれている。今回の仕事で、あの大好きなオペラというジャンルへ帰れる。ついにこれで、ふだんの演奏会のプログラムとは違うものが指揮できる。歌手陣もエレーナ・プロキナ（ミミ）、スチュアート・ニール（ロドルフォ）、ジュリー・カウフマン（ムゼッタ）といった魅力的な顔ぶれだった。ヤンソンスがこれほど仕事にのめり込んだのも珍しい。物に憑かれたように準備に夢中になって、何もかも自分で仕切らなければ気がすまなくなり、セミ・ステージ形式の演出の細部にまで口をはさむ始末だった。とはいえ、彼の体調があまり芳しくないのは、はた目にもはっきりとわかった。

「横で見ていて、ちょっと不安になる点はあったわね。音楽に極端にのめり込むと、そうなる指揮者は結構多いのよ」

ヴァイオリンのエリーゼ・ボートネスはこう言っている。

「つい息を止めて、そのまま忘れてしまうのね。だんだん顔が真っ赤になってきて、それから突然フーッと息をつくんです」

『ボエーム』での不幸な出来事のすぐあとに、悪い知らせが続く。状態が悪いためバイパス手術は不可能で、カテーテルを使ってステントを入れてもらわねばならない。その後、あらためてＩＣＤ（植え込み型除細動器）を体内に植え込む手術を受ける。しかしなにより重大なのは、心筋梗塞の発作のあとは仕事を控え、安静にしているよう命じられたことだ。コンサートも海外ツアーもキャンセルを余儀なくされた。回復までには結局六か月かかるのだが、最初に診断を受けた時点では、誰も予測がつかない。関係者一同にとって、まったく先の見通しが立たなくなってしまったのだ。オスロ・フィルハーモニー管弦楽団は、これからいったいどうしたものかと途方に暮れる。楽団員の多くは、いまシェフがどこにいるのかさえわからない。リハビリのためヤンソンスはスイスの病院に入院していた。そのあとしばらくは、オスロ・フィルのオーケストラ・ディレクターであるオッド・グルベルグの、人里離れた山荘で過ごしている。

ヤンソンスが体力を取り戻すまでには、とにかく時間がかかった。面会を許された音楽家たちは、「かなり具合が悪そうな期間が長かった」と口をそろえて言う。スティグ・ニルソンが一度見舞いに行ったときには、「オケのみんなによろしく」そして、「こんどまた、別のオペラをやろう」と繰り返すばかりだった。

「発作の直後はとにかく健康の回復が第一で、ほかのすべては二の次でした」

それから二十年近くたって、ヤンソンスはこう語っている。

「退院して最初の日、自分にとって人生とはなにか、じっくり考えました。マーラーが交響曲を書いたときも、あんな感じだったんでしょうか」

健康より大事なものなどこの世に存在しないことを、このとき一〇〇パーセント確信した、と彼はいう。しかし、指揮をしない人生に何の意味がある？　このときまだ、サンクトペテルブルクで教える契約は続いていた。あの音楽院、あるいはよその音楽大学でも、彼ぐらい有名な音楽家なら、すんなり教授の座につけただろう。だが、ヤンソンスにとってそういう形の転職は考えられなかった。教師に専念するのはいやだ、というより不可能だった。あくまでも自分の手で、じかに音楽を作りたかった。

のちにヤンソンスは自嘲交じりに、みずからの過ちを認めている。これまでとはまったく違う生き方をしようとせっかく決意したのに、倒れたときから月日が経つにつれて、それを反故にしてしまったのだ。

「発作から時がたつと、だんだんまた無鉄砲になってしまった。指揮をしているときには調子がいいものだから、病気なんか忘れてしまうんです。すると、もう自分をコントロールできなくなる――喉元過ぎれば熱さを忘れる、というやつですね」

とにかくゆっくりと時間をかけて、ヤンソンスは仕事に戻っていった。数か月後、復帰最初の演奏会のために選んだのはオスロではなく、BBCナショナル・ウェールズ管の本拠であるカーディフだった。メインの仕事場以外の場所を選んだわけだ。いつまで続けられるのか、身体がどこまで許してくれるのか、そもそもリハーサルをちゃんと仕切れるのか、本番でのアドレナリンの放出に耐えられるのか、それは誰にもわからない。ヤンソンス本人がいちばん不安だった。最初の練習は、それこそ石橋を叩いて渡るような慎重な入り方だった。休憩時間に妻が様子を見に来ると、ヤンソンスは頭を横に振って言った。こんな調子じゃとても続けられない。エネルギーを使わないよう用心して、音楽とは関係のないことばかり気にしながらできるわけがない、と。

「こうやりたい、こうするしかないと思ったとおりにやる。でなきゃ、いっそ辞めてしまったほうがいい」

休憩後には以前のようにリラックスした雰囲気で進めることができ、音楽する楽しさが少しずつ湧き上がってくるのを感じた。これでひとつ教訓を得た。ハンドブレーキを引きながら指揮するなんて自分には無理だとわかったのだ。

「そしてこれ以降、自分の中から不安感がだんだん抜けていきました」

ヤンソンスがオスロへの復帰を告げたとき、関係者の胸の中では安堵と不安が交錯した。これまでのような輝かしい成功が今後も続くのか、それは誰にも占えない。しかしこうしてシェフの回復をひたすら待っていた間に、誰もが気づいていた。マリス・ヤンソンスがいないために、オーケストラは彼の就任以前のレベルに逆戻りしかけていたのだ。これは演奏の質だけでなく、財政面についても言えた。

ただ、こうした懸念はすぐに一掃される。復帰したシェフはたちまち安定感を取り戻し、さらには危機を乗り越えたことで、プレイヤーたちと指揮者の絆は前より固くなった。多くの声を代表して、チェロのハンス・ヨーゼフ・グローはこう述べている。

「なにごとにもかならず終わりはある。この言葉の意味をしっかり理解して、わたしたちは新しい意識で共に仕事をしていくようになりました」

二十一世紀を迎えるころ、これと同じような変化がクラウディオ・アバドの周りでも見られた。アバドの癌がわかってからというもの、ベルリン・フィルとのコンサートは、心を深く揺さぶるだけでなく、ときには胸をえぐるような集中力に貫かれ、のちに伝説となるほどの高みに達していた。

音楽上のさまざまな体験、キャリアの加速度的な上昇、相次ぐ新しい契約にくわえて、今後は健康問題がマリス・ヤンソンスの人生を支配する主要なテーマとなってゆく。ヤンソンスは音楽作品を可能な限り最高の形で演奏しようと一心に努力して、仕事に熱中してきた。だが今回はじめて、思わぬ形でその報いを受けてしまった。このことが、発作から受けたダメージを一段と大きなものにしたと言えるだろう。

やはりリスクは残った。加減しながら仕事をやっていくのは、ヤンソンスが一番嫌いなどっちつかずの道を行くのと同じだからだ。最高を極めることしか彼は認めない。ヤンソンス自身の発言や周囲の証言から明らかなように、彼は自分の良心を納得させるために、ストレスを必要としていた。おそらくは子供のころの体験から来たものだろう。そしてヤンソンスは、苦労して作り上げた音楽がすべての苦しみを帳消しにし、忘れさせてくれるという負の循環の中に、自分からはまりこんでいった。

健康状態のせいでヤンソンスの容貌にも変化があった。オスロを離れて月日がたち、バイエルン放送交響楽団と仕事を始めるころには、ずいぶんと痩せていた。また、頻繁に休みを取らなければならなくなった。個々の演奏会のあとはもちろん、ツアーの途中でも日程に一区切りついたところで休み、終了後は次のツアーまで間を開ける必要がある。彼自身にとっては、これがいちばん大きな不満の種だった。オーケストラをおいて自分だけ休むのは、彼にとってはさらなる負担だった。

オスロでも、あるいはのちのピッツバーグ、アムステルダム、ミュンヘンでもそうだが、楽団側にも確認したいことがたくさんあった。シェフにはどこまで要求していいのか？　自分の仕事量をちゃんと把握しているのか？　そんなに頻繁に移動する必要が本当にあるのか？　キャンセルなしにシーズンを最後まで乗り切れるだろうか？　そして、そもそもこうした疑問をヤンソンス本人にぶつけていいものだろうか？　これらの問題に関して、プレス向けの発表が数多く行われる。慎重な表現のもの、簡潔なもの、意図的にぼかした表現のものもあるが、いずれもこうした不確実な状況を反映している。

しかし、そんな中でもひとつだけ変わらない事実がある。何があろうと、そのたびにマリス・ヤンソンスはコンサートの日常に復帰し、結果を出し続けた。その背景には、音楽と仕事への愛情だけでなく、強すぎるほどの責任感があった。ときとしてそれは、人としての限度を超えてさえいた。このように彼が決して仕事を投げ出さなかったことで、オスロ・フィルとシェフはさらに一体となっていった。また、このあとほかのオーケストラでも、同じように絆が深まってゆく。ヤンソンスの倫理観、誠実さ、義務感、病を抱えながら、なおも自分を出し惜しみしない姿勢、これらすべてが彼にしかできない形で、オーケストラのプレイヤーたちに力を与え続けたのだ。

怒りと共に去る

一階席は傾斜がなだらかで、奥のほうは上に二階席が大きく張り出し、それが両脇から大きく腕を伸ばして包み込むように伸びている。座席の色はチャコールグレー一色で、フロアと壁には木材が張られていて、七〇年代のリビングルームのようにシックな雰囲気だ。前方に目をやると、舞台は並外れて奥行きが深く、上手の袖近くにはオルガンのパイプが並んでおり、舞台奥には幕が張られている。すべてが魅力的で、堂々とした多目的ホールなのだが、ひとつ難点がある。すくなくとも国際的な基準では、アコースティック（音の響き方）はかなり貧弱と言わざるをえない。

だが、それはある程度まで了承済みだった――一四〇〇席あるオスロのコンセルトフス（二六六席の小ホールもある）は、そもそもクラシック音楽の殿堂となることを想定していなかったのだ。ロックやポップスのミュージシャンたちも、オスロ・フィルハーモニー管弦楽団と共同でこのホールを使わなければならない。スカンジナビア諸国にありがちな、きわめて民主主義的な解決策というわけだ。どうしようもないという諦めと、あるものは使えという実用主義の観点から、オスロ・フィルハーモニー管弦楽団はとうの昔にこのホールで妥協してしまっている。マリス・ヤンソンスはぜったいに認めない。初めて足を踏み入れた時から、こんな状況には不満だった。

完成までにかかった時間の長さが、このホールのどっちつかずな性格をよく表している。十年以上にわたる論議の末に、建物が落成したのは一九七七年三月二十二日である。最初の設計コンペティションが行われたのが一九五五年で、最終的な案が出そろったのはそれから十年もたってからだ。当初は音響技術者たちの手で「反響板」と称するものが取り付けてあったが、音に対する影響は最悪だった。のちにヤンソンスはこれを改善させている。そして、すぐにひとつのプランに取りかかる。オーケストラの活動を活性化し、また聴衆が音楽を楽しめる最低限の環境を整えるため、オスロ・フィルは新しいホールの建設か、でなければ現在の建物の全面改修を求めることにしたのだ。ひとことでいえば、ここはヤンソンスが慣れ親しんできた環境とあまりに違いすぎた。サンクトペテルブルクのフィルハーモニア、クリーム色の内壁に円柱が立ち並ぶ、あの夢のようなホールが彼の基準だった。留学中毎日のように通った、ウィーンの楽友協会もそうだったろう。ヤンソンスにとってオスロのホールはじつに居心地が悪く、受け入れがたい妥協の産物だった。彼の目から見れば、音楽にはふさわしくない空間だったのだ。

こうして、新ホール獲得をめざすマリス・ヤンソンスの最初の闘いが始まった。次の闘いは二〇年後、場所はミュンヘンへと変わる。オスロでの任期が始まった直後から、ヤンソンスは二つの仕事を並行して進めてゆく。ひとつは音楽上の課題に全力で取り組むこと、いまひとつは政府の文化担当部門への働きかけである。ともかくこの二つは車の両輪だというのが、ヤンソンスの生涯変わらない信念だった。政府の責任者たちは、この首席指揮者から挑戦と圧力を受けたように感じる。楽団員のポストを増やせと言ってきたかと思えば、今度は新しいホールを建ててくれという。いまのホールでさえ長い紆余曲折を経て、ようやく落成してからまだ日も浅いというのに。オスロの政治家たちは驚きあきれた。

だがヤンソンスに対しては、いかにも彼の提言に関心がありそうな口ぶりで、「わかりました。善処いたしましょう」と伝えた。オーケストラに対しても、またおおやけの声明でも、こうした決まり文句が繰り返された。これは単なる「ガス抜き」だったのか、それとも真剣に取り組む気があったのか、いまとなっては定かではない。いずれにせよ、国際的に恥ずかしくないクラシック音楽専門のホールという未来像に、わずかながら希望が出てきた。これが実現すれば、ようやく著名な団体を招けるようになる。ベルリン・フィルハーモニー管弦楽団のような世界有数のオーケストラが、ツアーの途中でノルウェーに立ち寄ることはよくあったが、演奏会にはいつも歌劇場のほうを使っていた。コンセルトフスは使用に適さないとして、拒否していたのだ。ヤンソンスはグロ・ハーレム・ブルントラント首相をはじめ、大臣や、政党のリーダーたちに要望を伝える。さらにはじつにストレートなやり方で、王室にも陳情した。コンサートの後やレセプションなど、機会はいくらでもあったのだ。ノルウェー国王ハーラル五世の奥方であるソニア王妃は、このオーケストラの庇護者ともいうべき存在となってくれた。

「王妃に申し上げなきゃならない」

楽団員たちは、ヤンソンスの口からこの言葉を耳にする機会がますます増えてゆく。しきたりにとらわれない、こうしたダイレクトな方法で、彼は使えるコネクションを増やしていった。ソヴィエトという序列社会で育ったヤンソンスは、時間ばかりかかる意思決定のプロセスにうんざりしている。だから自分が慣れ親しんだやり方で行動したというわけだ。

楽団員たちは自分たちのシェフの活動を好意的に受け止め、新しいホールを求める彼のプロジェクトにも喜んで参加したが、オーケストラとは完全に別の組織であるコンセルトフスの経営陣は及び腰だった。実際のところ、ひとつのホールで多様なジャンルの音楽に触れられるほうが、地元の人々にとっては魅力的でオープンな印象を与えたし、採算面でも有利だったのだ。やがて世紀も変わるころ、ヤンソンスのもとに知らせが届く。改築にせよ新築にせよ、新しいホールの予定はない。財政的に不可能だ、ということだった。

「ぼくは爆発したんです」

ヤンソンスはそう回想する。定宿であるホテルにオーケストラの役員たちを朝食に招き、プレイヤーたちを前に、自分は辞めると告げた。それに続いて、怒りの収まらぬヤンソンスは記者会見を開き、みずからの決心を伝えてジャーナリストたちを驚かせた。オーケストラにはショックだった。政界や文化人の有力者にあてて、どうかヤンソンスを慰留するために手を尽くしていただきたい、と手紙が送られる。けれども本人はだまされた、良いようにあしらわれたと感じていた。彼の非難はオーケストラではなく、コンセルトフスの経営陣と、当局の文化政策に対して向けられたものだ。それに対して相手側は、一切の批判を寄せ付けないという態度をとる。つまり何のリアクションもせず、だんまりを決め込んだのだ。ヤンソンスの中では失望がつのっていった。それまでクラシック業界からほとんど注目されなかったこのアンサンブルを率いて、二〇年以上にわたって成功の歴史を築き上げてきたのに――その報いがこれなのか。

たしかに二〇年という在任期間は相当な長さだが、それでもオスロにホールができていれば、ヤンソンスは辞めなかっただはずだ。当時マネージャーだったスティーヴン・ライトは、あれから数十年たった今でもそう信じている。音楽上の成果、オーケストラとの関係、どちらもヤンソンスにとっては捨てがたいものだったに違いない、とライトは言う。

「あのとき、オケの連中も政治家も、誰もちゃんとわかってなかったんだ。ホールの件で、ヤンソンスがどれほど忍耐に忍耐を重ねてきたか、ということをね」

新ホールに関する論争は、たしかにヤンソンスにとって重大かつ深刻な問題だった。だがオスロを離れると決心した理由は、それだけではなかったようだ。それまでの歳月でクラシックの国際市場におけるヤンソンスの価値がどれほど上がったか、知らぬ者はない。もはや新人の域を脱して、指揮者の業界ではすでに有名人と言ってよく、早くから獲得競争が始まっている。それはオスロ・フィルとの海外ツアーの成果であると同時に、他のオーケストラへの客演活動によるものだった。これがウェールズとロンドンでは、継続的なポストにつながっている。

そのためオスロで親しかった人々は、ヤンソンスの決意に理解を示した。二〇年以上にわたって勤めあげてくれたのだから、新天地を求める気持ちもわかる、というのだ。コントラバス奏者のスヴェイン・ハウゲンは、こんな言葉で表現している。

「ノルウェーのことわざに、『土に指を刺してみろ、誰の土地だかすぐわかる』というのがあります。土地とそこに住む人々とは不可分ということなのですが、これはわれわれのオーケストラにもあてはまります。音楽の世界での自分たちの立ち位置がどのあたりかよくわかっていたし、われわれよりはるかに優秀な人たちがいるのも承知していました」

だからこそヤンソンスを恨む気持ちにはなれなかった。それどころか、オーケストラはそれまでに築き上げた実績と、黄金時代と呼べるひと時を過ごせたことを誇りに思っていた、というのだ。ヤンソンスも、芸術家としてと共に成長の道を歩み、互いを高めあって成熟を遂げた、この過程を大切に考えていた。だからこそヤンソンスはオーケストラに対して限りなく誠実であり続けたのだ。新ホールをめぐる闘争も――結果としては敗北に終わったが――この誠実さを反映している。だがヤンソンスの耳に入ってきたのは、支持する声ばかりではなかった。もういい加減十分だろう、という声もあった。それは聴衆や報道機関よりも、たとえばノルウェー作曲家連盟といったところから聞こえてきた。たしかにヤンソンスは二〇世紀スカンジナビアの作品を再三とりあげ、さらに一九九一年に始まったウルティマ・オスロ現代音楽祭では、同時代の作品に真摯に取り組んできた。その一方で、ノルウェーの音楽作品の演奏は、自分にとっては「自由演技《フリー》」というより「規定演技《コンパルソリー》」だとはっきり言っていた。もはやヤンソンスが後戻りできなくなったとき、ある作曲家の女性などはラジオで喜びの声をあげたほどだ。

オーケストラの多くの団員にとって、ヤンソンスが終身指揮者としてここに留まってくれないことははっきりした。しかし、頭でそうわかっていても、実際それをどう行動に移すかは別の話である。二〇年以上にわたって慣れ親しんだやり方を捨て、今後の計画を練る作業を始めなければならない。後継者として適任な人物を探すのはなかなか難しそうに思われた。やがてひとつの解決案が浮上する。

やはりビッグネームのひとりであるアンドレ・プレヴィンに、二〇〇二年からヤンソンスの後任に来てもらおうというのだ。ドイツ生まれでアメリカ育ちのプレヴィンは、ヤンソンスの招きでオスロ・フィルに客演したことがあり、マーラーの交響曲第四番の演奏は各方面から高い評価を得ている。オーケストラとの関係もよく、とくにプレヴィンのほうがオケを気に入っている。ヤンソンスが辞意を固めたことがはっきりすると、プレヴィンはすぐ積極的に動き始めた。

ヤンソンスは二つのプログラムでオスロに別れを告げる。ひとつはモーリス・ラヴェルの『ダフニスとクロエ』第二組曲に、アルベール・ルーセルの交響曲第三番とジャン・シベリウスの交響曲第一番という組み合わせだ。もうひとつはグスタフ・マーラーの交響曲第三番のみで、ソリストはヴィオレッタ・ウルマーナ、合唱はオスロ・フィルハーモニック合唱団とノルウェー放送児童合唱団である。この決別がどれほど深い傷を残したか、当時はまだ誰にもわからなかった。当のヤンソンス自身すら意識していなかっただろう。ヤンソンスは二度とこのオーケストラを指揮しない。そして、のちにコンセルトヘボウ管などをひきいてオスロを再び訪れた際も、コンサートに使うのは歌劇場に限り、因縁の場所となったコンセルトフスには足を踏み入れなかった。

ヤンソンス率いるオスロ・フィルハーモニー管弦楽団の二十三年間――まさに大いなるひとつの時代だった。だが、これはけっして特殊な例ではない。同じようにオーケストラと指揮者の蜜月が長続きした例が当時のイギリスにもある。一九八〇年、サイモン・ラトルがバーミンガム市交響楽団の首席指揮者に就任する。この楽団は名前こそ国外にも知られていたものの、世界の一流ではない「地方の雄」の扱いだった。ラトルはこのオーケストラをハイレベルな、国際的に競争力のある集団へと鍛え上げる——それによってシェフ自身の評価も一気に上がってゆく。オケと指揮者はひとつになって成長をとげ、トップクラスの評価を獲得した。一九九八年にこのポストを退いたのち、わずか四年でラトルはベルリン・フィルの首席指揮者に迎えられている。ヤンソンスもまたピッツバーグという「寄り道」をへて、アムステルダムとミュンヘンで二つの優れたオーケストラを率いる幸運に恵まれる。いっぽうオスロ・フィルハーモニー管弦楽団のほうも、独自の発展を続けてはゆくものの、その後ヤンソンス時代ほどの高みには達していない。そしてヤンソンスにとって、このオーケストラはタブーであり続ける。

　その後の歳月の中で、客演指揮者として戻ってくるつもりはないか、という問い合わせが何度も繰り返される。名誉指揮者の称号を贈りたいという話もあった。どれもヤンソンスは断っている。失望は深かった。政治に、コンセルトフスの経営陣に、オーケストラの事務方に、そしてある意味、楽団員たちにもヤンソンスはがっかりしていた。とくに彼らには、もっと積極的に支持してくれてもよかったのに、という思いがあった。それでもカムバックを望む声は絶えなかった。オーケストラのメンバーは手紙を送っている。そして後年、彼らと個人的に会う機会があると、オスロの状況はどうか、みんなの家族はどうしているか、とかならず尋ねたものだ。ヤンソンスは「彼の」オーケストラとの間に、いわく言いがたい心の絆を保ち続けていた。

「自分ではうまく全部を説明できません。もともと執念深いたちではないし、仕返しなど考えたこともないですから」とヤンソンスは振り返る。

「おそらく、もう辞める潮時だったのでしょう。負のエネルギーのようなものがいまだに残っているのを感じます。ノルウェーのすべてに対して、ぼくは深い不満を抱えていたのかもしれません。オスロでは、ほんとうにすべてを出し尽くしました。健康さえ犠牲にして——なのに、その報いがあの一撃ですよ。希望や提案を徹底して無視し続けるというやりかたは、ひど過ぎます。芸術家に限らず、ひとをあんな風に扱うのは、あってはならないことです」

オーケストラとの最終的な別れの場は、ほかならぬウィーンの楽友協会大ホールだった。ヤンソンスにとって特別な意味を持つこの場所を、オスロ・フィルは海外ツアーの一環で訪れていたのだ。市庁舎でレセプションが行われた。そしてお別れパーティのために、オーケストラはちょっとした余興まで準備していた。チェリストのひとりがローマ教皇に扮装して登場し、ヤンソンスに向かって「汝を終身名誉指揮者に任ずる」と告げる。さらにはリヒャルト・シュトラウスの『アルプス交響曲』の寸劇版が披露され、「マリスと共にわれわれは頂上をきわめた」という内容が一同の笑いを誘った。

それに先立つコンサートの演目は、マーラーの交響曲第三番だった。ヴィオレッタ・ウルマーナがソロを歌い、ウィーン少年合唱団とウィーン・ジングフェライン合唱団も参加している。この別れがヤンソンスにとってどれほど切ないものであったかは、はるか後年のこの言葉からわかるだろう。

「オスロはまさに初恋でした。ことあるごとに思い出し、いつまでも特別なものとして心に残っています」

交響曲第三番のフィナーレは、別れの場面にふさわしい音楽だったと言えるだろう。マーラーがこの楽章に最初つけた標題は、「愛がわたしに語るもの」であった。

ピッツバーグになじむまで

これほどサンクトペテルブルクとかけ離れた土地はまず考えられない。地理的にはもちろんメンタリティの面でも、とにかくピッツバーグは正反対だ。ペンシルヴァニア州南西部のこの町は、かつては鉄の町として繁栄を誇っていた。ペレストロイカ以降、多少風通しがよくなったとはいえ、ロシアにはまだソ連時代の教条主義的な考え方が残っていた。それに従えば、ピッツバーグはいまだ資本主義の牙城であり、搾取の中心地ということになるだろう。

「われわれの大部分は、そんなもの信じていませんでしたよ。共産党のプロパガンダだとわかっていましたから」とヤンソンスは語る。

「それにしても、人々があんなに気さくでオープンだとはね。ピッツバーグでの滞在先は高層ビルの中だったので、毎日エレベーターに乗るわけです。すると誰もがあいさつをしてくれて、すぐ会話がはじまる。ぼくには信じられない経験でした」

ヤンソンスは首席指揮者としてピッツバーグ交響楽団に七年間とどまる。当時の彼にとっては、リスクも承知の上の大きな一歩だった。これは、あとで振り返ってみれば——さまざまなプラスとマイナスがあったにせよ――よく練られたキャリア・アップ戦略の一環に見える。ソ連で指揮者の修業を積み、クラシック音楽の世界では辺境扱いだった場所で大いに名をあげ、次の飛躍のステップとして、こんどはアメリカに飛ぶ。客演ですでに二度、ピッツバーグ交響楽団の指揮台に立ったことがある。一九九一年五月、このオーケストラにデビューしたときのプログラムは、ワーグナーの『マイスタージンガー』前奏曲、五嶋みどりをソリストに迎えてシベリウスのヴァイオリン協奏曲、ショスタコーヴィチの交響曲第九番、そしてプロコフィエフの『ロミオとジュリエット』組曲というものだった。

「みんなすぐに彼が好きになりましたよ」

当時のコンサートマスター、アンドレス・カルデネスはそう回想する。それは特に、ヤンソンスがあらゆる意味でこれまでとは違う、新しいものを感じさせたためだ。たとえば『ロミオとジュリエット』のリハーサルでは、「ティボルトの死」の強烈な和音が炸裂する場面で、プレイヤーたちは驚いて指示の確認を求めた。ヤンソンスがそれを同じ間隔では弾かないように求めたからだ。前任者のロリン・マゼールのときは、きっちり等間隔で爆発が続くように、指揮者が秒単位でタイミングを計っているように誰もが感じていた。だからオーケストラは、ヤンソンスにこれでいいのかと尋ねたのだ。彼はこう答えている。

「これがほんとうの人生でしょう。まったく同じものなどあり得ないのだから」

一九八四年から一九九六年まで、十年以上にわたってマゼールはこのオーケストラに君臨してきた。彼が引き受けた当時のこの楽団は、人事を刷新する必要に迫られていた。多くのメンバーが六十歳を超えていた。マゼールと事務方は若返り計画を強力に進めてゆく。その結果、マゼールがオーケストラを離れるときには団員のほぼ半数近くが入れ替わっており、平均年齢は四〇歳を少し切っていた。また一聴してわかるとおり、マゼールのトレーニングによって楽団は精密機械へと変貌を遂げていた。冷静沈着な司令官が華麗なバトンさばきで繰り出す命令に一糸乱れず従う。マゼールはまさに調練の巨匠だった。スコアが複雑になればなるほど、マゼールにとってはやりがいがある。ピッツバーグのオーケストラ・マネージャー、ギデオン・テプリッツは、オーケストラの運営がとどこおりなく行われ、マゼールが何者にも邪魔されず腕をふるえるよう、つねに気を配ってきた。彼のプロ意識と行動力のおかげで、首席指揮者の地位はおおいに強化された。行き過ぎた部分もなくはない。アメリカでは伝統的に労働組合の力が強いが、たとえばマゼールは楽員を辞めさせる権限も持っていた。悪い知らせを伝えるのも、マネージャーであるテプリッツの役目だった。唯一の慰めは、解雇の場合かならず高額の慰労金が支払われることだった。

それらがすべて一変した。「愛する芸術家のみなさん」という言葉のかけ方からすでに、前任者とは違う。マゼールは楽曲構造における縦の秩序に強いこだわりを見せたのに対し、いまオーケストラの前に立っている人物は、音楽の横の流れと楽想の展開に重きを置いていた——指示は穏やかな口調だがはっきりしていて、人なつこい話し方にときおり不思議な表現が混ざるものの、なんとか英語で意図を伝えようと努めていた。二度目の客演は一九九四年二月で、メンデルスゾーン＝バルトルティのヴァイオリン協奏曲（ソロは再び五嶋みどり）とドヴォルザークの交響曲第九番という曲目だった。遅くともこの演奏会が終わった時点で、オーケストラはヤンソンスを次の首席指揮者に迎える意思を固めていた。

アメリカからの誘いは魅力的だったが、彼にとってはなかなか難しい状況だった。まだオスロのシェフであることには変わりがなく、ロンドン・フィルハーモニー管弦楽団の首席客演指揮者の契約もあり、イギリスでさらに新しいポストに就ける見込みもなくはなかった。たしかにヤンソンスは、すでにアメリカのメジャー・オーケストラのいくつかを指揮した経験がある。だが北米でシェフの地位についても大丈夫だろうか？　また、ピッツバーグ行きには別のリスクもある。すでに何度かアメリカの舞台に立ってはいるものの、スターには程遠い扱いで、むしろ（まだこの当時は）玄人好みの指揮者と思われていた。専門家やコアなクラシック音楽ファンの多くはオスロでの成果も、また彼の録音も知っている。だがアメリカの一般的な聴衆は、ヤンソンスという名前を聞いてもまったくピンとこなかった。

その一方で彼のほうは、オスロで成し遂げたのと同じことができるかもしれないという手ごたえを感じていた。

「ピッツバーグとはお互い、ひと目でビビッと来たんですな――このオケにはまだ伸びしろがあるとマリスが見抜いたのも大きかった」

当時のヤンソンスのマネージャー、スティーヴン・ライトはそう語る。

「よく走るマシンを任せてもらえるなら、それが八気筒だろうが十二気筒だろうが、マリスにはどっちでもよかったんです。長い伝統のある楽団か、でなきゃいっそ大きな可能性のあるところが望ましかった。ピッツバーグは演奏スタイルもほどほどにヨーロッパ風で、サウンドに温かみがありました。いいオケでしたよ。町のほうには多少、問題がありましたがね」

まさにそれが負の側面だった。かつてアメリカの重工業の中心地だったピッツバーグは、一九七〇年代の鉄鋼不況の波をもろに受けた。結果として雇用は急激に減少し、サービス業はほぼ壊滅状態となる。

一九五〇年から二〇一〇年までの間に、この町の人口は半減している。回復の兆しが見えるまでの道のりは長かった。野球やアメリカン・フットボールの地元チームさえ、新しいスタジアムがもらえなければこの町を出ていく、と言い出すほどだった。演劇や音楽をはじめとする、いわゆる「ハイ・カルチャー」にとっては、新しいことを始めるのに適した条件とは言いがたい。だが、この状況にヤンソンスはやりがいを感じた。またこの話を受ければ、音楽の世界の中心地を無理してめざす必要がなくなる。あちこちから声がかかる機会が増えたはいえ、超一流のオーケストラを預かるには、さらに腕を磨く準備期間が必要だった。

「客演のあと、シェフになる気があるかどうかを確認するなら、とにかく急がなきゃならんと思いました」

コンサートマスターだったアンドレス・カルデネスはそう語っている。彼は次期首席指揮者の選考委員のひとりでもあった。ピッツバーグが今すぐ動かなければ、せっかく訪れたチャンスをふいにしてしまう、と誰もが恐れた。しかしなんとか無事に、あとは契約を交わすだけというところまで漕ぎつける。取り決めでは、ヤンソンスは年四回飛行機でやってきて、新しいオーケストラとまとまった時間を過ごし、仕事をする約束になっている。当時このオーケストラの企画室長だったロバート・モイアの記憶では、このときまだヤンソンスにはロシア物をメインにやってもらうつもりでいた。指揮者本人は自分に対するイメージを十分わかっていて、そこから脱却したがっている。

「そういう作曲家をやってくれって頼まないでほしい、と彼はいつも言ってたね」とモイアは語る。

「最初の二年間はドイツ・オーストリア系のレパートリーに集中したいという話でした」

しかし正式な就任要請の前に、あのショッキングな出来事があった。一九九六年にオスロでヤンソンスが心筋梗塞で倒れたとき、すでにピッツバーグでは後継候補に名前があがっていた。本当に彼がアメリカで首席指揮者のポストに就けるのか、先行きが危ぶまれた。だが、ピッツバーグにとって幸運なことに、この町は医療の充実で知られており、研究機関や心臓病専門医のレベルも高い。ヤンソンスにとっては願ってもない機会だ。就任の一年前に彼は、ピッツバーグで徹底した検査を受けている。

新しい仕事場でヤンソンスを迎えたのは、きわめて不均質なオーケストラだった。アンサンブルの中には、ウィリアム・スタインバーグの時代からの古参メンバーもいる。スタインバーグはケルン生まれのユダヤ系ドイツ人で、アメリカ亡命後の一九五二年から一九七六年までこの楽団をひきいていた。アンドレ・プレヴィンも一九七六年から一九八四年までシェフをつとめ、大きな足跡を残している。そうした年配のプレイヤーたちのほうが意外に早くヤンソンスのやり方に慣れてくれた。むしろ問題だったのは大多数を占める、マゼールの息のかかった楽員たちだ。

オスロ時代と形は違うが、ヤンソンスにとっては再び経験する異文化との衝突だった。もっともピッツバーグに客演で来た時から、その程度のイライラは想定内だった。

「最初はみんなぼくが話すのを、まるできつい韓国語なまりの英語でも聞くような、不思議そうな顔つきでじっと見ていました。とてもいい人たちなんですよ、ぼくを選んでくれたんだから。彼らは感情をはっきり表わすのを好み、自発性も豊かです。でも、ある細かい部分をなぜそう解釈すべきなのか、あるいは、作曲家がそこで何を言いたかったかといったことをぼくが説明しても、そうした話にはあまり慣れていないようでした。『もっと暖かい音でお願いします』と頼んだら、『何度ぐらいがご希望ですか？』と即座に聞き返されそうな雰囲気でした」

最初のシーズンにそなえて、ヤンソンスは特別なアイデアを準備していた。どのコンサートも、一曲目は作品名を予告せずに始めるのだ――ロバート・モイアによれば、この「ミステリー・ピース」には「音楽として質が高く、残りの演目となんらかの関連があり、演奏時間が五分から八分のもの」という、三つの条件を満たすものが選ばれた。ただし同時代の作品は考慮の対象外だった。首席指揮者就任後はじめての九月十九日のコンサートでは、ベートーヴェンの『コリオラン』序曲が演奏された。その理由は、休憩の後の曲目がマーラーの交響曲第五番であり、そのマーラーがかつてニューヨーク・フィルハーモニックの音楽監督に就任した最初の演奏会でこの序曲を指揮したから、というものだった。

ただひとつだけ、ヤンソンスが最初はやりたがらなかったことがある。「ミステリー・ピース」の演奏が終わったら、その曲についてあなたからひとこと解説をしてください、と頼まれたのだ。ヤンソンスにとってはどうにも気乗りがしない状況だった。人前でスピーチをするのは、それがどんなに短くても苦手なのだ。音楽をやるのに集中したかった。さらに英語にせよドイツ語にせよ、自分の語学力はお粗末だと思いこんでいた。そこでロバート・モイアが彼のために英語で話す内容をメモし、ヤンソンスはそれを見てずっと練習していた。舞台に出るぎりぎりまでメモを手放さないこともあった。モイアは言う。

「彼の希望で、いつもちょっとしたシャレみたいな、笑いの要素を入れるようにしてました。だから単に言葉だけじゃなく、それを言うタイミングも覚える必要があったんです。聴衆がドッと笑えば、成功というわけ。彼はコンサートの前半が終わると舞台裏にやって来て、音楽のことなんかひと言もいわず、いつもこう尋ねたもんです。『スピーチ、どうだった?』って」

一九九七年秋、最初のシーズンの幕開けに、ヤンソンスはピッツバーグに滞在して五つものプログラムを指揮する。首席指揮者就任記念コンサートでは、まず慣例通りアメリカ合衆国国歌、そのあと『コリオラン』序曲、そしてマーラーの五番に入る前に、これからこのオーケストラと力を入れるハイドンの作品をはさんでいる。いわゆるロンドン交響曲は全部で十二曲あるが、ヤンソンスは新しいオーケストラとの最初のシーズンでそれをすべてやるつもりでいる。このハイドン・ツィクルスの第一弾は、『軍隊』のニックネームで知られる交響曲第一〇〇番だった。二番目のプログラムでは他の曲と並んで、新しい自分のオーケストラ(とアメリカの聴衆)への親しみをこめて、レナード・バーンスタインのオペラ『静かな場所』第一幕よりポストリュード(後奏曲)と、同じ作曲家の『ディヴェルティメント』を演奏した。その翌週にはシューベルトの交響曲第八番『グレート』にヴェルディの『レクイエム』と続き、さらにはまったく雰囲気の違う作品を集めた夜もあった。ハイドンの交響曲第一〇三番『太鼓連打』、ヨーヨー・マのソロでボッケリーニとバーバーのチェロ協奏曲、さらにヤンソンスがやがてどこでも頼まれるようになるR・シュトラウスの『ばらの騎士』組曲、そしてメノッティの喜劇オペラ『アメリア舞踏会へ行く』の前奏曲という取り合わせだ。こうした短めの曲を数多く集めたプログラムは、ヤンソンスのアメリカ時代におけるひとつの型になってゆく。

すでに最初のシーズンから、当時のヤンソンスにとっての「定番曲」が目白押しだ。ショスタコーヴィチ、ベートーヴェン、ブラームス、モーツァルト、あるいはこのころよく指揮していたシベリウス。ヤンソンスはピッツバーグ響とともに、これらの作品すべてに取り組むつもりでいた。ロバート・モイアによれば、その中でもブラームスの交響曲第三番とシューベルトの第八番『グレート』のプログラムが両者のこれからを占う試金石になった、さらに言えば、そこが大きな転換点だった、という。

「一週間じっくり時間をかけて、ドイツ・オーストリア系のサウンドと独特のフレージングを磨き上げたんです。各部分のテンポのバランスも、入念に考えられていましたね。ヤンソンスはオケに対してはとても丁寧な口調だったけど、自分の主張に関しては頑固でしたよ。そう、頑固一徹だったな」

経験豊富で自信にあふれ、このオーケストラの長く豊かな伝統にのっとって演奏してきた楽団員たちにとっては、あまりうれしくない状況だったと想像できる。新しいシェフとの練習を、要求が多すぎると思った者もいれば、あまりに神経質だと感じた者もいた。たとえば、ツアー先での音出し練習*も、まるで負荷テストのように綿密なものだった——どこのホールでも、ヤンソンスは限られた時間でその場所の音響上の特性や、クセのようなものを把握したかったためだ。ヴィオラのポール・シルバーは、当時をこう振り返る。

「首席指揮者といっても、練習のやり方は十人十色です。手順通りに、まるで病院での処置のように淡々と進める人もいますし、もっと緊張感をもって、感情をこめてやる人もいます。そうした違いがとくにはっきり表れるのが、ツアーでの本番前の短い音合わせなんですね。ホールごとに条件は千差万別なので、こうした練習は、オーケストラがそこの響きに合わせて調整するのにとても大事なんです」

シルバーの話では、そうした折のヤンソンスはいつも、とても細かく気を配っていたという。それは、自分とオーケストラが本番で最高のものを提供できるという、絶対的な確信が欲しかったからだ。そんなときの彼は「いろんな個所を手早く修理しようとする整備工みたいに見えました」。そしていざコンサートがはじまると、音楽家そのものに変身するのだった。

「もう少しクールにやってもいいんじゃないかと思ったりもしましたが、ぼくらはみんな、彼の言うことにしっかり耳を傾けていました。ヤンソンスは頼れるタイプでしたね。事前にしっかり勉強してきて、知識も豊富で、誠実な人だったので、ぼくらはすぐ彼の言葉に納得できたんです」

さらにシルバーの言うとおり、ヤンソンスには彼独特のチャーミングなところがあった。

「あの笑顔にやられるんですよ。何かこう、引き込まれるような感じでね。指揮台に立ってオーケストラを見渡すと、ニコッと笑うんです。するとぼくたちの心の中には、『さあ、これからこの人といっしょに素晴らしい体験をするぞ』という思いが湧いてきたものでした」

＊　一時間半くらいで当夜の演目の要所のみをさらう。

だが、何よりもヤンソンスがプレイヤーたちに与えたのは、前任者マゼールの時代にはなかった自由裁量の権利だった。バトン・テクニックにまかせて、オーケストラをコルセットで締め上げるようなやり方はやめたのだ。それぞれの楽器の演奏者は、一夜にして自分たちが音楽を作る作業員から、平等な立場のアーティストになったと知る。『ばらの騎士』組曲といえば、スコアの最初のページから速度が目まぐるしく変わり、しかも難しいリズムのゆらぎが要求されるが、あるリハーサルでヤンソンスはどうしても納得がいかなかった。祈るように手を組み、いつものように「愛する芸術家のみなさん！」と話し始める。オーケストラにとっては極めて異例だが、このときは十五分にわたってリヒャルト・シュトラウスの音楽のスタイルがあるときはいかに華麗で、またあるときはいかに俗っぽいかといったことを説明した——その効果は十分だった。たとえドイツ・オーストリア系の伝統の中で育った楽団ではなくても、彼の意図は伝わったのだ。

こうして、ヤンソンスがまずどこから手をつけるべきかがはっきりした。ピッツバーグ交響楽団はもっと仲間意識を高め、互いに支えあい、良い意味で自信をもって演奏していかなければならない。

「彼らにとって大事なのは、つねにビートが明確であることでした」

ヤンソンスはこう回想する。

「ほんのわずかでもあいまいな振り方を続けていると、大惨事になりかねなかった」

そして、マゼールは完璧なテクニックの持ち主だけに、自分のタクトに無条件で従うようオーケストラに伝えていたんでしょう、とも述べている。それがオーケストラにとっては支えとなり、確実さをもたらしたのだろう。

「けれどもぼくにとっては大問題でした。そのせいで、楽員同士がお互いの音に耳を澄ますことがおろそかになっていたのです」

とはいえ、最初ヤンソンスは指揮棒をまったく使わなかったので、プレイヤーたちはまずそれに慣れねばならなかった。手の障害のためにバトンを諦めねばならず、そのため彼のゼスチュアはメトロノームのように拍を刻むよりも、音楽の流れを浮かび上がらせ、雰囲気を明確にすることに重きを置いていた。

「われわれが彼のスタイルに慣れるまで、たっぷり一年はかかりましたね」

コンサートマスターだったアンドレス・カルデネスもそう認めている。いっぽうヤンソンスの側にも学びがあり、新しい環境のもとで働くことはプラスをもたらした。

「首席指揮者はどんな状況に対しても、正しく、的確に、すばやく対処しなければならないと学びました。しかし、なかなか難しかった。ぼくは考える時間がないとだめな人間なんです——たとえそのせいで、なにかとても重要なことが遅れてしまってもね」

そうは言いながらも、アメリカではすべてがオープンかつダイレクトなのは気に入っていた。

「ロシアでも西ヨーロッパでも、理由はそのときどきで違いますが、わざと物事に白黒をつけないとか、表現を曖昧にするなんてことがありますからね」

一九九八年春、ヤンソンスとピッツバーグ交響楽団は初の海外ツアーに出かける。行き先は日本で、荷物の中にはブラームスの交響曲第三番と二重協奏曲の楽譜が入っていた。後者のソロはヴァイオリンがギドン・クレーメル、チェロがミッシャ・マイスキーである。その数か月前から、ヤンソンスの手の状態は良くなってきている。だがピッツバーグ響にとっては、心筋梗塞を起こしてからまだそう年月が経っていないことのほうが気がかりだった。回復後、ヤンソンスはロンドンで冠動脈を拡張するための血管形成術を受け、その後ピッツバーグではＩＣＤを体内に埋め込んでもらっている。これは不整脈が起こった際に心臓に電気刺激を与える装置だが、また心拍が異常に速いときにも同じ作用をする。

この装置のおかげでヤンソンスは一九九八年九月、死ぬような思いをする。ムソルグスキーの『展覧会の絵』の生演奏がいよいよ大詰めにさしかかったとき、ヤンソンスは急にびくっと身をすくませ、真っ青な顔で胸のあたりを押さえた。コンサートマスターのカルデネスは暗譜で弾きながら、そっとシェフに「大丈夫ですか？」と尋ねる。ヤンソンスはうなずくと、そのまま指揮を続ける。病院でＩＣＤの再調整が行われた。あとになってみれば、これもひとつの笑い話だった。

「指揮者の場合、心拍数が一四〇、一五〇を超えることはよくあるなんて、誰も知らなかったんです。そのぐらいでいちいちアラームが鳴ったりしたら、やってられませんよ」

対立と甘い誘惑

「論議の的」などという生やさしいものではない。いっそ「タブー」と言ってしまったほうがいい。ピッツバーグの聴衆を相手にアルノルト・シェーンベルクをやろうというのだから。しかもその日の演目は、それ一曲だけ――事務局も、オーケストラの役員会も、そしてスポンサーも、がらんとしたホールと空っぽの金庫を思い浮かべてゾッとした。採算が取れるだけのチケットをどうやって売りさばくつもりだ？　ただ、マリス・ヤンソンスがやりたいのは十二音音楽ではない。後期ロマン派の終焉を告げる、声楽付きの超大作『グレの歌』だ。それから長い年月を経てもなお、楽団のおもだった人々の反応をヤンソンスははっきり覚えている。

「まるでぼくが『宇宙旅行に行きましょう』とでも言い出したみたいに、穴のあくほど顔を見つめられましたよ」

もし本当に『グレの歌』をやるのなら、最高の歌手陣をそろえなければ失敗に終わるだろうという点で、一九九九／二〇〇〇年シーズンのプランニングに関わっている人々の意見は一致している。スターを使って観客を集めようという胸算用であり、ソリストとして名前が挙がったのは、たとえばベン・ヘップナーのような歌い手だった。カナダ生まれのヘップナーは、当時この曲のテノール・パートを歌いこなせる数少ないひとりだった。ところが彼は、シーズンの最初しかスケジュールが空いていなかったので、新たな問題が持ち上がった。本来ならシーズンの初日には、幅広い客層向けのポピュラーな演目をやるべきなのに、そこでシェーンベルクを演奏するはめになってしまったのだ。事務局のマーケティング担当者たちは頭を抱えた。これをお客さんにいったいどう伝えたらいいんだ？

解決策は意外に早く見つかった。言い出しっぺは首席指揮者のヤンソンスなのだから、このプロジェクトの宣伝もあの人にやってもらえばいい。そこでヤンソンスは手慣れた指揮者の仕事をいったんおいて、いつもやっている予告なしの「ミステリー・ピース」のときのように、聴衆に向かって言葉で語りかけることにした。今度も当たって砕けろという思いで挑戦したのだが、いざ終わってみて驚いた。客席の反応はすこぶる良かったのだ。そこで次回のスピーチからは、その日の作品解説に加えて、かならず作曲家シェーンベルクと『グレの歌』についても触れるようにした。のちに彼はこの手法を、皮肉を込めて「洗脳」と表現している。

さらなる追加措置として、『グレの歌』の間奏部を「ミステリー・ピース」として舞台で演奏した。そのあとヤンソンスは、いまのはシェーンベルクの作品からの抜粋です、と明かして聴衆を驚かせ、もうじきピッツバーグでその全曲が聴ける日が来ます、と結んだ。オーケストラの企画室長だったロバート・モイアは、その日のことをこう表現している。

「シェーンベルクを聴いたからって人生が台無しになるわけじゃない。それをみんな実感したってわけですよ」

一九九九年九月十七日、この大曲の演奏は無事に終わった。舞台上にはソプラノのマーガレット・ジェーン・レイ、メゾ・ゾプラノのジェニファー・ラーモア、テノールのアンソニー・ディーン・グリフィーとベン・ヘップナー、バス・バリトンのアラン・ヘルド、そしてこの日はナレーターとして参加した往年の名テノール、エルンスト・ヘフリガーの姿もある。マリス・ヤンソンスは満足しきった表情で、会心の笑みを浮かべていた。初日だけでなく二回目の公演も、ハインツ・ホールのチケットはすべて売り切れだった。

この日までの数か月間、ピッツバーグの聴衆はそういった冒険とは無縁のプログラムを楽しんでいた。ヤンソンスは自分の得意曲の数々を自信をもって提供した。いわば彼のレパートリーにおけるテンダーロイン（牛フィレ肉）にあたる部分だ。バルトークの『中国の不思議な役人』、ベルリオーズの『幻想交響曲』、あるいはR・シュトラウスの『英雄の生涯』といった演目が並ぶ。最後のシュトラウスの交響詩は、一九九九年の欧州ツアーでも取り上げている。その一方で、クラシックの周辺領域ともいうべき分野の作品にも手を広げている。これらは、いままでヤンソンスが自分からはまず手を出さなかったタイプの音楽であり、土地柄に配慮したものと考えてよいだろう。ジョン・ウィリアムズの映画音楽『シンドラーのリスト』、マイケル・ドアティ*作曲のイングリッシュ・ホルンとオーケストラのための『スパゲッティ・ウェスタン』、ジョージ・ガーシュウィンの『プロムナード――犬と歩けば』といった曲だ。ピッツバーグ時代にはこうしたちょっとした脱線がしばしば見られるものの、

＊ アメリカの作曲家（一九五四―）。同国の人や土地に発想を得た、華やかな作風。『ストコフスキーの鐘』などで知られる。

これらの作品すべてにヤンソンスが心から共感できたわけではない。しかしすでにオスロでも、その国の現代作品を演奏するのは役職に伴う義務のひとつだった。せめてもの慰めは、スタンダードな楽曲での「自由演技」の機会がまだたっぷりあったことだ。

とはいえ、オーケストラとの共同作業に際して、なんの摩擦もなかったわけではない。とりわけ中部ヨーロッパのロマン派の名曲といわれるものの場合、ヤンソンスが考えているサウンドと、アメリカのオーケストラの伝統的な演奏様式とがぶつかってしまうことがあった。ヤンソンスは温かみがあり、まろやかで、アンサンブルのなかにうまく溶け込むような金管の音を好んだ。つまり彼がことあるごとに求めたのは、ウィーン・フィルのような音作りだったのだ。それに対してピッツバーグ響の金管奏者たちは押しの強い、きっちり角の立った演奏スタイルを貫こうとする。ヤンソンスはこの伝統を変えようとリハーサルのたびに指示を出し続けたが、どうしてもそれを拒むプレイヤーも何人かいた。どちらの側もフラストレーションがたまる一方だ。状況を打開するため、オーケストラの配置を変えるという妥協案を選んだ。これならば楽団員のプライドも傷つかない。ヤンソンスの希望で、金管楽器群は以前よりも舞台の奥に陣取った。こうした措置は、オーケストラのメンバーたちにとって必ずしも目新しいものではない。すでにロリン・マゼールがハインツ・ホールの音響特性を知るために、同じような実験を行っていたからだ。

「マリスにとっては、どのくらい柔軟な対応ができるか試されたわけです」

コンサートマスターのアンドレス・カルデネスは言う。

「彼があれほど明快な、きちんと裏付けのある音楽上のイメージを持っていただけに、大変だっただろうとは思います。争いにはなりませんでしたが、活発な議論はありました」

いずれにしても、ある種の隔たりは埋められないままに残る。目指すサウンドがあまりにも違っていたためだ。それでもピッツバーグ交響楽団の変化は、じきに認められ始める。一九九九年、『ニューヨーク・タイムズ』に「ピッツバーグ、新しい声を披露」と題する批評記事が掲載された。カーネギー・ホールでの公演を高く評価し、次のように書いている。

マゼールはプレイヤーたちにパワーとエレガンスをもたらした。ヤンソンスはそこに独自のタッチを加え、さらにふくよかな響きを作り出している。弦楽器群の音は均質で、イントネーションも正確であり、とげとげしい響きはまったく聞こえてこない。

それでもピッツバーグ響はまだまだ柔軟性が足りない。いわば音の多様性を身に付ける必要がある。本拠地のハインツ・ホールのように巨大な空間ならいざ知らず、ウィーンの楽友協会はずっと狭い。ここと同じように花火をドーンと打ち上げるわけにはいかないと、ヤンソンスはミュージシャンたちにはっきり伝える。だがこれもいつしか受け入れられ、変化は現実のものとなってゆく。

「実際ウィーンに行ったら、まるで別のアンサンブルみたいに聞こえたね」とロバート・モイアは回想する。

はじめのうちヤンソンスは、スポンサーとの付き合いが苦手だった。アメリカのオーケストラは個人の寄付金に大きく依存しているため、資金の提供者たちにそれだけ気に入られるよう努めるのが大切なのだ。

「最初はそういうことがおっくうでしたが、これもシェフの仕事の一部だと理解しました」とヤンソンスは語る。

「年配のご婦人方は、こちらがこれまで歩んできた道について少し話しだすと、とたんに目を輝かせて聞いてくれましたしね」

資金集めのためにときおりオークションも開催された。そのためにオーケストラのメンバーそれぞれが、なにかしら品物を寄付するきまりになっている。あるときはコンサートマスターがちょうどよい機会と見て、ヴァイオリンの弓を手放したし、ヤンソンスは指揮棒や、高価なロシア製のコーヒーセットなどを持ってきた。ピッツバーグでは、首席指揮者とプライベートでディナーをともにする権利さえ手に入った。

「いくらなんでも行き過ぎだと思いました。『ぼくは売り物かい?』ってね。もちろんイリーナとふたりで出かけて行きましたよ。実際行ってみると、自分でもちょっと意外でしたが、結構楽しめました」

しばらくするとヤンソンスは懸念やためらいを捨てて、自分から富裕層の音楽ファンとの集まりを企画するようになり、ときにはソロのアーティストもそこに招待した。そうするうちに、こうした会合は単なる社交上の付き合いや、文化政策の担当者たちとのコネ作りだけが目的ではないとわかってきた。大都市とはいえ、アメリカの基準では小さな部類のピッツバーグでは、社会の中に独特な暖かい結びつきが残っている。共同体として密接に支え合っているのだ。人々はお互いをよく知っていて、他人を大事にする。よそから来た人間も、いつでもその輪の中に迎え入れてくれた。

「ひとの気立てという面では、ぼくがシェフをつとめた町の中でも、一番良かったかもしれません。陰謀など一度もなく、だれもが、すべてが、とても前向きでした」

一九九九／二〇〇〇年のシーズンに、ヤンソンスとピッツバーグ交響楽団は二度ヨーロッパへ出かける。自分が演奏している音楽の源流ともいうべき土地で、この楽団と築き上げた成果がどれほどのものか、披露したかったのだ。まずは各地の音楽祭を回り、十三の町で合計十五回の公演を行う。訪問先はエディンバラ、ザルツブルク、ロンドン、ルツェルン、バーデン＝バーデン、そしてベルリンなどが含まれている。それが終わると五月中旬から六月初めにかけて、マドリード、バレンシア、アムステルダム、ウィーンなどをへて再度ロンドンへと回り、十四回のコンサートを開いた。ストラヴィンスキーの『火の鳥』組曲と『ペトルーシュカ』は、このオーケストラの反応の鋭さをはっきりと示し、またラヴェルの『スペイン狂詩曲』では、微妙なニュアンスや魔法のような雰囲気を描き出す能力を見せつけた。

「このときのツアーは、ぼくたちの演奏にじつに大きな影響を与えました。というのは、これらの作品の色彩感の表現に、マリスは文字通り全力で取り組んだからです」

ヴィオラのポール・シルバーはそう回想している。

それとは別にヤンソンスは特別なツアーに出かけている。これも二〇〇〇年のことだが、手兵であるピッツバーグ響とではない。ベルリン・フィルハーモニー管弦楽団と日本へ出かけたのだ。しかし客演指揮者として出演したのでもなければ、むろん彼がシェフだったわけでもない。そもそもこのツアーでは、一度もタクトを振っていない。癌と闘病中だったベルリン・フィルの音楽監督クラウディオ・アバドから、もしなにかあったときの代役として、日本ツアーに同行してくれないか、と頼まれたのだ。競争心と嫉妬が渦巻く指揮者の業界では、普通ならありえない話だ。

「クラウディオとはとても良い関係にありました」とヤンソンスは言う。

「友人としてあたりまえのことをしただけです」

そして、リハーサルにも本番にもできるだけ立ち合うか、あるいはすぐ駆け付けられる場所にいた。アバドは病気のためひどくやつれ、万全というには程遠いコンディションだったが、なんとかすべての予定を最後までやり抜いた。ヤンソンスはスタンバイしただけで終わる。

この時期、ピッツバーグ響のレパートリーはいままでにない拡がりを見せている。二〇〇一年二月の演奏会のプログラムはそのもっとも顕著な例で、十六世紀生まれの作曲家、ジョヴァンニ・ガブリエリのソナタ第十八番に始まり、バルトーク『弦楽器、打楽器とチェレスタのための音楽』、リヒャルト・シュトラウスによる管楽器のためのソナチネ第二番『楽しい仕事場』、ストラヴィンスキー『管楽器のための交響曲』と続き、ラヴェルの『ダフニスとクロエ』第二組曲で終わる。このプログラムはニューヨークのカーネギー・ホールでも披露されている。中部ヨーロッパでは長大な曲なら一晩に一曲だけ、それ以外の場合は長めの協奏曲のあとに交響曲をひとつというのが普通だが、ピッツバーグではそういうパターンにこだわらず、短めの作品を数多く組み合わせる個性的なやりかたを取り入れた。その結果、のちにアムステルダムやミュンヘンで行う演奏会よりも、内容はずっと野心的なものになった。作品の間になんらかの共通点があるか、あるいは明快なコントラストがあることがこうしたプログラムを成功させる鍵であり、盛りだくさんな内容によって幅広い聴衆のさまざまな嗜好に応じるのが狙いだった。

それでもオーケストラのプログラム編成の柱となっていたのは、やはり古典派やロマン派の名作といわれる楽曲である。ヤンソンスがオーケストラのトレーニングに情熱を傾けていたためだ。

「イメージした響きをオーケストラと共に具体化できるようになるためには、こうした大作曲家のスタンダードな名曲をやらなくてはいけません。そして、こうした作品をきちんと演奏できるようになれば、一定の期間はその力が続くものです」

知らない作品ばかりのコンサートが続くと、欲求不満がたまる恐れがあるのも無視できなかった。

「お客さんが期待する演目の中には、ぼくからすると残念なものもありました」

ずっと後になってヤンソンスはこう語っている。

「みなさんからの信頼は重々承知していますが、それでもぼくは、いまだにプログラムを自由に組ませてもらえていないように思います。なじみのない曲を演奏すると、拍手の感じがはっきり違うのがこちらにも伝わりますから」

ヤンソンスがピッツバーグで成功を収めているのを見て、とくにアメリカ国内では彼に来てほしいという声があちこちであがった。ニューヨーク・フィルハーモニックは二〇〇二年夏にクルト・マズアが退任する予定なので、新しいシェフの候補を探している。楽団の首脳陣は、理想的な後任としてヤンソンスに白羽の矢を立てた。というのも、すでに彼は何度か客演に来ていたからだ。そこで、うまくゆけば聴衆の前で「婚約発表」ができるようにコンサートが設定される。演目は、イツァーク・

パールマンとの共演でバーンスタインの独奏ヴァイオリン、弦楽器、ハープと打楽器のための『セレナード』、そしてヤンソンスが大好きなベルリオーズの『幻想交響曲』だった。

「ピッツバーグでは大変な騒ぎでした」と彼は言う。

「ニューヨーク側の動きを察知して、地元から陳情団みたいのが来ましたよ。行くのは考え直してくれ、というのです」

ニューヨークでの最終候補者リストには三人の名前がのっていた。ヤンソンス、クリストフ・エッシェンバッハ、そしてリッカルド・ムーティである。その中で、ムーティはやがて立候補を取り下げる。だからヤンソンスとしては、ピッツバーグを去ることを真剣に考える余地は十分あった。

望んでいたとおりさまざまなことを学び、キャリアにさらなる輝きを添えたピッツバーグは、ヤンソンスにとってやはりひとつの通過点であることが次第にはっきりしてくる。ところがニューヨークでは意外な抵抗にぶつかった。健康上の問題から、ヤンソンスはこれだけ重要で多忙な地位にはふさわしくない、と指摘する人々がいた。また、とくに楽団員の間には、ディテールにこだわる彼の音楽作りへの批判もあった。『幻想』といえばニューヨークの楽団員たちも知り尽くしているはずの曲なのに、ヤンソンスは納得のいく表現を求めて試行錯誤を繰り返し、また集客効果の高い野外コンサートという形式にも満足しない。中にはこうしたことを余計な口出しと感じた向きもあった。誰も面と向かって異議を唱えはしなかったか、ヤンソンスはプレイヤーたちの不満を感じ取る。

クリストフ・エッシェンバッハはフィラデルフィア行きを決め、そして突然、ロリン・マゼールがニューヨークのポストに就いてもよいと名乗りを挙げた。これで状況は一変し、事態ははっきりした。

ヤンソンスはニューヨークへは行かない。

「やっぱりそれでよかったのだ、と思っています」のちにヤンソンスはそう語った。「三、四年はあそこでやれたとしても、結局はピッツバーグのような人間味のある、暖かい雰囲気が恋しくなったに決まってるんだから」

ニューヨーク以外にも、たとえばボストン交響楽団のようなアメリカのほかの楽団が、さらにコンタクトを求めてくる。シカゴ交響楽団では、マリス・ヤンソンスが後継候補の本命とさえ見られていた。しかし、彼は答えを引き延ばす。あまりにも長く待たされて、シカゴの事務局もついに悟った。ヤンソンスはもともとシカゴに行く気などなかったのだ。シカゴ響のシェフにはリッカルド・ムーティが就任した。

二〇〇一／二〇〇二年シーズンに、ヤンソンスはピッツバーグで友人のために一肌脱いでいる。関係の深かったロシアの作曲家、ロディオン・シチェドリン*の作品を四つ、プログラムに組み込んだのだ。シチェドリンという名前を聞いて、人々は最初まゆをひそめた。だが、現代曲とはいえきわめてわかりやすい作風の楽曲が鳴りひびくと、やがて豊かなファンタジーと巧みに計算された効果がはっきりと感じられた。コンサート客の好意的な反応は、けっして形だけのものに留まらなかった。それに対し、おそらく聴衆へのお礼の意味もこめて企画されたジェシー・ノーマンを迎えての演奏会は、まさにスター同士の夢の競演となった。当代随一の歌姫《ディーバ》はワーグナーの『ヴェーゼンドンク歌曲集』

＊　旧ソ連を代表する作曲家のひとり（一九三二―）。ピアノ協奏曲や舞台作品を得意とする。バレエのM・プリセツカヤの夫。

と『イゾルデの愛の死』を歌い、アンコールはR・シュトラウスの歌曲『献呈』だった。

このシーズンには極東地域と南半球への長期ツアーも組まれており、オーケストラは日本を訪れ、そして——楽団史上初めて——マレーシアとオーストラリアにも足を延ばす。R・シュトラウス『ばらの騎士』のワルツ集、ブルッフのヴァイオリン協奏曲第一番（ソリストは五嶋みどり）、そしてブラームスの交響曲第一番といった、誰もが知っている名曲づくしのプログラムだった。

二〇〇一年二月、コンサートマスターのアンドレス・カルデネスは、じつはヤンソンスはオーケストラを信頼しきっていないのではないか、なぜそれほどまでに不測の事態を恐れるのか、と思わず疑ってしまうような出来事に遭遇する。ショスタコーヴィチの交響曲第八番のリハーサル中のことだった。この曲にはやっかいなヴァイオリン・ソロがある。これまでの練習では、毎回うまく行っていた。ゲネプロのあとで、ヤンソンスは自分の右腕であるコンサートマスターを呼び寄せ、楽譜のその箇所を指して言った。

「ここのソロを弾くときに、ちゃんと小節を数えてないコンマスが意外に多いんだ」

急にこんなことを言われてカルデネスは狼狽した。

「よく注意するように」

いざ本番では、このパッセージはヨレヨレの千鳥足になってしまった。ヤンソンスが誤解を招くような棒さばきをしたからだ。あとでふたたび彼はカルデネスを呼び、穴があったら入りたいといった面持ちで謝罪した。

「罰が当たったんだ。余計なことを言わなきゃよかった！」

ある米国オケの変化

　当初のいくつかの問題を乗り越えて、ヤンソンスとピッツバーグ交響楽団との協力関係は前に進んでいた。だが、やがて逆風が吹き始める。芸術上の問題ではなく、オーケストラが重大な財政危機に陥ったのだ。株式市場の低迷がいちばんの原因だ。スポンサーからの寄付や出資者からの資金がたよりの芸術関連団体にとって、これは大ピンチだった。寄付金は先細りになり、たとえば楽団の備品を揃えるための予算はますます減っていった。

　二〇〇二年秋、ピッツバーグ響の財政問題が明るみに出る。「構造的赤字」という表現が使われた。他のアメリカの楽団と同様、このアンサンブルも個人からの寄付金に依存していたが、地元の景気の悪化、高齢化と人口減少から受けた打撃は、ほかの町よりもずっと大きかった。楽団の経営部が打ち出した対応策は厳しいもので、楽団員をも対象としていた。年間百五十万ドルの経費削減が必要であり、賃金カットもやむなしという結論だ。状況を一変させるような打開策はなく、オーケストラのメンバーはイライラを募らせる。失業するのではないかと恐れる者も多かった。練習のあいだも、オーケストラの財政状況ばかりが話題にのぼるようになり、こうした流れに歯止めがかからなければ、演はにっちもさっちも行かなくなっている。

奏面にも影響が出る恐れがある。ヤンソンスはすぐそれに気づいて、自分なりのやり方で流れに逆らおうとした。十万ドルという金額をポンと寄付したのだ。誰もが拍手でそれを迎えたが、しかし状況はにっちもさっちも行かなくなっている。

さらに別の要因もあった。

「雰囲気が悪かったなんてことは、決してありません」ヤンソンスはそう断言する。「あそこに大きな不満があったわけでもないんです。それどころか、もしよそからオファーが来なければ、ピッツバーグにもっと長くいられたかもしれません。でも最終的には、やはりアメリカは自分が骨を埋める土地ではないとわかったのです。あそこで仕事をしたことにはとても大きな意味があったし、素晴らしいことをたくさん学びました。しかしずっとあそこに住んで、働き続けられるかといえば、答えはノーでした」

アメリカ時代についてマリス・ヤンソンスが下した結論は、このように矛盾をはらんだものだった。最高の条件と誰もが認める、世界でもトップクラスの二つのオーケストラ、バイエルン放送交響楽団とアムステルダムのロイヤル・コンセルトヘボウ管弦楽団からの誘いは、ちょうどよいタイミングだったように見える。しかしそれと同時に、ヤンソンスのピッツバーグでの仕事には、最初からどこか窮屈さがつきまとっていたようだ。音楽に対する嗜好も、社会のありかたも、この町ではこじんまりと自己完結していて、ヤンソンスはそこにおさまり切れなかった。かつてのオスロ以上に、彼のふるさとである東ヨーロッパとは隔たりが大きかったのだ。

バイエルン放送響となにか話が進んでいるらしいという噂が、ピッツバーグ中にすぐ広まった。アムステルダムとの契約は、もっと後のことだ。ピッツバーグ交響楽団がカーネギー・ホールに客演したおり、ヤンソンスと夫人のイリーナ、事務局のロバート・モイアの三人は、コンサートの前日にニューヨークへ先発していた。皮肉にも彼らのコンサートと同じ夜、同じ町のエイヴリー・フィッシャー・ホール*でコンセルトヘボウ管弦楽団の演奏会があり、リッカルド・シャイーがマーラーの交響曲第五番を指揮していた。そのあとでモイアがホテルにおもむくと、バーはアムステルダムからの楽団員たちでいっぱいだった。つまり、この楽団とモイアはたまたま同じホテルに宿をとっていたのだ。

「あのオケでヴァイオリンを弾いている女性を知ってたんで、その人と話してたんです。やがて他の連中にも、ぼくが何者で、マリスとどういう仕事をしているかを話しました。彼もいまこの町にいるとわかったとたん、ぼくは突然そのバーでいちばんの人気者に変身しましたよ」

頼むからひとこと口添えをしてくれよ、とモイアはしつこく迫られた。とにかくヤンソンスに客演に来てほしい、あっちでは契約したくてうずうずしているんだ、という話だった。

「そのときから、いつかはアムステルダムに行くんだろうなあ、とは思ってました」

そうはいっても、マリス・ヤンソンスにとって目下の重大事は、ミュンヘンとの交渉である。このオファーを受ける意思があることを彼がピッツバーグの関係者にほのめかすと、当然ながら楽団の中には失望が広がった。しかし彼らはヤンソンスの決断に理解を示し、自分たちオーケストラにとって割り切れないものは残るが、ヨーロッパの楽団と比較されては勝ち目がないという現実を受け入れた。

＊ 現在はデイヴィッド・ゲフィン・ホールと改称。ニューヨーク・フィルの本拠。

こうして、ヤンソンスがバイエルン放送交響楽団と契約する予定だという事実は、ピッツバーグではすでに織り込み済みとなった。それに対してアムステルダムの件は、契約が最後の仕上げに入ってから初めて知らされた。

「予想はしていました」コンサートマスターのカルデネスは後にこう語っている。

「うちの状況が彼にぴったりではなくなり、居心地が悪かったでしょう。彼はとにかく指揮に専念したかったのです。他のいろんなことにわずらわされずに」

この時期、楽団の財政危機はさらに深刻化している。スポンサーからの寄付はもちろん、もともと少なかった公的支援もますます減っている。そしてチケットの売れ行きも落ち込む。どうにも抜け道が見つからない。本拠地のハインツ・ホールは一九二〇年代に建てられた映画館を改築したもので、座席数は約三千あり、コンサートホールとしてはもともと大きすぎた。演奏会シーズンに週三回このホールを満席にするのは、ますます無理になってくる。ヤンソンスが指揮台から見渡すと、空席の列は増える一方だった。

「つらかっただろうと思います」とコンサートマスターのカルデネスは言う。

「彼には満席のホールがなによりの励みでしたから、かなりこたえた様子でしたね。ある意味、これは侮辱だと感じていました。彼はよい音楽というよい商品を提供していたのですから」

ヨーロッパとアメリカでは、日々の暮らしに音楽が持つ意味に差があることを、ヤンソンスは思い知らされた。

基本的な労働条件の悪化が、音楽作りにもさらに強い影響を与え始める。ヤンソンスが確認したところ、二〇〇三/二〇〇四年シーズン以降は、ピッツバーグで仕事をする期間が最初に合意した十週間から八週間に減らされる予定になっている。ひとつの妥協案ではあるものの、彼自身は納得がいかない。そしてついに二〇〇二年六月、ヤンソンスは契約を延長せず、二〇〇三/二〇〇四年シーズンの終了をもって退任すると明らかにした。

ピッツバーグを離れるもうひとつの大きな理由は、ヤンソンスに言わせれば、楽団の財政状況とも、首席指揮者としての待遇の変化とも無関係だが、彼にとっては少なくともそれらと同じくらい重大な問題だった。いわゆる時差ボケである。ヨーロッパとアメリカを往復するフライトによって身体が受けるストレスがあまりに大きく、慢性病のようになりかけていたのだ。

「まったくひどいものでした。東に飛行機で戻るたびに、まともに眠れるようになるまで丸ひと月かかっていたんです」

もともと健康上の不安を抱えていた彼にとって、それはさらなる大きな負担を意味した。ヤンソンスの時差ボケとの闘いは、生涯続いてゆく。彼と仕事をしたミュージシャンならば、遠く国を離れたツアー先で最初のリハーサルに現れたヤンソンスが、青白くやつれた表情をしていたのを見たことがあるはずだ。そして移動中のちょっとした雑談は、ヤンソンスの「よく眠れた?」というひとことで始まるのが常だった。

こうしたこととは別に、ひとつの重要な節目が近づきつつあった。二〇〇三年一月十四日、ヤンソンスは六十歳を迎えるのだ。人生を大きく変えようと決心した彼は、それを親しい友人や知人に打ち明ける。間もなく明らかになるとおり、それによって必ずしもコンサート活動が減るわけではない。

それでもアメリカ往復のストレスはグッと減るはずだ。皮肉にもヤンソンスは、その誕生日を苦手な飛行機の中で迎える――ベルリン・フィルハーモニー管弦楽団に客演して、サンクトペテルブルクへ帰る途中だった。それに先立ってベルリンのあるレストランでは、ヤンソンスのためにパーティが開かれていた。そしていま彼の荷物の中には、これまでで最高の誕生日プレゼントのひとつが入っている。ベルリン・フィルから贈られたハンス・フォン・ビューロー・メダルだ。一九七〇年代に創設されたこのメダルは、そのときの趣意書によれば「この楽団と特に親しい関係になり、密接な結びつきをもつ個人」に授与される。

その節目から十四日後、ピッツバーグでも祝賀コンサートが行われる。場所はハインツ・ホールだ。一般チケットは最高九十五ドル、カクテル・ビュッフェの参加券つきなら最高二五〇ドル、そして、格式あるデュケイン・クラブでのディナーを含むプレミアム・チケットの価格は五〇〇ドルに跳ね上がる。ただ、ひとつだけ問題があった。この日、激しい地吹雪が町を襲ったのだ。飛行機はすべて欠航となり、多くの人が大変な苦労をしたあげく、定刻より遅れて到着する。なかにはスリップするハイウェイをあえて車でやってきた命知らずもいた。

いざ記念のコンサートが始まってしまうと、本人はしたくてもすることがない――仕事中毒のヤンソンスにとっては、きわめて居心地の悪い状況だ。

「すべてはぼくが中心なのに、ただボーッと座っているしかできないなんて。だいたい、そんな大げさなセレモニーをしてもらうほどの人間じゃないでしょう?」

かつてレニングラード・フィルのシェフの座を争ったユーリー・テミルカーノフがピッツバーグ響

を指揮するさまを、ヤンソンスは主賓席から眺めている。ネヴァ河畔の古都で競い合ったふたりの指揮者は、犬猿の仲どころかそれとは正反対の間柄だったことを、この光景があらためて示している。

演奏家たちもスター揃いで、じつに豪華な顔ぶれだった。ピアニストのエマニュエル・アックス、イェフィム・ブロンフマン、ラドゥ・ルプー、ミハイル・ルディ、ヴァイオリンのユリアン・ラクリン、ギル・シャハム、フランク・ペーター・ツィンマーマン、そしてチェロ界の伝説であるムスティスラフ・ロストロポーヴィチもやって来た。世界中からこれだけの著名なゲストが集まった祝賀コンサートの後で、さらに数時間にわたって二次会が行われたのは言うまでもない。

あとにして思えば、これがマリス・ヤンソンスの生涯でもっとも華やかな誕生日の行事だった。五〇歳の誕生日はオスロ・フィルと祝った。まだ先の話だが、六十五歳を迎えたときはアムステルダムでのさまざまな催しと並んで、運河めぐりのツアーが行われる——このときはコンセルトヘボウ管のメンバーだけでなく、ミュンヘンからの代表者たちもいっしょだった。さらにその五年後、バイエルン放送響が七〇歳記念行事の計画を始めたとき、ヤンソンスはそれを断っている。

「お願いだからもう勘弁してくれ、と頼みましたよ。その手の集まりのときはものすごくナーバスになって、すごく緊張するんです。そんな思いをする機会なんて、ほかにもいやというほどあるんですから」

ピッツバーグでは、ヤンソンスとオーケストラが共に過ごす最後の一年が幕を開ける。ブルックナーの交響曲第七番と第八番は、とりわけ念入りに練習が行われた。第八番の演奏会はこの曲と、さらにハイドン作曲『十字架上のキリストの最後の七つの言葉』から序章と終曲という、意外性に富むプログラムだった。ベートーヴェンの交響曲第二番とマーラーの第一番をたずさえて、ピッツバーグ交響楽団の一行は再びヨーロッパへ向かう。公演先にはザルツブルク祝祭や、ウィーンの楽友協会への再訪も含まれていた。

ピッツバーグ・サウンドの変貌ぶりは、いたるところで注目を集めた。ロデリック・L・シャープとジャンヌ・クークック・スティアマン共著の『アメリカのマエストロたち』にはこう書かれている。

響きがより暖かく豊かで、バランスの良いものに変化しており、解釈にぐっと深みが増していることにやがて気がつく。ピッツバーグのコンサート客にとっては、目くるめくような新しい体験の連続だった。ヤンソンスはたちまちオーケストラに独自の個性を植え付け、熱心なトレーニングによってその魅力を発揮できるようにした——楽員に対し分け隔てなく親しもうとする彼の態度に、驚きを隠せなかった楽団員も一部にはいたようだが。

二〇〇三年四月、ロンドンのバービカン・センターでの演奏会について——演目はバルトークの『弦楽器、打楽器とチェレスタのための音楽』とショスタコーヴィチの交響曲第十番——『ガーディアン』紙は、これらの曲の解釈に「恐ろしいほどの緊張感」がみなぎっていたと述べ、さらにこう記している。

ヤンソンスの息詰まるようなコントロールとたくましいエネルギー、そしてアメリカ流の輝きとヨーロッパ風のぬくもりをブレンドしたピッツバーグ響のサウンドが際立っていた――これだけのクオリティを備えたピッツバーグ交響楽団は、全米でも最高のオーケストラのひとつというべきだろう。

『インディペンデント』紙の評価も同様で、

マリス・ヤンソンスが音楽監督としてマゼールの後を継いで以来、ピッツバーグ交響楽団は一変した。そしてかつての、ダークで骨太な木管楽器群の響きと、チェロの豊かな音色とを取り戻した――それに呼応するように、ヴァイオリンをはじめとする高弦群も、音色的には同じ方向に向かいつつある。

地元ピッツバーグでの最後の数か月のあいだにも、これまで共に築き上げたものの総仕上げが行われる。退任間近の二〇〇四年三月、ヤンソンスとオーケストラは至難の大曲と言われるマーラーの交響曲第七番にあえて挑戦する。そして五月の最後のコンサートでは、まさにプログラムどおりの歓喜の合唱が響き渡った。シェーンベルクの『浄められた夜』は、かつてこの作曲家の超大作をめぐって繰り広げた闘いの、さまざまな思い出をよみがえらせたことだろう。そしてメインのベートーヴェンの交響曲第九番が鳴りやむと、ハインツ・ホールを埋めた聴衆は、総立ちになって拍手を送った。ヤンソンスは新たなオーケストラに向かって旅立つ――ヨーロッパの香りをまとった、ときにはウィーン風にさえ響くアンサンブルをあとに残して。

バイエルン放送響の再出発と改革

首席指揮者として初めてミュンヘンで迎えるシーズンの幕開けには、彼が心から愛するヴェルディの『レクイエム』を持ってきてもいいはずだった。一九八一年にバイエルン放送交響楽団にデビューしたときも、この曲だったのだから。そのときのヘルクレスザールでのコンサートは、のちに彼自身認めているように、この曲の演奏としては二度と到達できない高みに達していた。海賊盤で出回っているこの日の録音からも、それは確認できる。* そして、合唱であれ、オーケストラであれ、また聴衆としてであれ、その場に居合わせた人々はあの夜のことをけっして忘れまい。

ところがいま、演目は『レクイエム』ではなく、彼、リッカルド・ムーティの姿もない。二〇〇三年秋、バイエルン放送交響楽団のシェフに着任したのは、当初予定されていたイタリアの巨匠ムーティではなく、ラトビア出身のマリス・ヤンソンスだった。

二〇〇三年十月二十三日、首席指揮者として初の演奏会で、ヤンソンスは得意中の得意であるベルリオーズの『幻想交響曲』ほかを披露した。彼自身にとって、また特にバイエルン放送協会にとって複雑で、ときには袋小路のように見えた状況にも、これで終止符が打たれた。バイエルン放送協会のトップたちは最初ムーティに狙いを定めていた。アルベルト・シャルフ会長と当時のオーケストラ・マネージャー、クルト・マイスターは、ロリン・マゼールがこのオケを去る可能性が出てきたときから、ムーティを獲得しようと画策を始めている。何度もミュンヘンに客演していたムーティは、好感度も高かったためだ。すでにシャルフは話し合いのためにミラノへ飛んでいた。そして向こうもミュンヘンでバイエルン放送響と仕事をする用意があるとはっきり示している――いずれにせよ、ムーティが要求する報酬額に理解を示すドイツの楽団といえば、ベルリン・フィル以外にはここしかなかった。なにかにつけて首都ベルリンへの対抗意識が強いミュンヘンが、マゼールの後任問題に関して掲げた合言葉は、「とにかくビッグネームを呼んで来い」というものだった。そしてそのあと何が起こったのか、いまは誰もおおやけに語ろうとはしない。

リッカルド・ムーティの個人的な事情だとか、あるいは女性問題うんぬんという、まことしやかな噂も流れた。しかし、その真相はもはやどうでもよい。とにかく大スターのムーティには断られた――そしてバイエルン放送協会は、補欠のようには聞こえない別の名前を至急探してくる必要に迫られた。こうしてマリス・ヤンソンスが候補に急浮上したのだ。

彼がバイエルン放送交響楽団の指揮台に初めて登ったのは一九九一年二月で、演目は例によってショスタコーヴィチの交響曲第五番だった。両者が再会したのは四年後の一九九五年春で、このときはマーラーの五番を指揮した。一九九七年には――やや異例だが――もう一度ショスタコーヴィチの第

＊ その後正式なライヴ盤ＣＤがバイエルン放送より発売済。

五番を振りに来ている。いずれの場合もヤンソンスの指揮ぶりは、オーケストラと聴衆の双方に感動を与えた。

　こなした演奏会の数と試したレパートリーの内容から、この指揮者とオーケストラがともにやっていくための基盤はすでに十分できていると思われた。またミュンヘン側も、ヤンソンスが世界の指揮者ランキングにおいて近年めきめきと順位を上げているのは承知している——彼をシェフに迎えたければ、ぐずぐずしてはいられない。そこでオーケストラの役員会から三人の代表が二〇〇〇年の十月、ウィーンへ向かう。ヤンソンスはウィーン・フィルとの演奏会のため、この町に滞在していた。三人は楽団側の希望や将来構想に関する書類を携えていた。オーケストラの企画部と共同で作ったもので、チェックリストのような形を取り、Ａ４用紙一枚にまとめてある。楽友協会のすぐ隣にある最高級ホテル「インペリアル」のバーで、話し合いは行われた。ヤンソンスは椅子にもたれて微笑みながら、わざとこの提案を疑うようなふりをして見せる。

「このお話はリッカルドが受けた。それで決まりだと思っていましたが？」

楽団員の代表である三人は、かねて用意してあった想定問答集のとおりに答えた。

「局の希望はムーティでした。しかし、われわれの希望はあなたです」

このひとことが効いたのか、ヤンソンスは身を乗り出して話に聞き入った。

すぐに彼が自分から質問を始めたのも、乗り気になった証拠だった。目の前にいるオーケストラの役員たちに、ヤンソンスはいくつか質問をぶつける。リハーサルのやり方、どんなレパートリーが演奏可能か、ＣＤの売れ行き、海外ツアーについて。

「この人は型通りのシェフにおさまる気はない、それ以上のことをやるつもりだ、とすぐにわかりました」

フルートの首席奏者、フィリップ・ブークリーはこう回想する。

「最初の質問の中に、おたくのオーケストラのめざす理想と、それに対して現状をどうとらえているかを教えてほしい、というのがありました。それに対する答えとして、『われわれは放送オケである以上、幅広いレパートリーをこなす義務がある。そのためもっと練習の時間をとってほしいとマゼールに求めたが、答えはノーだった』といった話をしました。ヤンソンスはすぐに事情を飲み込んで、それはあなたがたの言いぶんが正しい、と言ってくれたのです」

代表者たちがミュンヘンに帰ったあと、ヤンソンスはいわゆる「イエス・バット話法」で楽団側に要望を知らせた。自分はたしかにそちらのオーケストラを知っている。しかし、十分といえるほどではない。だから承諾の返事をする前に一週間、楽員のみなさんとじっくり練習をしながら過ごしてみたい、と伝えたのだ。結婚の前にまずお見合いをというわけだ。双方のスケジュールからみて、本来なら無理な話だ。それでもなんとか数日の都合がついた。リハーサルはミュンヘンにあるバイエルン放送協会のスタジオで、コンサートの本番はそこから三〇〇キロほども離れたフランケン地方の保養地、バート・キッシンゲンのレゲンテンバウ（摂政宮ホール）で行う。

すべてを決めるテスト・コンサートが行われたのは二〇〇〇年十二月である。演目はヴェーバー『オベロン』序曲、ベートーヴェンの交響曲第二番、そしてドヴォルザークの交響曲第九番だった。ヤンソンスはこのオーケストラの伝統的な演奏スタイルと、長年にわたって培われた音色をすべて試してみただけでなく、プレイヤーたちがどこまで耐えられるかもテストした。

「信じられないほど細かい練習でした。どの楽器もパートごとに、頭のてっぺんからつま先まで徹底的に検査されたようなものです」

コントラバス奏者のハインリヒ・ブラウンは当時をこう振り返る。

「そう、レントゲン検査を受けているような感じでしたね。そしてヤンソンスは個々の結果を、この上ない正確さと燃えるような情熱で、ひとつにまとめ上げたのです。このコンビネーションが信じられないほど素晴らしかった。オーケストラの反応としては『指揮者選びはこの人で決まりだ』という声が圧倒的でした」

それは片思いには終わらなかった。ベートーヴェンの二番で細かい表現を何度もやり直している間に最初の休憩となり、イリーナ・ヤンソンスが目を輝かせて指揮者の楽屋に入ってきた。

「マリス、ここがあなたのオケね！」

「最初の五分でそうとわかったよ」と夫は答える。

それでもすぐに承諾の返事を送ろうとはしない。ヤンソンスはいっときの興奮に身を任せるつもりはないし、きちんとした形で堂々と話を進めたいと思っている――それは焦って自分を安売りしないためだった。むこうはマゼールの後任をすぐにでも見つけたい。しかし世界の指揮者の市場では、かわりの選択肢は減っていく一方だ。ヤンソンスはバイエルン放送交響楽団に何週間も気を持たせ、やきもきさせる。二〇〇一年一月の初め、楽団役員のアンドレアス・マルシクの電話がようやく鳴った。行くと決めました、契約手続きを始めてください、というのがヤンソンスの返事だった。

その後の数か月、契約にむけて懸命の努力が重ねられる。遅れたのにはヤンソンス側だけでなく、バイエルン放送協会の事情もあった。まず楽団の内部で片付けねばならない問題がいくつかあった。二〇〇二年の夏まではロリン・マゼールがこのオケのシェフである。彼と楽団との関係は、音楽以外の点に関してももはや折り合いがつかず、深い溝ができてしまっていた。プレイヤーたちは、マゼールのむらっ気にはもう付き合えないと思っている。ツアーの最中でさえ、激しい言い争いが起こった。オーケストラから口答えされようとは夢にも思っていなかったマゼールは、侮辱されたと感じた。

彼自身が作曲したものについても、以前ならユーモアや軽い皮肉まじりの反応だったのが、いまでは辛辣で嫌味たっぷりなコメントが容赦なく降り注ぐようになっている。さらに楽団員たちの反発を買ったのは、マゼールの仕事に対する姿勢だった。ずいぶんローカルな場所にまでやたらとツアーに出かけるのは、彼個人が目もくらむほどの金額をふところに入れるためだと次第に明らかになってきた。その最たる例が一九九六年一月の中国ツアーだ。バイエルン放送交響楽団は、つい数日前にウィーンのニューイヤー・コンサートでマゼール自身が振ったのとほぼ同じ演目を演奏させられた。つまり彼らは、ニューイヤー・コンサートのＣＤの宣伝に使われたのだ。ミュンヘンのオケにしてみれば、いい面の皮だった。

それだけではない。私腹を肥やしている連中がいるらしいという話がますますひんぱんに聞こえてくるようになった。マゼールと当時のオーケストラ・マネージャー、クルト・マイスターがお手盛りで勝手に契約条件を良くし、不正に多額の報酬を受け取っているようだという噂があちこちで流れていた。公的資金で運営されているバイエルン放送協会にとっては都合の良いことに、この疑惑の数年間に関する詳細は、今日に至るまでほとんど明るみに出ていない。

これだけのことがあっても、スキャンダルはおおやけにならない。マゼールの退任もヤンソンスへの政権移行も、メディアはすべてを音楽上の観点からしか論じない。文化行政のあるべき姿に照らして見れば、すべての監督官庁の怠慢ぶりがここに露呈している――同時にこれは、当時のバイエルン放送協会の首脳陣にとってはじつに幸運な状況だった。彼らにとって目標はただひとつ、とにかくマゼールに出て行ってもらうことだ。その後バイエルン放送協会の内部では、ムーティとの話がだめになってよかった、という声も聞かれた。ムーティとこれまでの経営担当者では、コンサートのマネジメントに関わる問題が未解決のまま進んでいくのではないかと懸念する人々もいたのだ。大改革を求めたつもりが、腰砕けに終わるのはよくあることだった。

しかしながら、マリス・ヤンソンスとの新しい出発に必要な、本人のサインがまだもらえていなかった。二〇〇二年の夏に入っても契約はできていない――サンクトペテルブルクの自宅にバイエルン放送協会の責任者たちが訪れたときには、握手を交わし、前向きな印象だったというのに。その間にオーケストラ・マネージャーのクルト・マイスターは、病気を理由に休職していた。バイエルン放送協会はこのポストにも新しい人物を迎えると決め、マイスターとの契約を更新しない旨を明らかにする。マゼールはもはや意欲を失い、いくつかのコンサートをキャンセルしてしまう。*

さらに困ったことに、バイエルン放送交響楽団にとって手ごわい競争相手がヤンソンス獲得に名乗りを挙げる。アムステルダムのコンセルトヘボウ管弦楽団は、どうしてもヤンソンスが欲しかったのだ。このとき、ヤンソンスが静養先としてよく訪れていたスイスのロカルノで、再度話し合いがもたれた。新聞各紙は、これを世界史上の出来事になぞらえて「ロカルノ条約締結はまだか？」と書き立てる。そしてついに待望のニュースが流れる。契約書への署名は二〇〇二年八月二十六日と決まった。ヤンソンスは徹底して自分に忠実だっただけだ。オケのメンバーたちはバート・キッシンゲンでの「お見合い」で、彼が音楽家としてどれほど細部にこだわり、妥協しないかを経験している。そんなヤンソンスが同じ几帳面さで契約交渉にのぞめばどうなるか、放送局の責任者たちは思い知らされたわけである。バイエルン放送協会会長のトーマス・グルーバーと放送部長ヨハネス・グロッキーは、ザルツブルクまで出かけざるをえない。夏のザルツブルク祝祭の一環として、ヤンソンスはアッターゼー・インスティトゥート管弦楽団**と練習を行っていたのだ。これも、メディアからはあまり歓迎されない。ちなみに『ミュンヒナー・メルクーア』紙によればこの年の八月二十八日、ズービン・メータがようやくバイエルン歌劇場音楽総監督として契約の延長に合意したが、やはり署名をした場所は故郷ムンバイでも、自宅のあるロサンジェルスでもなかったという。

ヤンソンスとの契約の詳細が明らかになると、不信の声が上がった。契約期間がさしあたり三年と限られていたためだ。ということは、この指揮者は中継ぎなのか？　短くも美しい関係のあとはアムステルダムへ移るつもりか？　当時のインタビューでヤンソンスは穏やかに説明している。最近では

＊　K・マイスターはその後カタールで楽団創設に関わり、創立記念コンサートの指揮はやはりマゼールがつとめた。二〇一三年、ハンナ・チャンがカタール・フィルの音楽監督に就任するも、わずか一年で辞任。マイスターはいまだに同オケの経営責任者に居座っている。

＊＊　世界から集まった学生をウィーン・フィルのメンバーが指導する、夏季講習会のオーケストラ。

こうした短期の契約はけっして珍しくなく、またそれまでの成果を途中でいったん総括するためにも、区切りが必要なのだ、と。

「三年後にまたよそへ移るつもりなどありません。愚かで、意味のない行為です。契約はきっと延長するつもりです。それでも、まずあり得ないこととは思いますが、オーケストラとぼくとの協働関係がうまくいかないかもしれません。その場合に別れられる可能性を残しておく必要があるのです」

仕事の環境という観点からみれば、ヤンソンスにとって新しいポストはこれまでと大きく異なっていた。いままで彼が首席指揮者をつとめてきたオーケストラは、いずれも広い意味で独立した企業あるいは団体であり、特に演目選びや芸術面でのプランニング、人事などについてみずからが決定権を持っていた。バイエルン放送協会の場合、配下の三つの演奏団体は——バイエルン放送交響楽団、ミュンヘン放送管弦楽団、そしてバイエルン放送合唱団——純粋に法律上の観点からみれば、ひとつの部局である。ＡＲＤ（ドイツ公共放送連盟）系列では最大の放送局のひとつ、バイエルン放送協会におけるコスト・センター（直接には利益を生まない部門）の集合体なのだ。権利においても存在意義においても、バイエルン放送協会に所属するジャーナリストや事務職員と同等であり、会長や局の首脳部、経営委員会の決定権に従わねばならない——名声や国際的な影響力の点では、放送交響楽団のほうがはるかに重要であるにもかかわらず。

ミュンヘンでは決定のプロセスがとにかく煩雑で、ときには牛歩のように時間がかかることをヤンソンスはやがて身をもって知るだろう。これからはA地点からB地点へかならずしも最短経路で行けるとは限らず、さまざまな方面に気を配る必要がある。放送オーケストラのシェフを務めるとはどういうことか、ＢＢＣウェールズ・ナショナル管弦楽団の首席客演指揮者時代にヤンソンスは十分に学んでいる。

「放送局というものがどれほど官僚主義に毒されているか、ぼくは骨身にしみて知っています。まあＢＢＣの官僚主義といったって、バイエルン放送のそれにくらべたら、ないも同然ですがね」

コンセルトヘボウでの刀礼

最短距離はおよそ六〇〇キロ。車でたっぷり八時間、列車でも同じくらいかかる――あるいは飛行機なら一時間だ。いずれにしろ十分離れていて、問題ないと思われていた。二つの町の、それぞれ自己完結した文化圏の中で起こる出来事には、たしかになんの関係もない。アムステルダムであれミュンヘンであれ、足しげくコンサートに通う音楽ファンにとっては、自分たちの目の前にいるオーケストラのシェフが他の町で同じ仕事をしていようと、結局たいした影響はない。それどころか、国際的に名の売れた指揮者を擁しているのを誇らしくさえ思うだろう。だが、ますます複雑な利害が絡みあう音楽マーケットの現状からみると、この状況はどう評価されるだろうか？　ふつう、同じ大陸で二つの楽団のシェフを兼務することはない。まして、これほどのステータスのある指揮者ならばなおさらだ。マリス・ヤンソンスはしばらくの間に自分のキャリアが大きく発展したことについて、外部に向かっては問題ないと説明するだろう。しかし、バイエルン放送交響楽団とコンセルトヘボウ管弦楽団のシェフの兼務について、これだけひんぱんに質問されるという事実だけを見ても、各方面から懸念が寄せられているのは明らかだ――そして、二つのオケを同時にみることをどう正当化するのか、という圧力も強かった。

アムステルダムの人々は当初、この状況を好ましくないものと感じ、批判もした。じつは、彼らは早くからヤンソンスをシェフに迎える計画を練っていた。だが、どうやら自分たちのオファーに十分すぎるほどの自信があったらしく、予備段階の話し合いでそれほど押しの強いアピールをしなかった。バイエルン側もヤンソンスに関心を示しているとオランダ国内に知れ渡ってはじめて、ようやく厳しい現実に目が覚めたのだ。コンセルトヘボウ管との交渉に、バイエルン放送響がいわば横から割り込んで来たことは、後にヤンソンス自身ミュンヘンで認めている通りだ。

最初から手の内を見せていたのがヤンソンスに幸いした。ミュンヘンの責任者たちは彼がアムステルダムと交渉中だと承知していた。また彼がバイエルン放送交響楽団のシェフになると決まっていることは、オランダ側にもはっきりわかっている。

「同じように父から愛されている、ふたりの兄弟のようなものです」

そんな言い方を彼はよく使った。当時のあるインタビューで、もし兄弟の片方がもう一方にやきもちを焼いたらどうするのですか、と問われて、ヤンソンスはこう答えている。

「たとえばの話ですが、ぼくが本当はアムステルダムへ行きたがっているとバイエルン側が知ったなら、そういうこともあるでしょう。しかしぼくは公平でありたいし、全力を尽くします。その原則をぼくが守り続ける限り、兄弟が悲しい思いをすることはありません。ぼくは自分の性分をよく知っています。家族のためにはすべてを捧げる人間です」

ずっと後になってヤンソンスは、このように二つのオーケストラを兼務することについて長い時間考え、ためらいもあったと認めている。

「むろん二つの楽団は競争関係にあるわけです。でも、ツアーの間隔を十分にあけ、さらに巡業先では違うホールを使うように、常に気をつけていました」

チェロ奏者のヨハン・ファン・イェルセルをはじめとして、アムステルダムの楽員たちが経験したように、ヤンソンスは「コンセルトヘボウ管に一一〇パーセント、そしてミュンヘンに一一〇パーセントの力を注いだ」。両者の間に、真の意味での競争関係は存在しなかった――「どちらのオケも、彼が来てくれたことを誇りに思っていたからです」

じつは、ヤンソンスを欲しがっていたオーケストラがさらにもうひとつあった。ロンドン交響楽団は、彼に音楽監督のポストをオファーしていた。二つの組み合わせが契約の可能性としてあった。ミュンヘンとアムステルダム、あるいはミュンヘンとロンドンであり、バイエルン放送響に行くのは、ほぼ決まりだった。じつは、これと似たような状況に身を置いた人物が以前にもいた。ヤンソンスが尊敬する先輩指揮者、ベルナルト・ハイティンクである。ハイティンクは三十年近くコンセルトヘボウ管の首席指揮者の任にあり、それと並行してロンドン・フィルハーモニー管弦楽団の首席指揮者を十年あまり務めた。当時ヤンソンスのマネージャーだったスティーヴン・ライトは、二つのポストを兼ねることには懐疑的だった。やがてライトはミュンヘンとロンドンの組み合わせに傾く。彼の考えでは、こちらのほうがオーケストラの組織構造の違いが大きく、またアンサンブルとしての性格も対照的だったためだ。

ヤンソンスはアムステルダムを選んだ。ミュンヘンのオーケストラとは、特にあの「お見合い」のリハーサルで経験したように、互いの放射するエネルギーに感応しあって音楽を作りあげてゆく醍醐味がある。では、アムステルダムは？　こちらは世界有数の伝統を誇るオーケストラであるだけでなく、やはり世界最高のホールのひとつであるコンセルトヘボウ*が本拠地であるという点で恵まれている。これほどの楽団から誘われて、すげなく断るなんてできるものか、とヤンソンスはひそかに思っている。オーケストラの代表者たちに事務局はもちろん、コンセルトヘボウ管弦楽団のメンバーたちの多くが、ヤンソンスを説得するために押しかけた。

「オーケストラの半分ぐらいが来ていたかな」

ヤンソンスはこう回想する。

「指揮者用の楽屋がぎゅうぎゅう詰めでしたよ」

彼はこの申し出を名誉と感じていた。たとえこの時点でベルリン・フィルからオファーが来たとしても、やはり彼はアムステルダムの話を優先しただろう。さらに彼らの間には、かなりの時間をともに過ごした過去がある。マリス・ヤンソンスが初めてコンセルトヘボウ管を指揮したのは一九八八年のことであり、曲目はウラディーミル・フェルツマンとの共演でラフマニノフのピアノ協奏曲第三番、そしてショスタコーヴィチの交響曲第五番だった。その後は短い間隔でくり返し客演に招かれ、一九八九年はシベリウスの交響曲第二番ほか、一九九〇年はベルリオーズの『幻想』、一九九一年はラヴェルの『ラ・ヴァルス』やドビュッシーの『海』など、一九九三年はワーグナーのオペラ場面集とい

＊　一八八八年落成のホール。オランダ語で「コンサートホール」の意。

ったぐあいに、ずっと関係が続いていた。九〇年代の終わりごろには、ヤンソンスの表看板というべき楽曲の中でも、R・シュトラウスやチャイコフスキーといった、もっとも得意なレパートリーをすでにひと通り演奏している。

ハープ奏者のペトラ・ファン・デル・ハイデは、ヤンソンスが組んだ最初のプログラムのひとつ、バルトークの『管弦楽のための協奏曲』での体験をこう回想する。

「絶対に忘れるもんですか。最初はなにこれ?って感じで、とにかく戸惑いました。でも、やがて思ったんです。リハーサルってものは、こうでなきゃ。指揮ってものは、こうでなきゃ。そして、そもそも作品を音にするって行為は、こうでなきゃ、って。」

ヤンソンスは二〇〇〇年にアムステルダムでの「刀礼」(騎士への叙任式)を済ませている。つまり、マーラーの作品と世界でもっとも深くかかわって来た楽団のひとつであるこのオーケストラから、信頼の証として交響曲第七番を任されたのだ——マーラー自身がオランダ初演のため、一九〇九年にコンセルトヘボウ管弦楽団を指揮しに来たという、いわくつきの作品だ。ミュンヘンとは違って、お見合いのためのコンサートは必要ない。マリス・ヤンソンスとコンセルトヘボウ管弦楽団は、互いに気心の知れた間柄だった。

いっぽうオーケストラのほうも、新しいスタートを望んでいた。一九八八年に首席指揮者に就任して以降、リッカルド・シャイーは常に前任者のベルナルト・ハイティンクと比べられ、彼が築いた一九六一年から一九八八年までの栄光の時代と何かにつけて比較されるつらさをひそかに感じていた。それにシャイーは着任時にまだ三十五歳で、伝統あるオーケストラは、ミラノ出身のこの若い指揮者とまず共通項を見つけるのに苦労しなければならなかった。しばらくは円満な協調関係が続くものの、やがて両者の間にはすきま風が吹き始める。おそらくそれは、シャイーがこのポストの責任を重く考えすぎて、シーズン当たり十六週、あるいは十八週、ときには二十週もこの楽団と過ごしたのが原因だろう。このクラスのオーケストラでは、シェフが手兵をそれほど高い頻度で指揮するのは異例であり、楽団員たちは芸術上の視野を狭められたように感じていた。そのため一部には、すみやかにシェフの交代を望む動きもあった。あるとき契約の延長を前に、楽団側は首席指揮者にコンサートの担当回数を大幅に減らすよう強く求める。シーズン当たり八週間ではどうか、という提案だった。シャイーはこれを明確な意思表示と受け取り、両者の間には溝ができてしまう。最後の数シーズンは、ときに殺伐とした雰囲気のままに終わった――ロリン・マゼールのもとでのバイエルン放送交響楽団と同じ状況である。

マリス・ヤンソンスにはまたしても「救いの神」の役割が求められた。つまり感情のしこりを取り除き、よどんだ雰囲気を一新し、新たなモチベーションを与えるよう期待されたのだ。じつは、コンセルトヘボウ管弦楽団の経営陣には別の選択肢もあった。クリスティアン・ティーレマンである。ティーレマンはちょうどこのとき、ベルリン市当局と予算の削減をめぐって衝突し、ベルリン・ドイツ・オペラの総監督を辞任する直前だった――そして、ミュンヘン・フィルハーモニー管弦楽団のシェフに転出する話は、まだ本決まりではないとみられていた。しかしコンセルトヘボウ管のプレイヤーたちは、ためらわずにヤンソンスを選ぶ。ティーレマンのレパートリーが狭すぎるのも、その一因だった。マネージング・ディレクターのヤン・ウィレム・ロートは彼らにこう約束する。

「君らがどうしてもマリスに来てほしいなら、連れて来てみせよう」

アムステルダムに着任する時点でヤンソンスは六十一歳になっている――リッカルド・シャイーが就任した時にくらべれば、二十歳あまり年上だ。コンセルトヘボウ管弦楽団は老練なオーケストラ・ビルダーと向き合うことになる。それ以外にも大きな違いがある。

「シャイーはどちらかというとテクニック重視で、理性的で、スコアをよく研究していましたから、どんな小さなディテールでも聴きとれることを要求しました」

チェロのヨハン・ファン・イェルセルはそう語る。

「ヤンソンスはむしろ、音の建築家タイプです。オーケストラといっしょに建物を造っていくんです。それに加えて、リズムのタイミングや音色についての感覚が並外れて鋭い。目の前のオーケストラを最高に鳴らすにはどうすればいいか、簡単にわかるんです。かつてのハイティンク時代ほど不思議な感じじゃありません。ハイティンクという人は、いったいどうやってああいう音を作り出していたのか、本当に謎でしたから。ヤンソンスは正しいコツを知っているんです。たとえば、どうやればバランスがとれるか。音程の問題も、ほとんどは音のバランスを調整して解決しています。そういった方面に関しては、おそろしく実際的な知恵を持っている人です」

コンセルトヘボウ管のメンバーは、ヤンソンスがその伝統のサウンドをどれほどいつくしみ、大切に思っているかをすぐに感じ取った。よその大多数のアンサンブルとは違って、このオーケストラは他とは絶対に聞き間違えようのない特質を守り続けている。柔らかく暖かく、しなやかで弾力に富むサウンドは、攻撃性や圧倒的な力感、畏怖の念を呼び起こすような巨大さとはまったく無縁のものだ。

まさに気品と繊細さそのものであり、それはプレイヤーたちがみずから意識して、細心の注意を払いつつ微調整を続けてきた賜物であり、またホールの音響特性との相互作用にもよるものだ。荒々しく、鋭く、あまりにもボリュームの大きな響きを、コンセルトヘボウは耐えがたいものとして拒絶する。このオーケストラ独自の存在価値も、何世代にもわたって受け継がれてきた経験も、このホールから生まれたものだ。演奏会場とオーケストラの相互関係がこれほど顕著な例としては、ほかにウィーン・フィルハーモニー管弦楽団と楽友協会の組み合わせしかない。ウィーンに留学して立見席に通い始めたころから、ヤンソンスはそれを実際に体験している――どんな指揮者が来ようとも、ウィーン・フィルから出てくるのは彼らが受け継いだ伝統の響きであることに変わりはなかった。

オスロやピッツバーグとは違い、アムステルダムでのヤンソンスは自分の役割をオーケストラの成長の手助けや教育、トレーニングなどではなく、伝統を守っていくことだと意識し始める。彼にとってはまったく新しい課題であり、そのためには謙虚さが必要だった。オーケストラとの仕事の進め方もこれまでとは違う――ひょっとすると、ほかに比べて負担は軽かったかもしれない。というのも、ここでは厳格な教師は必要なかったからだ。

「どちらのオーケストラも、どこか変える必要なんてありませんでした。アムステルダムでも、ミュンヘンでもね。どちらも豊かな個性があって、ぼくはそれをとにかく楽しんでいればよかったのです」

「彼は客演で来ていた時から、コンサート直前の最後の練習の締めくくりには、いつもひとこと、こんなようなことを言っていました。『あなたがたアムステルダムのみなさんは、ほかにはない宝物を持っている——この響きをどうか守り続けてください』——するとオケのみんなは、かならず拍手でこたえたものです」

打楽器奏者のヘルマン・リーケンはそう回想する。ツアー先でのリハーサルでも、ヤンソンスの指示は同じ認識に基づくものだった。チェロのヨハン・ファン・イエルセルによれば、

「あまり音の良くないホールでは、いつも『あのコンセルトヘボウの響きを、ここで聞かせてください』とわれわれを鼓舞していました」

そしてまもなく、演目が重なるようになる。ヤンソンスがアムステルダムで指揮したばかりの曲が——多くの場合、あまり間を置かずに——ミュンヘンでもプログラムにのるようになった。ヤンソンスにとっては、これで仕事量が軽減される。有名過ぎるほど有名な作品でさえ改めてスコアを熱心に研究し、そこから得た知見をプレイヤーたちに対して、ときには「もう勘弁してくれ」という顔をされるまで、熱っぽく語る。そんなヤンソンスにとっては、文字通りの一石二鳥だ。大がかりなプロジェクトの場合は特にメリットがある。アムステルダムの舞台で上演したオペラを——できれば同じ歌手陣で——ミュンヘンでは演奏会形式でやることができる。

とはいえ、こうしたレパートリーの重複の大部分は、ある程度自然発生的なものだった。伝統のサウンドはまったく違っていても、コンセルトヘボウ管弦楽団とバイエルン放送交響楽団の国際的な位置づけは、きわめて近いところにある。どちらのオーケストラにおいてもレパートリーの柱となっているのは、ウィーン古典派からロマン派をへて、穏やかな現代曲に至る、いわゆるスタンダードな作品群だ。そもそもこのころからクラシック音楽のマーケットでは、分業化と、それにともなって専門

分野を限定する動きが起こっている。くりかえし演奏される名曲の場合、規範とされる「型」とはひと味違う、野心的な面白味のある表現は——ときにはそれが形だけのものであったとしても——ますます少なくなっていく。それと同時に、現代音楽や古典派以前の音楽といった周辺領域の作品は、それを専門とするアンサンブルに任されるようになった。

マリス・ヤンソンス本人は、これをかならずしも悪いとは考えていない。野心的な試みは、ときとして聴衆から受け入れられるのに時間がかかる。あるいは、理解を助けるために補助的な手段が必要になる。それはほかならぬヤンソンス自身が経験したことだ。また、のちに彼はオーケストラ・ビルダーという立場から、こうも語っている。

「アムステルダムにせよミュンヘンにせよ、どちらのオーケストラにもスタンダードなレパートリーは絶対に欠かせません。ブルックナーの五番は、どちらのオケもやらないわけにはいかないのです。どちらのオケでも、音をさらに磨き上げ、演奏の水準を維持するために必要なものは、すべて演目に入れなければいけません。偉大な名曲と呼ばれる作品群こそ、まさにそれなのです。さらにもうひとつの理由として、アムステルダムでもミュンヘンでも、ぼくはオーケストラが演奏という形で示してくれたものをそのつど受け止め、それを自分の中のイメージとつき合わせることで、新しい演奏を作ってゆきます。だからこそ、同じレパートリーを繰り返すのです——結果はまったく別のものになりますが」

ミュンヘンのコンサートに変化を

バイエルン放送交響楽団の首席指揮者に就任したヤンソンスは――ピッツバーグのときと同様に――高度な技量を備えたオーケストラと向き合うことになった。ロリン・マゼールは、ここミュンヘンでも楽団の演奏水準を大幅に高めていた。一九九三年から二〇〇二年までの任期で、彼はこのオーケストラをいろいろな意味で世界のトップクラスに押しあげている――ただし、それはかならずしも綿密な練習によるものではなく、むしろその逆だった。マゼールは準備段階ですぐにやる気をなくすことがあった。ほぼ完璧なバトン・テクニックによって作品を自由自在に料理でき、本番にまったく不安がなかったからだ。

「大した技量の持ち主でしたが、そこが彼の一番大きなハンディキャップでもありました」

当時、楽団の役員会メンバーだったペーター・プリスリンはそう話している。その一例として、マゼールの任期が終わる間際に、わずか数日間でマーラーの交響曲全曲のリハーサルと本番をこなしたことがあった。これは、ミュージシャンたちが足りない練習量を自発的に補うのを前提としており、あまりに過大な要求である。マゼールはこれによってオーケストラを鍛え直そうとした。しかし、鉄は冷たいままだった。

このようにヤンソンスの目の前のオーケストラは、心が萎えてしまっていた。人間味にあふれ、自分のエゴのためではなく作品のために力を尽くす、そんなタイプのシェフは楽団にとって初めてではなかったかもしれないが、少なくとも前任者とはまったく違う体験だった。

「ヤンソンスが来て、抑えつけられていたものの封印が解けたんです」

ヴァイオリンのフランツ・ショイアラーはそう表現する。

「彼はわれわれオーケストラの中から魂の躍動を引き出しました。失くしていたわけではないにせよ、マゼールのもとではいつのまにか押し殺してしまっていたものです。その後マゼールは自分の経歴を語るときに、バイエルン放送響のシェフだった事実に一切触れなくなりました。こっちは楽団の歴史にも、マゼール時代のことはちゃんと書いてあるというのに」

多くのプレイヤーはヤンソンスと接する中で、クーベリックのことを思い出していた。チェコの名指揮者ラファエル・クーベリックは、一九六一年から一九七九年までバイエルン放送交響楽団の首席指揮者をつとめ、その後も一九八五年まで客演指揮者としてこの楽団と関係が深かった。並外れたレパートリーの広さ。暖かく、しっかりした厚みと柔軟性を持ちながら、けっして威圧感を与えない音作り。最高の意味での職人としての誇り。こうしたクーベリックの持ち味すべてが、バイエルン放送交響楽団に刻み込まれている。そしてヤンソンスと同じように、クーベリックも文化政策の担当者にとっては手ごわい相手だった。バイエルン州議会は一九七二年に新しい放送法を可決しようとしたが、これが通れば州政府が放送事業に対してさらに大きな影響力を行使しかねなかった。クーベリックはこれを激しく批判し、みずからの職を賭して抵抗する。その結果、法案の内容はより穏当なものに改められた。

それでもやはり、バイエルン放送響がヤンソンスを迎えたのは大胆な一手だった。世界有数の音楽都市として格式を重んじるミュンヘンは、有名なスターを集めるのが大好きで、町の名声をカネで買うこともいとわない。コンサート客の多くにとって、ラトビア生まれのヤンソンスという指揮者は初耳だ。それに対して、この町が誇るもう一つのオーケストラ、ミュンヘン・フィルハーモニー管弦楽団のトップには、ジェームズ・レヴァインがいる。二〇〇四年にはその後任として、クリスティアン・ティーレマンがやってくる。またバイエルン州立歌劇場では、ズービン・メータが総監督のポジションを守り続けている。ヤンソンスがコンセルトヘボウ管弦楽団という別のオーケストラとも契約したことは、多くの人々の機嫌を損ねた。ミュンヘンの独占権が侵害されたように見るむきもあったのだ。

しかし、いかにバイエルン放送交響楽団が一般的にはコンセルトヘボウ管やベルリン・フィル、ウィーン・フィルと同じランクに格付けされていても、やはり問題はある。能力に関しては非の打ちどころがないが、さらに国際的な知名度をあげ、ブランドを確立するのが喫緊の課題だった。その対策としてヤンソンスはいくつかの提案をする。まず、ツアー先をこれまで繰り返し訪れてきたアジアとアメリカから、ヨーロッパの大都市に拡大する。さらにミュンヘンでの演奏会の数を増やし、青少年への教育活動を大幅に充実させ、そしてピッツバーグでその重要性を教わったとおり、新たなスポンサーの獲得を目指す。

「腕組みしたまま、『われわれは天下のバイエルン放送だ』なんてふんぞり返ってもダメなんです」

ヤンソンスはそれを各部門の責任者たちに徹底させた。

コンサートの内容についても工夫の余地がある。ミュンヘンの聴衆が革新的なもの、とくに現代作品に対してはあまり寛容でないことをヤンソンスは知っている。はじめに提案したのはロンドン交響曲をはじめとするハイドン・ツィクルスで、次におだやかな現代もの、そしてオペラだが、さしあたっては演奏会形式で、やがては舞台での上演も考えていた。

「どのプログラムにも、自分なりのスパイスをひとつまみ加えておきました」

当時のプランについて彼はそう述べている。

二〇〇三年一〇月三日に迎えた就任記念コンサートの演目は、来たるべき未来を予感させるものだった。ベルリオーズの『幻想』に先立って、ブリテンの『青少年のための管弦楽入門』とストラヴィンスキーの『詩篇交響曲』が演奏されている。就任したシーズンの初日は客演指揮者に譲ったが、それは意図せざるジョークのような結果をもたらした。マゼールの後を継ぐはずだったリッカルド・ムーティが、オルフの『カルミナ・ブラーナ』を指揮したからだ。*

すでに述べたように、ヤンソンスは慎重に演目を拡大していこうと考えた。それは、彼の好みがショスタコーヴィチや北欧の作曲家だったことによるものだ。演目の多様性という点では、バイエルン

＊　第一曲の冒頭は、「おお運命の女神よ」と人の世のはかなさを嘆く合唱で始まる。

放送響は同じミュンヘン市内の競争相手に水をあけられている。ミュンヘン・フィルハーモニー管弦楽団は、シュニトケやノーノの作品さえ定期演奏会で——稀ではあるが——取り上げている。さらにジェームズ・レヴァインは、シェーンベルクのオペラ『モーセとアロン』を演奏会形式で上演するというリスクの大きな企画に挑んでいる。これに対してバイエルン放送では、現代音楽が他のジャンルと切り離され、一九四五年に地元の作曲家カール・アマデウス・ハルトマン*が創始したコンサート・シリーズ「ムジカ・ヴィーヴァ」に集約されており、この枠の中で新作の初演も定期的に行われている。勇気ある試みとしてたいへん評価も高かったが、現在は関心のある一部の層のための行事となっている——そして多くの場合、バイエルン放送交響楽団の首席指揮者はこれらの演奏にかかわらない。

すべてのコンサート客が自分を無条件に信頼してくれているのではないことを、その後ヤンソンスは実感する。たとえば、市内ガスタイクのフィルハーモニー・ホールで行なった演奏会でのことだ。定期演奏会むけの名曲のあと、この日は締めくくりにフランシス・プーランクの『グローリア』をやる予定だった——さほど長くもない二十五分ほどの作品で、ショッキングな要素など何もなく、むしろ胸が躍るような、自由な形の神への賛美だ——しかし知らない作曲家の名前を見て、何人かの客は席を立って帰ってしまったのだ。

最初のシーズンにヤンソンスがミュンヘンで振った演奏会は十五回ある。さほど多くは見えないかもしれないが、このオーケストラは同じプログラムを二回しか演奏しないので、かなり幅広い曲目が集められている。そのほかにスペインとポルトガルへのツアー、さらにロンドン、ブリュッセル、ルツェルン、チューリヒといった都市で音楽祭などに出演する。またＥＭＩでヤンソンスが録音中のシヨスタコーヴィチ交響曲全集に、バイエルン放送交響楽団も参加を認められた。この大掛かりな企画は、バイエルン放送響にとってCDの市場に復帰するきっかけとなる。シーズンの最後にヤンソンスは、ミュンヘン市内オデオン広場で伝統の野外コンサートを指揮するが、これは彼にとってあまり気乗りのしない仕事だった。やがてこの行事は客演指揮者に任せることが多くなるだろう。

最初のシーズンのすべてが、完全に納得のゆく出来栄えだったわけではない。ショスタコーヴィチの交響曲第六番の演奏などは絶賛されたが、やや小さめのプリンツレゲンテン劇場で演奏されたモーツァルトの『レクイエム』では、純粋な音楽としての流れを重視したために、人智を超えた絶対的なものや、歌詞の内容についての省察はあまり響いてこなかった。こうした例外は、指揮者とオーケストラが協力し合ってさらに成長してゆく余地があることを示している。

二〇〇四年の夏も終わるころ、ヤンソンスと彼のオーケストラとのハネムーン期間は唐突に終わりを迎える。問題は雇用者側にあった。経費削減を掲げるバイエルン放送協会は、ミュンヘン放送管弦楽団を解散する計画を打ち出したのだ。このオーケストラは局側にとってはバイエルン放送交響楽団、同放送合唱団につぐ第三の団体であり、一九五二年の設立以来、二管編成の中規模のオーケストラとして、サンデーコンサートのような親しみやすいプログラムを任されてきた。二〇〇四年九月二十九日にバイエルン放送協会会長トーマス・グルーバーがこのプランを発表すると、ドイツ全国の文化関係者を巻き込んだ反対運動が起こる。グルーバーをはじめとするバイエルン放送協会の最高幹部たち

＊（一九〇五―六三）ナチ政権下で国内亡命を強いられ、劇的ながら苦渋に満ちた交響曲の数々を残す。戦後は現代音楽の振興に尽力。

は、こうした反応を予想すらしていなかった。この楽団が地元の市民と深い結びつきを持っていて、彼らのコンサートに根強い人気があり、そうした活動は必要不可欠なのを見落としていたのだ。*

一九九八年からミュンヘン放送管のシェフの座にあったスイス生まれの指揮者、マルチェロ・ヴィオッティはこれに反発しただけでなく、バイエルン放送交響楽団とその首席指揮者ヤンソンスをも間接的に批判した。ヴィオッティの言い分によれば、バイエルン放送響はいわば「一軍」として優遇され、楽員の給与も高い。そのくせ公共放送として市民の教養を豊かにするための活動からは逃げてしまっている。まさにそうした活動を担っているのがミュンヘン放送管弦楽団ではないか、というのだ。

「われわれの仕事ぶりは、バイエルン放送交響楽団のそれに比べれば、まるでゼロのように扱われているとしか思えない」とヴィオッティは新聞に怒りをぶちまけた。

「放送交響楽団のほうでは、財務状況や、こなさなければならないプログラムや、仕事上の負担の多さが問題になったことなど、ただの一度もないでしょう」

さらにヴィオッティはこう続けた。

「わたしの楽団員たちが職を失うという事態を避けるため、解決策に期待しています。両方のオーケストラがこれからも長期的に共存してゆけるような経営モデルを提示していただきたい」

ヤンソンスと彼のオーケストラにとっては、困った事態になった。対外的には沈黙を貫く。だが内輪では、誰もが声を潜めて楽団の評判を心配していた。ミュンヘン放送管の人たちが、放送局本来の使命として立派な仕事をしているのはわかっている。でも、あそこの演奏の水準はここよりずっと低いじゃないか、という反論もあった。そうした違いは明らかなのに、どんな形であれ二つのオーケストラを統合したり、あるいはむこうで整理されたメンバーをこっちで引き受けたりすれば、いったいどうやって今のわれわれの技術水準を維持していけるだろうか？

つまりヤンソンスの楽団員たちは、質の低下を恐れていたのだ。だが、これは口が裂けてもおおやけの場では言ってはならず、予算削減に関する議論の中では「ぜいたくを言うな」と一喝されて終わりだということを、指揮者も楽団員も承知していた。そこで誰もが沈黙を守った。いつもなら文化政策についての発言をいとわないヤンソンスが、このときはいつもと違って、あくまでも自分は表に出ない戦術をとる。

相手も同じ組織に属していることが、状況をややこしくしていた。ラジオ放送部門のトップは、法的には両方のオーケストラを統括する立場だが、なんとしても予算の削減をやり遂げたいために、むしろその動きはバイエルン放送響にとって不利なものだった。この楽団のオーケストラ・マネージャーも、どうやら味方ではないようだ。ヤンソンスの健康状態は悪化し、まだ始まって間もないオーケストラとの関係は最初の危機を迎える。もともと友人たちはヤンソンスに「放送局なんてものを本気で相手にしちゃダメだ。ああいう組織に関わると、病気になっちまうぞ」と警告していた。そうでなくとも健康には気をつけてもらわなければなりません、もし今回の件で状態が悪化するようなことでもあれば、とてもわたしたちには責任が取れません、とオーケストラの役員会はヤンソンスに向かって懸命に説いた――そして、もしあなたがシェフの座を降りても、われわれはそれに理解を示すつも

＊　軽音楽や音楽教室のほかにコミック・オペラや同時代の宗教曲にも取り組んでおり、歴代のシェフもワルベルクやガルデッリ、シルマーといった実力派ばかりである。

りです、とまで言った。

「われわれオーケストラの幸せよりも、彼の健康上の幸せのほうを優先したわけです」

コントラバスのハインリヒ・ブラウンはそう回想する。

「いまにして思えば、あのときわたしたちは結び得るいちばん強い絆で結ばれたのです」

オーケストラ・マネージャーとの決別は避けられないように見えた。ミュージシャンたちもヤンソンスも、この人物が裏では統廃合を進めているのではないかと疑っている。そしてあるとき、ヤンソンスは選択を迫った。彼を取るか、わたしを取るか——バイエルン放送協会に選択の余地はなかった。しかし論争はここで、誰も予期しなかった急展開を迎える。怒りがおさまらないマルチェロ・ヴィオッティは、職を退くと宣言する。ただし二〇〇六年の末までは、ミュンヘン放送管弦楽団と予定された仕事は続ける、と付け加えた。ミュンヘン放送管弦楽団の解散が決定されて、わずか数週間後の二〇〇五年二月十六日、ヴィオッティは突然この世を去る。まだ五十歳の若さで、死因は脳卒中だった。

ミュンヘン放送管をめぐる議論は、さらにエスカレートする。バイエルン放送協会もヴィオッティの死に責任がある、と新聞各紙は書き立てた。世論が沸騰するのを見て、バイエルン放送協会は解散をいったん白紙に戻す。そして二〇〇五年四月二十七日、新たな決定が下された。ミュンヘン放送管弦楽団の存続を認める、ただし楽員の数を現在の七十二名から五十名に削減する、というものだ。ごく少数ながら、バイエルン放送交響楽団への転籍を認められた楽団員もいる。マリス・ヤンソンスと彼のオーケストラにとっては、懸念していたような状況はひとまず避けられた。当局の文化政策に対する最初の闘いを通じて、彼らの絆はさらに固いものとなった。やがてミュンヘンの新しいコンサートホールをめぐって、第二の闘いが始まるだろう——ヤンソンス率いるバイエルン放送交響楽団にとっては、ほぼ二十年にわたる長い闘いになる。

アムステルダムでの試行段階

舞台への道のりは恐怖の的だった。指揮者控室を出ると、舞台後方の客席の列とパイプオルガンの間をすり抜け、赤いじゅうたんが敷かれた二十段あまりの急な階段を下ってゆく。さらにオーケストラの中を突っ切って、ようやく指揮台へとたどり着く。演奏前の集中は途切れ、とにかくつまずいて転ばないことだけで頭の中がいっぱいになる。噂によればヘルベルト・フォン・カラヤンはある客演の際、アムステルダムのコンセルトヘボウを午後いっぱい立ち入り禁止にしたという。指揮台まで歩く練習をするためだった。マリス・ヤンソンスの場合、緊張はしていたものの何事も起こらなかった。コンセルトヘボウ管弦楽団の客演指揮者として、すでにたっぷり経験を積んでいたからだ。とはいえ二〇〇四年九月四日は、首席指揮者としてこの階段を下る初日だった。

就任記念コンサートはアルテュール・オネゲルの交響曲第三番『典礼風』で始まり、次に休憩をはさんでR・シュトラウスの『英雄の生涯』が演奏された。これは暗示に富んだ選曲であり、また今後の展望を示すものでもあった。この交響詩の初演は一八九九年、シュトラウス自身とフランクフルト・ムゼーウム管弦楽団*によって行われている。しかしそれ以前にシュトラウスはこの『英雄の生涯』をコンセルトヘボウ管弦楽団と、オランダ生まれの当時二十七歳の首席指揮者、ウィレム・メンゲルベルクに献呈している。この楽団に与えた影響の大きさにおいて、メンゲルベルクに比肩しうる指揮者はいない。ヤンソンスは就任記念演奏会でこの伝統に敬意を表すとともに、自分が一番得意とするレパートリーを披露したわけである。オスロ時代からすでに『英雄の生涯』は、ヤンソンスがもっとも頻繁に指揮した楽曲のひとつだ。アムステルダムでの彼の任期が終わりに近づくと、この曲のCDは同地のヒットチャートのトップに躍り出る。ヤンソンスはコンセルトヘボウ管弦楽団とこの作品を合計二十回演奏している。

アムステルダムの聴衆だけでなく、世界の批評筋もこの日の演奏を褒めちぎっている。声を揃えて各紙が絶賛した中、たとえばロンドンの『テレグラフ』紙によれば、ヤンソンスは「スリリングな演奏への期待をけっして裏切らない」。そして、

ヤンソンスがこれまでこの作品を指揮するのを何度聴いた経験があろうとも、そこには新しい、繊細な発見があり、細部の表現によって全体のサウンドがこの上なくフレッシュに保たれている。輝かしく情熱あふれる一連の演奏は、ヤンソンスが楽団から信頼されていることはもちろん、彼がみずからのビジョンと曲に対する理解をオーケストラに伝える能力の冴えを示すものである。英知と、洗練と、エネルギーを完璧に備えた指揮者を迎えて、世界最高のオーケストラのひとつであるこの楽団が新たな段階に

＊「ムゼーウム」は地元の芸術振興団体の名称。

入ったことを、この夜の演奏会は高らかに祝うものであった。

リヒャルト・シュトラウスが管弦楽法の粋をこらしたこの作品に続き、数週間にわたってヤンソンスとコンセルトヘボウ管のコンサートが行われてゆく。それらはいずれもこのコンビの将来性を示すだけでなく、さまざま意図がこめられていた。この比較的短い期間のうちにヤンソンスは、まず得意とするロシアものへの意欲をはっきり打ち出す。コンセルトヘボウ管としては、彼から新しいインスピレーションを注入してもらいたい分野だ。二つ目のコンサートではショスタコーヴィチの交響曲第五番、三つ目ではチャイコフスキーの第六番が披露される――とくに後者は、かつてヤンソンスがオスロでさんざん演奏し、その後ずっと封印していた作曲家でもある。

ネオ・クラシカル様式の夢のように美しいホールで絶賛を博した数々の演奏会は、両者が共に過ごす初めてのシーズンのひとつの側面である。これと並行して、ヤンソンスと楽団は飛行機や列車を乗り継ぎ、はるか遠くまで旅に出かけてゆく。ヘビー級のプログラムだった就任記念コンサートからまだ数週間しかたっていない二〇〇四年十一月、日本ツアーが始まる。新時代の幕開けを世界に知らしめなければならない、というわけだ。翌年二月にはスペインとポルトガル、さらにウィーンと――コンセルトヘボウ管にとってはもうおなじみの――ロンドンでの公演が控えている。そして次のシーズンが始まるまでに、オーケストラはさらに別の欧州ツアーを行う。各地の音楽祭がおもな出演先で、ザルツブルク、ヴィースバーデン、ルツェルン、ベルリンと回り、さらに足を延ばしてイギリス国内の各地を訪れた。行く先々の音響条件がかならずしもこのオーケストラの故郷アムステルダムのように理想的でなくとも、ヤンソンスにとっては逆に励みの種だ。コンセルトヘボウのあの響きをここでも聞かせてほしい、感じさせてほしいといういつもの殺し文句で、楽員たちを鼓舞するのだった。

オスロでは、スカンジナビア独特の議論に議論を重ねるやり方に慣れるまで、それなりの時間を要したヤンソンスだが、アムステルダムではそういったカルチャー・ショックをまったく経験しなかった。とはいっても、組織におけるピラミッド型のヒエラルヒーに慣れているヤンソンスにとって、新しく学ぶべきこともいくつかあった。たとえばコンセルトヘボウ管弦楽団の楽員代表者会は発言権が大きく、自分たちの仕事はただ首席指揮者に従うことではないという自負心を持っている。前任者のリッカルド・シャイーはそれで何度か痛い目に遭っている。あるツアーの途中、彼はマーラーの五番のあとでアンコールをやりたいと相談したが、楽団長の答えはこうだった。「どうか、それはご遠慮ください」それでアンコールは無しになった。さらに、空いたポジションに演奏者を補充する際のオーディションでは首席指揮者に拒否権がなく、新しい入団者はオーケストラの同意がなければ採用できない。アムステルダムでは、伝統は大いなる自負心と表裏一体なのだ。

しかし、原理原則をやたらと振りかざすような人間はいなかったから、ヤンソンスにとってはかえって仕事がやりやすく思われた。なにごとにも自然体で気取らないオランダ流が気に入ったのだ。この町の住民だれもがするように、オーケストラのメンバーの大半は自転車で通勤している。ヤンソンスがけげんそうな顔をしたのも、最初のうちだけだった。ある雨の日のこと、リハーサルのため舞台に集まったプレイヤーたちは、ひとり残らず濡れ鼠のようになっている。ヤンソンスのホテルはそう遠くないにもかかわらず、急な雨による渋滞で遅刻してしまった。たいした距離ではないのだから、クルマなど使わなければよかったのだ。ヤンソンスは苦笑いしながら謝罪した。

「きみらと同じように、自転車で来るべきだったね」

実際に彼が自転車で来たことは、その後一度もない。

コンサートのプランニングにおいても、コンセルトヘボウ管の首席指揮者は独裁者ではない。芸術企画部長がいて、また芸術委員会というのもあり、さまざまな提案をしてくる。むろんほかのオーケストラと同様に、どんな作品をとりあげるかは首席指揮者に優先権が認められている。ヤンソンスはその権利を行使したが、明らかな例外もある。たとえば、かつての首席指揮者で、ヤンソンスとも親しい間柄になったベルナルト・ハイティンクは、愛するブルックナーやマーラーの作品を存分に指揮させてもらえた。アムステルダムでのヤンソンスは、マーラーの演奏にかけては比類ない伝統をもつこのオーケストラのシェフとして、この作曲家の交響曲に特別な敬意を払っていた。彼は古いスコアに何度も繰り返し目を通し、研究を重ねた。この楽団が使っていた楽譜の一部は、マーラーの信頼が厚かったあのウィレム・メンゲルベルクが整備させたものだったからだ。

時がたつにつれ、ヤンソンスは自分の得意なレパートリーをアムステルダムでも少しずつ着実に取り上げてゆく。二〇〇六年一月には、ショスタコーヴィチの壮大な交響曲第七番『レニングラード』をはじめて指揮し、コンセルトヘボウ管弦楽団と聴衆を前にみずからの解釈を披露した。生々しい戦争の傷跡を残すこの作品は、矛盾をはらみつつ荒れ狂う長調のフィナーレも含めて、まさに至難の大曲といえるだろう。このあとケルン、ロンドン、ブリュッセル、さらには大西洋上のリゾート地であるテネリフェ島とグラン・カナリア島をへて、はるかシカゴとニューヨークに至る大がかりな海外ツアーでも、この作品は演奏された。いかに旅慣れたコンセルトヘボウ管といえども、これほど密度の濃い日程はそうあるものではなかった。

こうした数多い長期のツアーの中でも、ひときわ目立つ公演があった。二〇〇六年三月二十三日、このオーケストラが演奏の開始を待っている建物は、かつてヤンソンスが両親とともに毎日のように訪れたところであり、彼にとってこれほど大切な場所はなかったと言える。リーガの歌劇場でこの日演奏されたのは、ブラームスの交響曲第一番とR・シュトラウスの『ばらの騎士』組曲である。コンサートが早めに終わったのは、そのあとに特別記念晩餐会が控えていたからで、そこではお決まりのスピーチが延々と続く。コンセルトヘボウ管弦楽団とヤンソンスは、オランダのベアトリクス女王のバルト諸国歴訪に同行していたのだ。

意外なほど大胆な組み合わせのプログラムもときには見られた。先ほどの海外ツアーに先立つ二〇〇五年十二月、ハンス・ヴェルナー・ヘンツェの『夢の中のセバスティアン』の世界初演が行われた。コンセルトヘボウ管とそのほかの団体によって共同委嘱された十五分ほどのオーケストラ曲で、夭折したオーストリアの詩人、ゲオルク・トラークルの連作詩集にもとづいている。この作品と組み合わせて演奏されたのは、旧約聖書からの引用をスウィングにのせたレナード・バーンスタインの『チチェスター詩篇』、そしてやはり伝統に反して現世的な、フランシス・プーランクの『グローリア』である。個性的であると同時に、ドラマとしての一貫性があるこのプログラムは、ヤンソンスがふだん行っているコンサート活動の中でもひときわ目立つものだった。ヘンツェの『夢の中のセバスティアン』は、二〇〇六年に各地の音楽祭に出演した際にも演奏している。そしてその数週間後には台湾と日本に向かうため、一行は飛行機に乗り込んだ。

二〇〇六年十二月には、ベートーヴェンの『第九』の前にゾルタン・コダーイの『ハンガリー詩篇』という斬新な組み合わせがある。また二〇〇七年二月の演奏会は、エリーナ・ガランチャの歌唱によるルチアーノ・ベリオの『フォーク・ソングズ』にベルリオーズの序曲『ローマの謝肉祭』、ドビュッシーの『海』、そしてラヴェルの『ラ・ヴァルス』というコントラストの鮮やかな選曲だった。

それでもやはり演目の中で比重が高かったのは、管弦楽のためのスタンダードなレパートリーである。それは、このアムステルダムの名門オーケストラが、ありきたりなプログラム構成を守ろうとしたからではない。ヤンソンスはこの楽団が培ってきた伝統のサウンドを信頼しつつ、たとえ誰もが知っている作品であっても、一から見直そうとした。そうした努力の積み上げが生んだ結果だ。

たとえば二〇〇七年二月の欧州ツアーのさなか、ロンドンのバービカン・センターで演奏したシューベルトの交響曲第三番について、『フィナンシャル・タイムズ』はこう書いている。


このシューベルトこそ、まさにヤンソンスならではの演奏であった。どのフレーズも完璧に整えられ、輝かしく鮮烈に響いた――まるでシューベルトが書き上げた譜面のインクが、まだ乾ききっていないかのようだった。

ブルックナーの三番も、慣習にとらわれないヤンソンスのアプローチが好評を博した。

彼がわれわれに提示した音楽は、クナッパーツブッシュやカラヤンのような往年の巨匠たちによる荘厳で宗教的な体験とはまったく異なる次元で進行してゆく。強引な力技はここにはない。オーケストラの各セクションが（ホルンの柔軟さは特筆に値する）それぞれに多彩なニュアンスで演奏を繰り広げる。伝統的なブルックナー像を信奉する音楽愛好家は、この点に関して意見を異にするかもしれない。しかしながら、ヤンソンスと彼の手兵であるアムステルダムの楽団員たちは、こうした音楽づくりを目指すという方向性において一致している。

だが、このようにひとつの認識をしっかりと分かち合い、ともに音楽を感じ、味わい尽くし、追体験できるようになったのも、きつい練習の賜物だった。ヤンソンスはコンセルトヘボウ管弦楽団に決して楽をさせない。もう一度さっきのところから。そうではない。ここは別な表現で。もっとたっぷりと響かせて。さらに正確に。

「ほかのどんなオケにもいますけど、そういうのはしんどい、ってメンバーがうちにもいました」

ハープのペトラ・ファン・デル・ハイデはそう回想する。

「あの人は、音楽がいちばん美しくなる奈落の淵のぎりぎりまで行ってみないと気が済まなかった。大多数のメンバーはそれにゾクゾクしたけれど、いくらなんでも行き過ぎだろう、という人たちも一部にはいたんです」

それでも楽員たちは、彼らのシェフが現場の経験から身につけた、効率的なリハーサルのやり方には感服していた。まずすべてを最後まで通しで演奏させ、そのあとさまざまな楽器を組み合わせて微調整を加える。細部にまで目を配りながらも、ほかの指揮者がよくやるように、些末なことに無駄なエネルギーを使ったりはしない——そして練習が終わるころには、その日のプログラム全体がきちんと仕上がっている。自分が望む結果が得られるまで、ヤンソンスは妥協しない。それは彼が、コンセルトヘボウの音楽家たちにどこまで要求できるかを知っているからこそ、できたことでもある。上下関係に基づく厳格な態度を取ることがときにあったとしても、それは時間の効率上、うまくまとまらない個所の処理を楽員たちにゆだねるためだった。

「あなたはパートのリーダーなのだから、この問題を解決してください」

こういった言い方を彼はしていた。それでもどこかうまく行かないときは、現実的かつ単純な対応策を試すのだった。指使いを変えてみよう。ボウイングも変えて。アップに、ダウンに。——どうだろう？

コンセルトヘボウ管弦楽団のミュージシャンたちは、ヤンソンスが作り出す雰囲気を大切に受け止めていた。演奏技術や曲の内容表現を磨くことだけが重要なのではない。

「もっとすごいテクニックを持っていて、さらにはそれを見せつけてくるような指揮者もいます」

パーカッションのヘルマン・リーケンはこう表現する。

「ヤンソンスの場合は『雰囲気作り』というキーワードがすぐ頭に浮かびます。彼はオーケストラのイマジネーションに訴えかけてくるんです」

そのやり方は、誰もが繰り返し笑みを浮かべるような、和やかなものをめざしていた。アンサンブルの中にはドイツ出身のハープ奏者とフルーティスト、そしてオーストリア出身のヴィオラ奏者もいる。リハーサルは基本的に英語で行われたが、じつはヤンソンスは別の言語のほうが話しやすいのではないか、と思わせる瞬間もあった。「アッハ、ペトラ、ケンテン・ズィー・ビッテ…」(ドイツ語で「ああペトラさん、申し訳ないんだけども…」)

ドヴォルザークの交響曲第八番や第九番のように、まさに十八番といえる曲であっても、ヤンソンスは几帳面に練習を欠かさなかった。二〇〇九年の二月には同じドヴォルザークでも、あえて定番ではない曲に挑戦した。コンセルトヘボウで、そしてその数日後にはウィーンで、『レクイエム』を指揮している。いくつもの合唱団が合同で取り組む大がかりな企画でもなければ、この名作を耳にする機会はめったにない。そのためクラシック音楽の主流に属する作曲家の作品でありながら、この曲の上演はどれも新たな発見のチャンスといえる。

ヤンソンスにとっては、これも——そのほかの多くの場合と同様に——バイエルン放送交響楽団とレパートリーを共有できる機会だった。なじみの薄い作品を上演するからには、準備にかけた労力が明確な形で報われることが望ましかった。アムステルダムとウィーンでの『レクイエム』上演にむけてヤンソンスのもとに集められた歌手陣は、クラッシミラ・ストヤノヴァ、藤村実穂子、クラウス・フローリアン・フォークト、それにトーマス・クヴァストホフという、ずいぶんと芸風の異なる四人だった。合唱にウィーン・ジングフェラインを起用したのは、ツアー先との共同制作という意味合いがある。コンセルトヘボウ管弦楽団の自主製作レーベルによって、この演奏はライヴ録音が行われた。この作品に関しては、ヴォルフガング・サヴァリッシュによるプラハでの古い録音が長らく名盤として市場をほぼ独占していたが、それにかわる新録音がようやく現れたといえる。

ヤンソンスならではのさまざまな持ち味が、ひとつに凝縮された演奏だった。いわゆる「おいしい」メロディをなぞるだけでよしとせず、この作品の源が民謡であることを明らかにする。あらゆるところに歌としての表現を掘り起こそうと努める。ソロと合唱と、そして歌詞のない旋律を「歌う」オーケストラの各パートが繊細に絡み合う。スケールの大きいゆったりとした解釈でありながら、この作品をオペラのように壮大なドラマに仕立てようとはしない。むしろ表現が全般的に抑制されているのがこの演奏の特色であり、強烈な効果をもたらすような表現は、ほんのわずかな個所にとどめている。たとえば「かつてあなたがアブラハムとその子孫に」(Quam olim Abrahae) の二重フーガも、終曲を盛り上げるためにダイナミックに歌い上げるのではなく、むしろ遅めのテンポを保って、楽曲の構造をくまなく浮かび上がらせている。

さらには、マリス・ヤンソンスが自己の宗教観にもとづいてこの曲の内容とどう向き合っているかがはっきりと聴きとれた。彼は宗教について自分から話題にするような人物だったとはいえない。他の多くの人々と同じように人智を超えた存在を信じてはいたが、特定の教会の教義やしきたりには従っていないつもりだった――それぞれの宗派が、ときには戦争にすら至るような歴史上の過ちを繰り返してきたのは、彼の眼にも明らかだったからだ。ヤンソンスは教会には通わなかったが、祈ることはあった。

「宗教とは、とてもプライベートなものです。自分と神様との間だけのものです」

こうした個人的な信仰は、ヤンソンスが母から受け継いだものだ――ラトビアでは、そしてなによりもソ連では、こうしたテーマについて公の場で意見を述べるのは、タブーどころか禁止されていたが。

「ぼくの精神生活にとって宗教はとても重要です。芸術と宗教は、ひとができるだけ過ちを犯さないように守ってくれるものだと思っています。ただしぼくの言っているのは、『あれやこれはしてはいけない、さもないと罰が当たる』という話じゃないですよ。そんなバカなことがあるもんですか。むしろ芸術や宗教はわれわれに、『自分は正直だったか?』、『なぜ自分は真実を言わなかったのか?』といった問いかけのように、みずからを問い直すきっかけとなるシグナルを送ってくれるものだと思います」

マリス・ヤンソンスは神を信じ、みずからに課せられた使命を信じていた——だからといって、ひとは自分の決断や、それがもたらす結果から逃げられるわけではない、という考え方だった。

「神はわれわれの道を定めてくださる。何が正しいかを神は知っておられる。でも、自分の人生には自分が責任を負うのです。ですから、これはあくまでぼくの考えですが、宗教や芸術がひとを治すことはできません。しかし薬のように、苦しみを和らげることはできるのです」

ホールをめぐる新たな闘い

「世界中どこにいっても、文化のためにお金を集めるのは大変なことだと承知していますよ。だから、そう簡単に話が進まないのは覚悟していました。でも、ぼくはドイツという国と、そのすばらしい文化の伝統を心から尊敬しているんです。だからこのホールが、よりによってバイエルンで、これほどの問題を引き起こしてしまったのが信じられないのです。わが人生で最大の驚きのひとつですよ」

マリス・ヤンソンスが筆者に向かってこう語ったのは、二〇一八年四月のことだ。ミュンヘンのコンサートホールをめぐる闘いが始まってから、このときすでに十六年の歳月がたっている。バイエルンの州都ミュンヘンの中心部であれ、あるいは長い論議の果てに決まったように、都心からやや外れたミュンヘン東駅のそばであれ、もうとっくにホールが建っていていいはずだった。ヤンソンス自身、最初は予想さえしていなかったが、バイエルン放送交響楽団のために専用のホールを獲得することは、結果として彼の生涯にわたるプロジェクトとなった。何度も見直しが行われ、この計画が策謀と空約束の犠牲になったことがおもな理由だ。苛立たしさと徒労感ばかりがつのる状況に、そのつど首席指揮者であるヤンソンスは、「今度こそ」という思いを新たにしてきた。

ホールをめぐる論争は、ヤンソンスにとっていつかどこかで見た光景だった。手兵オスロ・フィルのために新しい近代的なホールを獲得しようという計画は実らなかった。それがもとで、指揮者と楽団の関係にもひびが入る。はじめてシェフをつとめた町で、何もかもがうまく行かなくなってしまった。あの経験だけは二度とごめんだった。過去の過ちから得た教訓を生かして、なんとしても事を成就させるのが彼の願いだった。

ヤンソンスが着任した当時、バイエルン放送交響楽団が置かれた状況は、とても快適とは言えなかった。世界のトップクラスのオーケストラのうち、本拠地と呼べる専用のホールを持たずに活動しているのはここぐらいのものだった。ベルリン・フィルにはフィルハーモニー・ホールがあり、コンセルトヘボウ管にはその名のもとになったコンセルトヘボウがある。ボストン、シカゴ、ライプツィヒ、あるいはサンクトペテルブルクでも——どの町のオーケストラであれ、どこかしら自分たちの「ホーム」と呼べる、専用の演奏会場を持っている。それはミュンヘンでも同様だ。ミュンヘン・フィルは複合文化施設ガスタイク[*]の中核をなすフィルハーモニー・ホールで、バイエルン州立管弦楽団[**]は州立歌劇場で活動している。それに対しバイエルン放送交響楽団は、ヘルクレスザールの占有権を持っている。つまり、リハーサルや演奏会本番のスケジュールを組むにあたって、この楽団の意向がまず優先されるわけだ。しかし、もとヴィッテルスバッハ家の王宮（レジデンツ）の一部だったこのホール

* ガスタイクもミュンヘン・フィルも、運営の主体はミュンヘン市である。
** 歌劇場の専属オーケストラ。

は席数が千二百ほどしかなく、ブルックナーやマーラーなどの大編成の作品を演奏するには狭すぎた。さらにはバックステージの設備も問題だらけだった。楽屋は手狭で細い通路はかび臭く、衛生設備も不十分だ――ひとことで言えば、オーケストラ、演奏家、そして誰よりも指揮台のシェフに対してまことに申し訳ない状態だったのだ。指揮者用控室では暖房すらきちんと作動しない。震えるほど寒いか、そうでなければ冬でも窓を開けずにいられないほど暑かった。

ガスタイクのフィルハーモニー・ホールは一九八五年に落成したが、バイエルン放送交響楽団はここをゲストとして利用する権限しかない。このホールは音が良くないというもっぱらの評判だった。舞台上の演奏者たちは互いの音がよく聴こえず、客席では音が拡散してしまい、冷たい響きになりがちだった。またソリストが舞台の前縁に立つと、そこはホールの天井がいちばん高いので、どれだけ懸命に努力しても多くの場合、客席に音が行き渡らなかった。ヤンソンスの目からみても、これでは音楽家たちに対して失礼だった。文化行政に対して積極的に要求を掲げる新しい首席指揮者を、オーケストラは頼もしく思った。さまざまなインタビューでも、また最初の記者会見でも、ミュンヘンには第三のコンサートホールが必要だとヤンソンスは力説し、「このことはわたしにとって一番の関心事です」と明言した。

「これほどのオーケストラには、専用のホールがあってしかるべきなのです」

ガスタイクとヘルクレスザールとの絶え間ない往復を繰り返すのは、もう無理だとヤンソンスは言い切った。

「これではまるで、『わたしは友だちの家を転々として暮らしています』と言うのと同じじゃないですか」

これに対する一般の反応は、驚きと怒りだった。就任当初ヤンソンスは、景気の見通しが良くない現状では、新ホールの計画をあまり声高に主張しないほうがいい、と楽団当局から忠告を受けていた。そうでなくてもこうした文化施設の建設計画に対しては、病院が足りないとか、学校や幼稚園が不足しているという反対論がすぐ巻き起こりますから、とも言われた。ようやく新しいコンサートホールの件が議論にのぼると、たしかに音楽ファンは計画に理解を示したが、そのほかの人々はこの計画を新参者の分不相応な要求ととらえ、税金の無駄遣いとみなした――新しいホールなど無用の贅沢だ、という反論が高まる。そもそもガスタイクの音響のどこが悪いのか、というのだ。国際的な比較の基準を知らない人々までもが、こうした反対の声に加わっていた。

当時バイエルン州の首相だったキリスト教社会同盟（ＣＳＵ）のエドムント・シュトイバーは、ホールについてヤンソンスが話したときは賛同してくれそうな口ぶりだった。ただ、具体的にはなにも動いてくれない。これに対して直接の担当者となる科学芸術大臣トーマス・ゴッペルは、このプロジェクトに対してはっきり否定的な態度を示した。ヤンソンスにとっていちばん頼りになる支持者は、ＣＳＵの州政府で財務大臣を務めるクルト・ファルトルハウザーだった。

新ホールの建設候補地に関しては、すぐに意見がまとまった。レジデンツの裏手にあるマルシュタルがそれだ。細長いこの建物はレオ・フォン・クレンツェの設計により一八一七年に着工され、一八二二年に完成した王立乗馬学校だ。第二次世界大戦の戦災で破壊され、のちにもとの様式で再建された。ヤンソンスとファルトルハウザーが共同案を練り始めた当時、マルシュタルはバイエルン州立劇団の大道具倉庫兼演劇スタジオとして使われており、ときには州立歌劇場もここを使っていた。オペラの殿堂である州立歌劇場、ロココ様式のキュヴィリエ劇場、ヘルクレスザール、州立劇団の本拠地であるレジデンツ劇場——世界にも類を見ないこの文化ゾーンにとって、新しいホールは最後の仕上げにふさわしい。支持者たちの胸は期待に膨らんだ。

この建築計画をめぐって世論はふたつに割れ、激しい意見の応酬となった。やがてこの問題はヤンソンスにとって、じっくりと腰をすえて取り組まざるをえない懸案事項となる。どんなインタビューであれ、かならずホールについて自分からひとこと触れる。記者会見のたびに時間を割き、この計画について議論する。しつこい、くどいと言われるのは、むしろ望むところだった。政治家にとってさえ、彼はなかなか手ごわいロビイストだった。CSUの実力者たちとの会食も増えてゆく。

だが、この計画の足を引っ張る勢力がバイエルン放送協会の中にも存在した。この「夢のような将来像」は局内でも話題になっている。それは結構だが、ヘルクレスザールを改築するという案も視野に入れてはどうか、という提案がなされた。ヤンソンスのプロジェクトの当初からの泣き所は、バイエルン放送が新ホールを財政的にバックアップはできないという点だった——公共放送の経営ガイドラインに照らしても、それは許されなかった。つまり建設費用の主たる負担者となりうるのは、結局のところバイエルン自由州しかなかったのだ。

ところが、ヤンソンスがどれだけ要請を繰り返しても進展が見られなくなった。二〇〇五年にバイエルン放送交響楽団のオーケストラ・マネージャーに就任したヴァルター・ブロフスキーは、局の首脳陣と再三協議した。議論は堂々巡りを繰り返し、さらにオーケストラにとって困ったことに、プロジェクトは当初の勢いを失ってしまった。社会民主党（SPD）所属で、クラシック音楽にあまり関心がないクリスティアン・ウーデ市長をはじめとして、ミュンヘン市当局の責任者たちが新ホールの計画をほとんど支持しなかったのがその主な原因であり、彼らの一部はあからさまに鼻で笑うような態度をみせた。ホールなら、もう立派なのがあるじゃないですか、例のガスタイクが。ひとつ覚えのようにウーデ市長はそう繰り返す。あそこと競合するホールを建てるというのに、なぜバイエルン放送を援助しなきゃならんのです？

州政府内にも、この計画を阻止したい勢力が一部に存在した。そのため、議論が始まってから設計案のコンペティションが始まるまで、五年の月日がたっている。提出された計画書では、すくなくとも新ホールの輪郭だけはできあがっていた。コンペの優勝者は、ベルリンでシュルテス＝フランク設計事務所を構えるアクセル・シュルテスとシャルロッテ・フランクに決まった。ベルリンの連邦首相府の設計総責任者をつとめた実績のある彼らがミュンヘンの新ホールとして提案したのは、歴史あるマルシュタルの隣に、これと対を成すようなデザインのビルを作るプランだった。

その一年後、遅ればせながらこの計画の支援団体として『マルシュタル新ホールの会』が発足する。発起人はバイエルン州の前財務大臣クルト・ファルトルハウザーで、州首相エドムント・シュトイバーの退任に伴って内閣改造が行われた際に、彼は州政府の役職を退いていた。この会の目的は、計画推進のためにロビー活動を行うこと、そしてスポンサーの獲得を目指すことだった——経済的に豊かなミュンヘンでは、それほど難しくないだろうというのが大方の予想だった。戦後の復興期に州立歌劇場やプリンツレゲンテン劇場が再開できたのは、何よりもまず町の誇りのために、市民たちが寄付をしたおかげなのだから、と彼らは考えていた。

しかし、その後も計画の進展はみられない。ようやく鶴のひと声が発せられたのは、二〇〇九年一月のことだ。その声の主は、一年前に州首相に選出されたホルスト・ゼーホーファーである。州議会選挙でCSUが大敗したのち、新党首としてバイエルン州の首相に就任したゼーホーファーは、州の内閣で自由民主党（FDP）との連立を余儀なくされていた。FDP所属でリベラル派のヴォルフガング・ホイビッシュ科学芸術大臣は、当初新ホールの建設計画にあまり乗り気でないと見られていたのに対し、ゼーホーファー首相は誤解の余地がないほど明確に自分の考えを述べた。

「このプロジェクトを進めたく思います」

ゼーホーファーがこのようにはっきりと態度を表明したのは、ヤンソンスとの会食を終えて間もなくのことだった。

それと時を同じくして、世界的に有名な日本の音響設計家である豊田泰久に、専門家として評価の依頼がなされた。マルシュタルが国際的に競争力のあるホールの予定地としてふさわしいかどうか、調査を求めたのだ。それからさらに数か月を経た二〇一〇年五月十一日、ホイビッシュ科学芸術大臣はきわめて明快な結果が出たとして、州内閣に評価報告書の内容を披露した。

「マルシュタルの建物内部、あるいはそれに隣接する場所でのコンサートホールの建設は、実現不可能である」

ギロチンの刃の一閃にも等しい宣告だった。ヤンソンスとバイエルン放送交響楽団の面々は打ちのめされた。そして、じつは自分たちはハメられたのだという事実をずっと後になって知らされる。二〇一六年一月十二日、関係書類の開示を受けて『フランクフルター・アルゲマイネ』紙がくわしく報じたところでは、豊田はマルシュタルという場所について、そのように真っ向から否定するような見解は述べていない。それどころかこの音響設計のエキスパートは、マルシュタルの古い建物の脇に、ウィーンの楽友協会ホールと同じ規模のまったく新しい建造物を建てるだけの余地は十分にあると指摘しており、さらにはマルシュタルの改修工事をみずから提案していた、という。この記事の結論は、科学芸術省のやり方を痛烈に批判している。

「マルシュタルとその周辺が世界レベルの演奏会場には不適格だという発言は、評価を過大に受けとめた結果などではない。これは許される解釈の限度を逸脱しており、もはや評価報告書の内容に対する改竄である」

このように、自分たちの案が正しかったことをヤンソンスが知ったのは、それから何年もたってからだ。マルシュタルの建物内部、あるいは隣接する場所でのコンサートホールの計画が廃案になったのは、建築や音響に関する問題ではなく、あくまでも政治上の理由によるものだったのだ。結局はオスロの二の舞になるのか？　そして今回も、辞任という形で幕引きをするほかないのか？　「陰謀」や「嘘」といったストレートな言葉を、ヤンソンスはあえておおやけの場で使う——それはバイエルン州科学芸術省のナンバー2であるトーニ・シュミット政務次官に向けられたものだった。

「お役所仕事がどれだけ長くかかろうとも、大丈夫だと信じていました。ドイツでは、よくあることなんだろうと思っていましたから」ヤンソンスはこう語った。

「ぼくには想像もできなかった、いや、想像したくもなかった。陰でこっそりと、新ホールの計画をつぶす作戦が進んでいたなんて。お人好しも大概にしろ、って話ですよ――それに、このプロジェクトに対して誰も正式に『ダメだ』とは言いませんでしたからね。この陰謀のせいで、すべてはほぼ完全に壊れてしまいました。ぼくは世の中の良い部分だけを見て、それ以外の部分がまったく見えていなかったんです」

オスロのときとは違って、ヤンソンスは辞めない決心をする。それは、バイエルン放送交響楽団のシェフになってまだほんの数年しかたっておらず、このアンサンブルと共にやり遂げたい音楽上の仕事がまだたくさんあったからだ。またミュンヘンでの契約を延長しないことで、自分だけが逃げた、あるいは自分の体面を優先させたと思われたくなかったためだ。それに新しいホールの支持者たちは、すでにプランBの検討に入っていた。オデオン広場にほど近く、マルシュタルからも数百メートルしか離れていない「フィナンツガルテン（大蔵庭園）」と呼ばれる公園に新しい建物を造ろうという案だ。支援団体は『ミュンヘン新ホールの会』と名前を変えた。ヤンソンスとバイエルン放送交響楽団は新たな目標を目指す。ただ、ひとつだけ問題があった。八年かけてようやく煮詰まった議論を、また一からやり直さねばならない。

オペラへの復帰

マリス・ヤンソンスという指揮者を考えたとき、もしオスロで『ボエーム』の上演中に心筋梗塞で倒れるという不運な出来事がなかったら、彼のキャリアはその後どういう方向に進んだだろうかという問いが、どうしても頭に浮かんでくる。そして彼の音楽家人生において、オペラは具体的にどのような位置を占めただろうか——リーガでの子供時代には、オーケストラ曲よりもオペラの舞台に接する機会のほうが多かったのだから。

自分がいちばん好きなのはじつはオペラだと、ヤンソンスはつねづね語っていた。病気がなければヨーロッパのどこかの歌劇場にポストを得て、シーズンごとに二つのプレミエをしっかり準備し、さらにそれと並行して、コンサートの日程も精力的にこなしていったかもしれない——たとえばダニエル・バレンボイムがベルリン州立歌劇場（リンデンオーパー）でずっとやってきたように。

しかし一九九六年の心筋梗塞は、健康面はもちろん芸術の上でも、彼にとって大きな転機となった。その後十年間、ヤンソンスにとってオペラはタブーとなる。突然の上演打ち切りの直後から、彼は心の中であのプッチーニの因縁のオペラをもう一度指揮したいと思い描いていた。

「どうしてもやりたかった」と後に彼は語っている。
「もっとも、妻は反対でしたがね。彼女の大好きな作品だったのに。ぼくはなかなか諦めがつきませんでした。たしかにあの作品には、いやな記憶がまとわりついていた。だからイリーナの気持ちもわかります。一年後であれば、『ボエーム』ぐらいの規模のものならやれたかもしれません。でも、激しい情念やいやな記憶を呼び起こす作品は——あの当時は、まだやらなくて正解でした」

以前と同様、オペラをやるにはまず時間を作らねばならなかった。ヤンソンスの場合、オペラ関連の企画には、最低でもひと月半はスケジュールを空けておく必要があっただろう。二つのオーケストラで首席指揮者を兼務し、両方の楽団とツアーに出かけ、さらに定期的にベルリンやウィーンを客演指揮者として訪れるなかで、それだけの時間を捻出するのは至難の業だった。

ようやくオペラへの復帰がかなったのは、ヤンソンスの主要な職場のひとつであるアムステルダムでのことだ。コンセルトヘボウ管弦楽団が通常の演奏会のほかに、特別な役目を担っていたためだ。ネーデルラント・オペラ*との取り決めにより、このオーケストラは各シーズン一演目だけオペラのピットに入る。ネーデルラント・オペラには独立した運営組織があり、自前の技術スタッフと合唱団を抱えていたが、専属の歌手陣はおらず、そして何よりも専属の楽団を持たなかった。この歌劇団はスタジョーネ（伊語で「シーズン」）・システムで演目を組んでいる。つまり、日替わりで数多くの作品を上演するレパートリー・システムのオペラハウスとは違い、一シーズンの演目の数はごく限られており、よその歌劇場との共同制作による舞台が多かった。またシーズンごとに変わる演目に合わせて、外部から歌手を招く必要がある。コンセルトヘボウ管弦楽団は、スタンダードなオペラのレパートリーとはひと味違う、しかも芸術的に優れた企画にのみ協力するという姿勢を取っており、それはこのオーケストラの特別な地位と誇りを同時に示している。コンセルトヘボウの建物とネーデルラント・オペラの本拠地であるアムステルダム音楽劇場とは、二キロほどしか離れていない。オペラをやりたくてうずうずしているシェフといっしょに二・三週間、普段とはひと味違う仕事に出かけるには格好の場所だった。

一九八八年からネーデルラント・オペラの芸術監督をつとめる演出家ピエール・オーディは、ヤンソンスにやってもらうならロシア物に限る、とはっきり決めていた。ことオペラに関する限り、ヤンソンスは依然としてこの分野のスペシャリストと見なされている。

「ごく単純に、ぼくがこうしたレパートリーをやるのをみんな聴きたかった、ということなんでしょう。リッカルド・ムーティといえばやっぱりヴェルディ、みたいな感じでね。また実際、ロシア・オペラの四つの最高傑作は、ぼくにとっても宝のようなものですから」

ヤンソンスはのちにそう語っている。四つの最高傑作とはショスタコーヴィチの『ムツェンスク郡のマクベス夫人』、チャイコフスキーの『スペードの女王』と『エフゲニー・オネーギン』、そしてムソルグスキーの『ボリス・ゴドゥノフ』を指している。

「ロシア物うんぬんを別にしても、『マクベス夫人』と『スペードの女王』はあらゆるオペラの名作ベストテンに入りますよ」というのがヤンソンスの考えだった。

＊　二〇一四年よりオランダ国立オペラと改称。

マリス・ヤンソンスによるアムステルダムでのオペラ三連作はやがて伝説となるが、その幕開けを飾ったのがほかならぬ『ムツェンスク郡のマクベス夫人』だ。初日は二〇〇六年六月三日で、計九回の上演が組まれた。ヤンソンスの相方としてピエール・オーディが選んだ演出家は、作品の歴史性に忠実な穏健派などではない。オーストリア・ケルンテン地方出身で、スロヴェニア系のマルティン・クシェイである。当時ザルツブルク祝祭で演劇部門の芸術監督だったクシェイは「演出界のハード・パンチャー」として名を馳せていた（ときにそのパンチが空振りに終わることはあっても）。それは強烈で容赦ない表現とシニカルな描写という演出スタイルからきたものだ。生に幻滅した人妻カテリーナが下男セルゲイとの愛欲に溺れ、共謀して舅と夫を殺す。こうした作品の内容を考えれば、ぴったりの人選だった。

このアムステルダムでの演出でも、クシェイはクールな過激さを基調に物語を展開させてゆく。エファ＝マリア・ウェストブロックが演じるカテリーナがその中心であり、ブロンドの髪にウェーブをかけた彼女は、檻のような部屋に数え切れないほどのハイヒールを並べ、贅沢だが退屈な暮らしにうんざりしている。クリストファー・ヴェントリスのセルゲイは男臭い野性味にあふれ、彼女にそこから抜け出す手助けを約束する。セルゲイは、カテリーナの夫の眼に靴のヒールを突き刺して殺す。疎外され、人生に挫折したふたりの関係が、愛とユートピアのような幸せに満たされるのは、ほんの一瞬に過ぎない。最後にクシェイは彼らを精神病院にも似た監獄に閉じ込める。ふたりきりでいるのに耐えられないセルゲイは、やがて別の女に走る。

しっとりとした艶のある、黒檀材のような響きを伝統としてきたコンセルトヘボウ管弦楽団は、ヤンソンスの今回のプロダクションでその能力を限度いっぱいまで要求された。ショスタコーヴィチの音楽の強烈さ、醜悪でグロテスクな要素、さらにはどぎつい色彩、息もつかせぬ緊迫感、すべてが余すところなく聴き手の耳に届く。この悲劇全体が捨てられたカテリーナの叫びに凝縮されるその瞬間、エファ゠マリア・ウェストブロックが声なき絶叫を絶望の表情で演ずる背後で、オーケストラはホールが割れんばかりの巨大な音量に膨れ上がる。しかし、ヤンソンスの演奏が常にそうであるように、けっして空虚な騒音には終わらない。たとえ極限まで音量が上がっても各部のバランスは見事に保たれ、すべてが明確に分離され、内実を伴った豊かな響きとなる。それはある意味、意識して限界を超える行為だが、正確にコントロールされ、細部まで考え抜かれたものであるがゆえに、美やエレガンスとけっして無縁ではない。場面転換の間奏部ではあえて舞台上で一切の表現を行わなかったので、誰もが数分の間、ヤンソンスとコンセルトヘボウ管弦楽団の演奏に集中できた。

初日のあと、オランダの新聞『デ・フォルクスクラント』はこの公演を絶賛し、ヤンソンスはオーケストラ・ピットを「ダイヤモンド工房」に変えた、と表現した。またドイツの『ツァイト』は、「冷ややかな皮肉の効いたこの音楽の、ポイントとなる聴かせどころを次から次へと」挙げ、個々の人間像、視点の転換、パロディとしての醜怪な表情の数々、そういったなにもかもが、まばゆい光のもとに曝されていたと述べている。

だが、楽譜の中では蔑むべきものとして描かれている暴力の勝利を表現するにあたって、ヤンソンスが他の指揮者より優れているのは、クールな正確さに徹するよりも、みずからすすんでその渦中に身を投じた点である（…）ヤンソンスの演奏では、聴き手は地獄のふちに立ち止まって深淵を覗き込むのではなく、指揮者に腕をつかまれ、狂乱の中へと引きずり込まれる。

ただし、理性のタガが外れているのはあくまでも音楽「だけ」であり、指揮台のヤンソンスはそうではない。ロマン派絶頂期のさまざまなレパートリーにおいて独自の演奏を作り上げてゆく過程で、ヤンソンスはバトン・テクニックの上でも、また解釈の上でも、作品に向き合うときのひとつの型を身に付けていたが、それは忘我の陶酔などとはまったく無縁のものだった。過去を振り返りつつ、ヤンソンスはこう語っている。

「指揮者にとって、コントロールするとはどういうことか。血圧や脈拍数のように、数値をどうこうという問題ではないのです。あくまでも音楽の流れに沿ってオーケストラをコントロールしなきゃならない。エモーションはたしかに大事ですよ。しかしそれを正しく用いるためには、ぼくが経験から学んだように、極端に大きな身振りをしてはいけないし、ひっきりなしにクレッシェンドやフォルテを要求してはならない。そうかと言って、つねに指揮者が抑えようとしたり、慎重すぎるような印象を与えるのも好ましくありません。この点に関しては、ボディランゲージの正しいバランスを見つけるのはなかなか難しいです」

アムステルダム音楽劇場でのプロダクションのためならば、ヤンソンスは貴重な時間を犠牲にするのをいとわなかった。演出家による舞台稽古のほとんどに彼は立ち合い、マルティン・クシェイが歌い手たちにどのような要求をするか、耳を澄ましていた――そして多くの場合、直接異論を唱えなくても、彼が常にそこにいることでより良い結果が生まれた。多くのオペラ指揮者がまず音楽稽古を済ませ、上演準備の最終段階になってようやく演出のコンセプトに目を通すのに対し、ヤンソンスは演出の意図を正確に把握したかった。

「オペラでは、歌手にインスピレーションを与えることが何より大事です。だから、稽古はすべて見学しますよ。それによって歌い手たちの役回りを勉強するんです。彼らに任せて大丈夫な箇所、逆にこちらのサポートが必要かもしれない個所がわかってきます。こんなに面白いプロセスはありませんよ」

もし指揮者から疑問を投げかけられれば、この演出案に盛り込まれたどんな視点やアイデアであれ、その正しさを論証し、指揮者に納得してもらわなければならない。クシェイのような演出家にとってこうした進め方は、これまでに経験のないものだった。

次にマリス・ヤンソンスがオペラを手がけたのは二〇〇九年五月、第二の故郷サンクトペテルブルクでのことだ。内外の注目を集めるようなプロダクションではない。演目はビゼーの『カルメン』で、かつて母親が何度も舞台で歌った作品だけに、ヤンソンスにとっては特別な思い入れがあった。上演に参加したのは学生とまだ若いプロの音楽家だったので、かつてヤンソンス自身が学んだこの町の音楽院にとっては、たいへんありがたい機会だった。

この企画には、世界有数のオペラの殿堂で行われる上演の予行練習という意味もあった。二〇一〇年五月、ヤンソンスはウィーン国立歌劇場で新キャストによる『カルメン』を指揮する予定だった——ウィーンでは一九七八年以降演目一覧から一度も消えたことのない、もはや定番と言えるフランコ・ゼッフィレッリ演出の再演である。退任が決まっていた国立歌劇場の総監督イオアン・ホレンダーは、自分自身と聴衆へのはなむけとして豪華なメンバーを揃えていた。指揮のヤンソンスを筆頭に、歌い手はエリーナ・ガランチャ（カルメン）、ロランド・ヴィラゾン（ドン・ホセ）、アンナ・ネトレプコ（ミカエラ）という顔ぶれだ。

定評ある舞台の素晴らしい再演になるはずが、思わぬ事態が起こる。ヴィラゾンが声帯を痛めてしまい、治療を受けねばならない。ヤンソンスも手術が必要となり、そのあと数か月は仕事ができないので、キャンセルを余儀なくされた。がっかりしたのはウィーン国立歌劇場の首脳陣とオペラファンだけではない。ガランチャまでもが「軽微な外科的侵襲」による合併症という診断書を提出して、舞台には上がらなかった。指揮者の代役にガランチャは夫のカレル・マーク・チチョンを推していたので、ヘソを曲げてキャンセルしたのだろうというのが大方の反応だった。ヤンソンスの意向で指揮台に立ったのは、教え子の中でも特に目をかけていたアンドリス・ネルソンスだったのだ。ネルソンスの指揮は熱気にあふれ、持てるすべてを作品に捧げてはいたものの、コントロールに欠けるきらいがあり、第二幕の密輸業者の五重唱では煽りすぎて、アンサンブルが破綻しそうになった。このキャンセルの連鎖反応の中で、毅然として仕事をやり遂げたただ一人のスター歌手が、アンナ・ネトレプコである。

ぜひもう一度オペラのオーケストラ・ピットに入りたいというマリス・ヤンソンスの願いは、二〇一一年になってようやくかなえられた。場所は再びアムステルダム音楽劇場で、オーケストラは手兵であるコンセルトヘボウ管弦楽団、そして今回の演目もまた、彼にとっては幼い日々の記憶を呼び覚ます作品である。チャイコフスキー作曲『エフゲニー・オネーギン』のオルガは、母イライーダがもっとも得意とした役のひとつだった。初日は二〇一一年の六月十四日で、上演は十回行われる。芸術監督ピエール・オーディは、またしてもヤンソンスをこれまで経験のない美学の世界と引き合わせる。演出を受け持ったのはステファン・ヘルハイムだ。ノルウェー出身のヘルハイムは、二〇〇八年バイロイト祝祭でのエポック・メーキングな『パルジファル』によって、オペラ界に不動の地位を確立した。そのときの演出でヘルハイムは作品とその上演史、ドイツの歴史、そしてバイロイト祝祭の変遷をじつにセンセーショナルかつ巧みなやり方で重層的に関連づけ、ひとつにまとめ上げて見せた。

さまざまな次元での意味付けと多彩な舞台表現を交差させ、いくつもの物語のプロットを組み合わせてゆくのがヘルハイムの持ち味だが、舞台からあふれんばかりの豊かなイメージ作りのために、劇場側にしばしば過酷な要求をすることでも知られている。しかしながらヘルハイムは、音楽をじつによく知っていることでも有名であり、ヤンソンスはそこに強く心をひかれた。演出家がかならずしも音楽に通じているとは限らないことを、経験上よく知っていたからだ。『オネーギン』の稽古の間じゅうヤンソンスはヘルハイムに、いまの場面の演出上の解決はどういう考えによるものか、と繰り返し質問する。たとえば第一幕の有名な手紙の場で、なぜタチアーナではなくオネーギンが手紙を書くのか？　それはこの場面の音楽が、第三幕でオネーギンがタチアーナに愛を告白するときにほぼ同じ形で再現されるからだ、というのが理由だった。さらに自分はこの作品をオネーギンの視点からのフラッシュ・バックとして捉えている、とヘルハイムは答えている。これを聞いてヤンソンスは、すべてに納得がいった。彼はこの演出家を「驚くほど音楽をよく知っていて、じつに面白いアイデアの持ち主」と評している。

こうしたコンセプトゆえに、ボー・スコウフス演じるオネーギンは、ほぼ一晩中舞台に出ずっぱりだ。あるときは不器用な、またあるときは奇矯な振舞いを繰り返しつつ、結局は自分との堂々巡りから抜け出せないアウトサイダーとして描かれている。タチアーナ（ヤンソンスが好んで起用した歌手のひとり、クラッシミラ・ストヤノヴァにとってこの役のデビューだった）との出会いを回想し、オネーギンは空想にふけるばかりで、その思い出をいつまでも精算できない。すべてがもう一度、彼の脳裏に浮かび上がる——ホテルのロビーらしき場所につどう上流社会の気取った人々、彼をタチアーナに引き合わせた親友レンスキー、いまは熱愛する女性の夫であるグレーミン。さらには『白鳥の湖』のバレエダンサー、農民たち、民族舞踊の踊り手、ソ連代表のスポーツ選手、宇宙飛行士、曲芸団の熊といったなじみ深いキャラクターが舞台狭しと登場して、ある種様式化されたロシアそのものを描いている。ヘルハイムの演出は奇抜な、ときには風刺のきいた表現によって、伝統から距離を置こうとするものであり、こうした精神のあり方は指揮台上のヤンソンスにも共通するものだった。

オスロ・フィルと交響曲をやったときと同じように、ヤンソンスはこれまでチャイコフスキーの音楽に間違って塗り重ねられていた情緒性を、すっきりとそぎ落とした。民族風の要素、内に秘めた緊張、ときには激しいドラマにまで高まりゆくリリシズム、これらすべてがあふれんばかりの生気と、スリムで、しかも細部のニュアンスに富む響きによって展開されてゆく。ヘルハイム同様ヤンソンスも、タチアーナの（この上演ではオネーギンの）手紙の場こそこの作品の核心であり、転回点でもあると考え、それにふさわしい表現を追求した。極端なまでに緩急のコントラストをつけ、ほとんど各小節ごとに新たな方向にむけて歩み出すような柔軟さを見せた。ときには音楽の流れが何かを予感させるように、止まりかけることとさえある。若きミハイル・ペトレンコが歌うグレーミンのアリアはそうした静けさの極であり、かつての、より良き、そして結局はユートピア的な理想でしかない（音の）世界が現出する瞬間なのだ。オペラ専門誌『オーパーンヴェルト』によれば、

コンセルトヘボウ管弦楽団を率いるヤンソンスが、まるで悪魔が聖水を嫌うように徹底して排除したもの、それはお涙頂戴の哀愁である。弦楽器にはことさらドライで簡潔なアーティキュレーションを求め、フレーズの終わりは短く切り上げ、休止を長めにとる。チャイコフスキーの交響作品にありがちな、旋律を朗々と歌い上げて情念を爆発させるというやり方は、ごく稀にしか使われない。それ以外の大部分では、音楽の表情はあたかもストラヴィンスキーの作品のように、すっきりと歯切れよくコントロールされていた。

ヘルハイムのアイデアの多くはヤンソンスにとって斬新で挑発的に思われたが、そこには彼なりの筋が通っていて、劇としての訴求力に富んでいた。また彼のコンセプトは、あくまでも台本と音楽の流れに沿ったものだった。さらにヘルハイムは気さくで、才人ぶった気取りとは無縁の人物だったから、ヤンソンスはこの演出家に信頼を寄せた。しかしながら、両者がふたたびいっしょに仕事をするチャンスはなかなか巡ってこない。二〇一六年、ようやく彼らは再びチャイコフスキーに挑戦する機会をつかむ。今回は『スペードの女王』だ。初日は六月九日で、九回の公演が組まれる。このときす

でにヤンソンスは、コンセルトヘボウ管弦楽団の首席指揮者の座を退いていたが、アムステルダムでは三作目となるオペラの上演を、観客たちは当然ながらそれに先立つ二つのプロダクションと密接な関連があるものと捉え、目の当たりに見て、体験した。

どうやらヘルハイムは——ヤンソンスとの相性の良さに自信をもって——さらにもう一歩リスクを冒す決断をしたように見える。またしてもこの演出家は、作品をひとりの人物の回想と解釈する。しかし今回は、作品に登場する人物の視点からではない。作曲者であるチャイコフスキー本人の視点なのだ。しかも、チャイコフスキーは作中のエレツキー公爵に自分を重ねている。女性を愛しながらも結局はナルシストであり、賭博狂である主人公ゲルマンに、エレツキーはひそかに思いを寄せる。同性愛者でありながらそれをおおやけにできないチャイコフスキーが、自作オペラの登場人物の姿を借りて思うがままに振舞うという設定である。チャイコフスキーの愛の対象であるゲルマンが、女帝エカテリーナに扮装して現れる場面すらある。——ここには場内がアッと驚く仕掛けが施されていた。観客一同が起立を促されると、裾の長いローブに身を包んだロシアの女帝が、平土間席の奥からしずしずと進み出て、舞台に上がってくる。国賓のご到着、という趣向だ。

ヘルハイムの演出では登場人物のアイデンティティが目まぐるしく入れ替わり、あるいは分裂し、さまざまな暗示がタブーなしに使われ、多様な意味づけが次々と繰り出されてとどまるところを知らず、しかもそれらは、けっして互いに矛盾していない。そして、かつての自分のオーケストラの指揮台に立ったヤンソンスは、以前の二つの作品のときよりも、さらに大きな称賛を浴びたといってよい。歌劇場のピットでタクトを振れることが彼にとってどれほど大きな喜びかは、誰の目にも明らかだっ

郵便はがき

料金受取人払郵便

神田局
承認
1743

差出有効期間
2023年12月31日まで
（切手不要）

101-8791

535

千代田区外神田
二丁目十八―六

春秋社
愛読者カード係

＊お送りいただいた個人情報は、書籍の発送および小社のマーケティングに利用させていただきます。

(フリガナ) お名前	歳	ご職業
ご住所 〒		
E-mail 小社より、新刊／重版情報、「web 春秋 はるとあき」更新のお知らせ、イベント情報などをメールマガジンにてお届けいたします。	電話	

※**新規注文書**（本を新たに注文する場合のみご記入下さい。）

ご注文方法 □**書店で受け取り**		□**直送(代金先払い)** 担当よりご連絡いたし
書店名	地区	書名

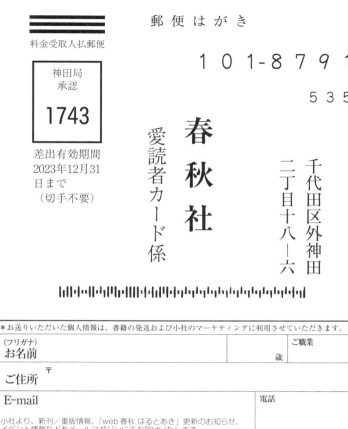

読ありがとうございます。このカードは、小社の今後の出版企画および読者の皆様と
連絡に役立てたいと思いますので、ご記入の上お送り下さい。

名〉※必ずご記入下さい

●お買い上げ書店名(　　地区　　書店　)

書に関するご感想、小社刊行物についてのご意見

※上記をホームページなどでご紹介させていただく場合があります。(諾・否)

読メディア	●本書を何でお知りになりましたか	●お買い求めになった動機
他 ィア名 (　　)	1. 書店で見て 2. 新聞の広告で (1)朝日 (2)読売 (3)日経 (4)その他 3. 書評で (　　紙・誌) 4. 人にすすめられて 5. その他	1. 著者のファン 2. テーマにひかれて 3. 装丁が良い 4. 帯の文章を読んで 5. その他 (　　)

容	●定価	●装丁
□ 満足　□ 不満足	□ 安い　□ 高い	□ 良い　□ 悪い

近読んで面白かった本　(著者)　(出版社)

)

秋社　電話 03-3255-9611　FAX 03-3253-1384　振替 00180-6-24861
E-mail:info@shunjusha.co.jp

た。『エフゲニー・オネーギン』にくらべると、『スペードの女王』にはより鮮やかなコントラストやアグレッシブな表現の可能な部分が多く、色彩感をさらに前面に出すことができた。コンセルトヘボウ管弦楽団はこうした作品の持ち味を存分に生かし、ここでも単なる派手な効果狙いとは次元の違う演奏を聞かせている。

互いに対立しそうなこれらの音楽上の要素を、見る者にとって納得のいく首尾一貫した世界へとまとめ上げたヤンソンスの手腕には、誰もが賛辞を惜しまなかった。

「流れがじつに滑らかで、有機的なつながりが見事に保たれ、むやみに巨大な音量で迫ることは決してない」と『ヴェルト』紙は述べ、

雰囲気の急激な変化が多く、多彩な形式で語りかけてくるこのスコアが、これからどこへ向かうかを予知する確固たるセンスを（ヤンソンスは）持っている。コントラストの付け方も入念で、よく計算されている。華やかでありながら繊細、グロテスクにして優美、劇としての質も高く、色彩豊かなこの傑作オペラを、音響面でこれ以上巧みに、意味深く、しかも艶やかに描きだすのは不可能であろう。

とまで書いている。

この公演はまた、アムステルダムにとってヤンソンスのオペラに触れる最後の機会となった。こののち、彼が歌劇を振る機会はもっぱらザルツブルク祝祭に絞られてゆく――バイエルン放送交響楽団との演奏会形式による上演を除いては。アムステルダムで取り上げた三作品のうち、演出面ではもっ

とも大胆な『スペードの女王』が音楽面でも最高の出来となった理由としては、ヤンソンスの個人的な好みも挙げられるだろう――彼はこのオペラの原作者、アレクサンデル・プーシキンを偏愛していたから(「プーシキンほどの作家を、どうして崇拝せずにいられましょう? モーツァルトと同じレベルの天才ですよ!」)。しかしこの成功の最大の要因は、ヤンソンスがキャリアの最初からチャイコフスキーの作品に取り組み、しばしば誤解されがちな、じつは繊細で傷つきやすいこの作曲家の内面世界と、真摯に向き合ってきたことにある。ヤンソンスにとってチャイコフスキーは、音の劇作家ともいうべき存在だった。彼自身の表現を借りるなら、

「メロディによって感情をこれほど見事に表現できる作曲家を、ぼくはほかに知りません」

バイエルンのオケと世界を旅して

「作曲家でも、演奏家でも、あるいは指揮者でも、知らない名前が出てくるともうあまり相手にしてもらえないんです」

自分にとってもうひとつの活動の場であるミュンヘンでは、クラシック音楽界がどう動いているのか、どんな地域性や特色があるのかを、マリス・ヤンソンスはいち早く理解した。二〇〇五年春のインタビューで、穏やかな口調ながら批判をしているのはそのためだ。

「聴衆のみなさんとのパートナーシップが確固たるものとなるよう願っています。ライヴ・ミュージック・ナウ*のためにチャリティ・コンサートを催したときは、ミュンヘンの各界を代表する紳士淑女の方々がお見えでした。こういう催しには出席するのが当然のたしなみと心得ておられるからです。どうか私どもの通常のコンサートにも、同じようにお越し下さい。聴衆のみなさんが私を心から信頼してくださるようになるには、時間がかかるかもしれませんが」

＊　若手音楽家の支援と青少年への音楽普及のために、ヴァイオリニストのイェフディ・メニューインが設立した財団。

かつてと同じ不安が首をもたげた。さきにピッツバーグで経験した、ホールに空席の列が続くことへの無意識の恐れだった。正当に評価されず、地元から受け入れられないのではないかという心配もあったに違いない——ヤンソンスにとって、それは自分ひとりの問題ではなく、オーケストラ全体にかかわる問題だった。自分はそうした無理解に苦しんだ経験がある、こうした心配にも理由はあるのだとヤンソンスは説明する。これだけの労力を費やし、プログラム上の工夫を凝らし、聴衆にとって心の糧となるべきものを提供するからには、それにふさわしい関心を向けてほしいと願うのは当然ではないか、というのだ。

こうした懸念の多くは杞憂に終わる。ヤンソンスは次第にミュンヘンの聴衆を取り込むことに成功した。オープンな人柄と指揮台での気取らぬ態度が共感を集めたのだ。バイエルン放送交響楽団の定期会員券はますます売れ行きを伸ばし、ミュンヘン市内のほかのオーケストラに対して、いままでになく強い競争力を持つに至った。

もともと国外では、一貫してこのオーケストラの人気は高かった。たとえば二〇〇五年四月には、ローマのアウディトリウム・パルコ・デッラ・ムジカで初めて演奏している。ここは二〇〇二年にオープンした大がかりな複合音楽施設で、コンサート専門の楽団としてはイタリア最古の、サンタ・チェチーリア国立アカデミー管弦楽団の本拠地でもある。プログラムはヤンソンスの得意曲からドヴォルザークの交響曲第八番とブラームスの第二番が演奏された——期待にたがわず、イタリアの聴衆は大いに満足してくれた。

その翌年ミュンヘン市は三人の首席指揮者を使って、この町にさらなる輝きを添えようと計画する。

ひとつの都市に一流のオーケストラ・シェフが三人という国際的に見ても珍しい充実ぶりを、世界に披露しようというわけだ。二〇〇六年六月六日、サッカー・ワールドカップドイツ大会の開幕三日前に、ミュンヘンのオリンピアシュターディオンで『三大オーケストラとスターたち』と題するイベントが行われた。参加するのはズービン・メータひきいるバイエルン州立管弦楽団、クリスティアン・ティーレマンをシェフに戴くミュンヘン・フィルハーモニー管弦楽団、そしてマリス・ヤンソンスと手兵バイエルン放送交響楽団である。数か月前からさかんに宣伝が行われ、ドイツ・サッカー界の大御所フランツ・ベッケンバウアーまでもがこの催しのPRに駆り出された。三人の指揮者のうち、こうした大規模な野外コンサートの経験が豊富だったのは、『三大テノール』のバックを務めたこともあるメータだけだ。メータはこの種の大規模なイベントが楽しみで、また得意にもしていたが、ティーレマンとヤンソンスはいまひとつ勝手がわからず、その効果にも懐疑的だった。

この三人の指揮者以外にも、ドイツのソウル歌手ゼイヴィア・ナイドゥーと人気バンド『ゼーネ・マンハイムス』、そしてピアノのラン・ランが二万七千の観客が待つ舞台に登場した。じつは準備の段階からトラブルが絶えなかった。漏れ聞こえてきたところでは、あれこれ思いつきを口にしてスタッフを振り回したり、なにかと条件を付けないと仕事にかからないなどは序の口で、誰がどの曲を振るかという分担に関しては、指揮者それぞれが自分の希望を言い立てて譲らなかったという。オープニングはR・シュトラウスの『ツァラトゥストラはかく語りき』で、壮大なハ長調の導入部を三つのオーケストラがいっしょに演奏する。『椿姫』の「乾杯の歌」はメータの指揮で、ディアナ・ダムラウとプラシド・ドミンゴが歌った。ほかにヨハン・シュトラウス二世の『雷鳴と稲妻』、『トリッチ・

トラッチ・ポルカ』などがメータの受け持ちだ。ティーレマンはいつものように得意のワーグナーから『ニュルンベルクのマイスタージンガー』前奏曲と、『タンホイザー』の「賓客たちの入場（大行進曲）」を選んだ。ヤンソンスは、大のお気に入りである『ばらの騎士』組曲と、チャイコフスキーの『くるみ割り人形』の抜粋を振る。そのほか演目にはプラシド・ドミンゴ・ジュニアが作曲した『ヴィルコンメン・バイ・ウンス（ドイツ語で「ようこそ」の意）』という歌も加えられていた。

二〇〇六年九月、ヤンソンスはみずからのオーケストラとともに、前例のない大きな企画に取りかかる。彼にとって「わが作曲家」ともいうべきドミートリー・ショスタコーヴィチの生誕百年を記念する音楽祭を行うのだ。オープニングとして、まずヤンソンス自身が交響曲第七番を指揮する。モーツァルトの『エジプト王タモス』の音楽との組み合わせだった。ショスタコーヴィチの交響曲ツィクルスと並行して室内楽のコンサートや、ヤンソンス、ムスティスラフ・ロストロポーヴィチ、作曲家ロディオン・シチェドリンによるパネルディスカッションも行われた。指揮台に立つのはヤンソンスひとりではなく、ベルナルト・ハイティンクとトーマス・ザンデルリングも客演に招かれた。

バイエルン放送協会からヤンソンスに対して、「ショスタコーヴィチがなぜそれほど彼にとって身近な存在なのか、オープニングの前に聴衆に話してはどうか」という提案がなされる。最初は断った。演奏以外のことで大勢の人前に立つのは、ミュンヘンでもやはり気が進まなかったからだ。さんざん説得された末に、ようやく重い腰を上げる。ショスタコーヴィチとの出会いについて語るヤンソンスの口調はあくまでも生真面目で、かならずしも滑らかな話しぶりではなかったが、それだけにいっそう聞く者に感銘を与えた。

ショスタコーヴィチの交響曲第六番は、バイエルン放送響が二〇〇六年十一月に出かけたアメリカ・ツアーの目玉曲のひとつでもある。最初の演奏会はフィラデルフィアのキンメル・センターで行われ、もうひとつの演目はベートーヴェンの第七番だった。そしてヤンソンスは、幸運を呼ぶ呪文のようにこう繰り返した。

「このオーケストラが、音楽の世界で本来あるべき地位につけるよう心から願っています」

フィラデルフィアからニューヨークへと移動した一行は、カーネギー・ホールで二つの演奏会を行う。最初の晩のプログラムはカリタ・マッティラの独唱でR・シュトラウスの『四つの最後の歌』と『ばらの騎士』組曲、そしてショスタコーヴィチの第六番である。二日目の出し物はワーグナーの『タンホイザー』序曲、ギドン・クレーメルをソロに迎えてバルトークのヴァイオリン協奏曲第一番、最後がベートーヴェンの第七だった。そして翌日はシカゴへと向かう。

好評だった一連のコンサートによってこのオーケストラの評価が一気に高まったことは、反響の大きさからも明らかだ。ニューヨークからは、ただちに次の来演のオファーが舞い込む。このころヤンソンスは、うれしさを抑えきれずにこう語ったものだ。

「このアメリカ・ツアーで、うちのオーケストラはぐっと格が上がりましたね。ぼくたちの演奏は、もはやベルリン・フィルやウィーン・フィルとまったく互角のレベルにあることを示せたのです」

かつてウィーン・フィルでヴィオラを弾き、事務局長もつとめていたヴァルター・ブロフスキーがこのときバイエルン放送響のオーケストラ・マネージャーだったが、ヤンソンスの前任者であるマゼールに対してチクリと皮肉を言わずにはいられなかったようだ。

「いま、ここで主役なのは、指揮者個人ではありません。オーケストラと、それを率いるシェフが主役なのです」

数か月後の二〇〇七年五月、バイエルン放送交響楽団はイタリアに出かけ、トリノ、フィレンツェ、ナポリ、ミラノを回り、さらに別のツアーで十月には「バイエルンが生んだ教皇」ことベネディクト十六世のお膝元であるヴァチカンを訪れた。教皇の謁見に使われるパウロ六世記念ホールは、コンサートに適した音響空間とは言い難かったが、バイエルンからも二千名の人々が詰めかけている。そのうちの一三五〇名はバイエルン放送協会の招待客で、ARD（ドイツ公共放送連盟）の放送局の会長たちは、ほぼ全員が顔をそろえていた。ヤンソンスはここでパレストリーナのモテット『汝はペテロなり』と、ベートーヴェンの第九を指揮した。

「ベートーヴェンは、断じて宗教を否定するような人ではありませんでした」

この重要な仕事にあたって、ヤンソンスはそう述べている。

「彼自身の信仰の理念を、とても個性的で人間味あふれる敬虔さという形で表現しています。なによりも重要なのは、生きる原理としての信仰です。神的なものとの内面的なつながりといってもいいでしょう」

バイエルン放送協会はこの記念コンサートを生中継した。ベネディクト十六世が中央通路の中ほどに着席しても、数分間は演奏が始められない。カメラのシャッター音とフラッシュが教皇に降り注いでやまないためだ。ひとつの楽章が終わるごとに盛大な拍手が起こる。ホールに座っていた人々の大半は、クラシックの演奏会になじみがない様子だった。第九のまだ第一楽章のさなかに、ヤンソンスはとんだ災難に見舞われる。ひどい鼻血のように見えたのは、カミソリで誤って切った傷が口を開けてしまったのだ。心臓病の薬を飲んでいるせいで出血がなかなか止まらず、演奏が終わるまでまわりが何枚もハンカチを差し出していた。のちに発売されたＤＶＤにはこの出来事が一切映っておらず、映像ディレクターと技術者の見事な仕事ぶりがうかがえる。第九が歓喜のフィナーレで終わったあと、レーゲンスブルクのグローリア・フォン・トゥルン・ウント・タクシス侯爵夫人*をはじめ、特に選ばれた約三十名のＶＩＰには、特別な幕切れが用意されていた。舞台に進み出て、ほんのひとことだが教皇とじかに言葉を交わす栄誉を与えられたのだ。

ミュンヘンの聴衆から全面的には受け入れられないかもしれないという、当初ヤンソンスが抱いていた懸念は、この数か月できれいに払拭された。バイエルン放送響の演奏会チケットに対する需要はずっと右肩上がりで、同じ町の競争相手、すなわちクリスティアン・ティーレマンのミュンヘン・フィルハーモニー管弦楽団と比べても大いに健闘していた。その理由の大半は、ふたりのシェフのプログラムが大きく異なっていたことにある。初めての演目にときおりチャレンジはしても、ティーレマンのレパートリーの核心はあくまでもドイツ・ロマン派なのだ。熱心な音楽ファンたちは、それはそれで結構だと受け止めていた。受け持つ分野がこのように分かれているのは、むしろ好都合だったからだ。もっと差別化されたプログラムを求めるなら、バイエルン放送交響楽団のチケットを買えばよい。旺盛な需要にこたえるため、バイエルン放送響は定期演奏会のシリーズをひとつ増やしたほどだ。

* カトリックの保守層を代表するドイツの文化人のひとり。資産家・慈善家として知られる。

二〇〇八／二〇〇九年シーズンの幕開けと時を同じくして、楽団の重要な役職であるオーケストラ・マネージャーが新しく決まり、これによってオーケストラ内部の雰囲気は落ち着きを取り戻した。これまで担当者の交代があまりに頻繁だったために、オーケストラ・マネージャーという仕事は——少なくともバイエルン放送響では——首席指揮者よりも難しいという誤解を招きかねないほどだった。スポンサーはバイエルン放送の重役たちに面会を求める。楽団員には公演の割り振りと楽譜の手配が必要だ。さらに首席指揮者は、自分がすべての手綱を握っていないと気が済まない。こうした関係者すべてのために働き、その間を取り持つのがオーケストラ・マネージャーの役目なのだ。元ウィーン・フィルの事務局長で、ヤンソンスとは付き合いの長いヴァルター・ブロフスキーがこの職に就いたことで、オーケストラの運営はいったん安定に向かい始めていた。しかしながら状況を決定的に変えたのは、このとき新たに着任したシュテファン・ゲーマッハーである。一九七〇年ザルツブルク生まれのゲーマッハーは、もとベルリン・フィルの芸術企画部長だった人物で、バイエルン放送交響楽団にとっては——そして誰よりもマリス・ヤンソンスにとって——まさに期待以上の適任者だった。楽団全体にホッとしたような安心感が拡がり、大小さまざまな揉め事も（さしあたっては）影を潜めた。おおむね順調な時代がここから始まる。

このシーズンは、楽団創立六〇周年に当たっていた。仲間や自分自身、そして聴衆に対しても、なにか特別なプレゼントを贈ろうというムードが盛り上がる。そして、マリス・ヤンソンスはベートーヴェンの交響曲ツィクルスを——ことに録音の上では——まだやったことがなかったので、いまがその機会だと判断した。九つの交響曲すべてを二つの日程に分け、さらには現代作曲家による、ベートーヴェンにちなんだ新作の初演と組み合わせて演奏する。ギヤ・カンチェリ、望月京《みさと》*、ロディオン・シチェドリン、ラミンタ・シャルクシュニーテ**、ヨハネス・マリア・シュタウト***、イェルク・ヴィトマン****の六名がそれぞれ一〇分前後の作品を委嘱された。その中で最初に演奏されたのは、ヴィトマンの『コン・ブリオ』だ。二〇一八年九月のツィクルス初日で、ヤンソンスはこの演奏会用序曲のあとにベートーヴェンの交響曲第七番と第八番を指揮した。『コン・ブリオ』は今回の委嘱作品のなかでもっとも評判が高く、のちにダニエル・バレンボイムやヴァレリー・ゲルギエフ、アラン・ギルバート、フィリップ・ヘレヴェッヘ、ケント・ナガノ、あるいはロジャー・ノリントンといったスター指揮者たちがこぞってプログラムに取り入れている。

しかしなぜ、よりによってベートーヴェンを？　これまでの自分のレパートリーの「穴」を、ここでどうしても埋めたくなったのだろうか？

「なにか新しいものを追い求めてさえいればよい、というものでもないでしょう」

この企画を始める直前に、彼は自分なりの動機を手短にこう語った。

---

*　一九六九年東京生まれ。色彩感と繊細さに富む作風で知られ、『むすび』、オペラ『パン屋大襲撃』などがある。

**　リトアニア出身（一九七五―）で、ピアニストとしても活動。『デ・プロフンディス』など神秘的な雰囲気の楽曲で知られる。

***　一九七四年インスブルックに生まれる。幅広いジャンルで次々と作品を生み出し、オーケストラ曲『アペイロン』はラトル／ベルリン・フィルの録音がある。

****　二十一世紀のドイツでもっとも活動的な作曲家のひとり（一九七三―）。クラリネット奏者としても著名。多作家として知られ、近年の代表作はヴィオラ協奏曲、オラトリオ『箱舟』など。

「古今の偉大な指揮者たちは、ほぼ全員がベートーヴェンの作品を指揮してきました。そこへマリス・ヤンソンスという人間があらわれて、『ぼくのちょっとしたアイデアを聞いてください』と主張する。それは意味がないでしょう。ぼくがやりたいのは、そんなことじゃないのです。何かが自然に生まれてくる、リハーサルや本番のさなかに、おのずと、直感的に湧き上がってくる、それこそが素晴らしいのです。無理に何か特別なことを計画するなんて、しなくていい。それでは何もかもが硬直化してしまいます。大事なのは、あらかじめ演奏を型にはめないことです」

情熱と直観を大切にして曲と向き合いたい、そしてオーケストラには、これらの交響曲をいままで一度もやった経験がないような気持で演奏してもらえるようにしたい、と述べた。まさに崇高な目標といえるだろう。さらにヤンソンスは、自分のベートーヴェン像に明確な変化があったことを認めている。自分が育ったのは、ベートーヴェンのような天才の作品に対してさえ、指揮者が平気で手を加えるような時代だった、と彼は言う。一部の楽器、特に管楽器を倍に増やすような改訂や、音のイメージを現代の聴き手の好みや、いまのホールに合わせるための小さな改変は、ごくあたりまえだった。

「もしベートーヴェンがいま生きていたら、まったく違うオーケストレーションをしたに違いないと思いますよ。その一方で、自分はあくまで指揮者ですから、あまり楽譜に手を加えるのは許されません。以前は、よくやっていましたがね。歴史考証型の演奏方法を知った今では、余計なことをしないように努めています。彼の生きた時代と、当時の技術の可能性に比べて、ベートーヴェンの精神はあまりにも強烈で、偉大すぎたのです。サイズがふたつ小さなジャケットを、無理やり着せられていたようなものですよ」

不思議にもこのプロジェクトは、ヤンソンスにとってベートーヴェンのシンフォニーをCDに収録する初めての機会であり、またバイエルン放送交響楽団にとってもじつに久しぶりの企画だった。スターと呼ばれるほどの指揮者であれば、誰もが名刺代わりにベートーヴェンを録音している現代のクラシック市場では、じつに珍しいことだ。たしかにバイエルン放送響は、前任者ロリン・マゼールのもとで九曲すべてを演奏してはいる。だがまとまった録音となると、創立時の首席指揮者オイゲン・ヨッフムによる、何十年も前のものまでさかのぼらねばならない。さらにもう一つ異例なことに、バイエルン放送協会は全曲を続けて二回録音する予定でいた。まずミュンヘンでの演奏をCDボックスにして、このあとのアジア・ツアーに向けて売り出す。東京のサントリーホールでもベートーヴェン・ツィクルスをやる予定なので、そこでは特別記念盤としてこのCDを販売する計画なのだ。

二〇一二年十一月、東京で行われるこの連続演奏会もやはり録音しておき、もしそれがミュンヘンでの録音より出来がよければ、そちらを決定版として前のものと差し替える算段だった。交響曲全集のDVD版も作られたが、それにはサントリーホールでの演奏だけが収められている。楽団員も、そして指揮者も、ミュンヘンでずっと求めていた素晴らしいアコースティックがこのホールにはあると思ったからだ。

それはそれとして、ミュンヘンで録音した際の条件もそう悪いものではなかった。二つの町での演奏を組み合わせてCDボックスが作られる。交響曲第三番と第六番はヘルクレスザールでの演奏が使われた。これらを聴いてみると、ヤンソンスが「歴史考証型」と呼ばれる演奏方法を基礎からしっかり研究した跡がうかがえる。すでに伝統となったこうした流れに、ヤンソンスがこれから乗ろうとしたわけではない。それと引き換えに実体感のある響きや、ある種の豊かさを捨てるのが惜しかったからだ。しかしながら、引き締まったスリムなたたずまいと、オーケストラの反応の鋭さは注目に値する。また、模範的なまでの透明性のおかげで、さまざまな声部の進行がくっきりと浮かび上がり、そこから音のレトリックによる対話が聴き取れるのも特徴だ。オーケストラのメンバーの多くが驚くほど、リハーサルでのヤンソンスは集中して曲と向き合い、たとえば『エロイカ』では、最適な表現を求めて試行錯誤を重ねた。

このような比較がそもそも可能ならばの話だが、これら一連の録音は、クラウディオ・アバドがベルリン・フィルと一九九九／二〇〇〇年に収録した全集に通じるものがある。だが、同じ時期に作られたほかの全集とは、はっきり異なっている。たとえばヤンソンス盤の数年前に、リッカルド・シャイーがライプツィヒ・ゲヴァントハウス管弦楽団と録音したものがある。ミラノ生まれの熱血漢シャイーが繰り広げる波乱万丈の展開、燃えさかる激情、そして超高速のテンポ。バイエルン放送響の演奏がそこまで行かないのは、そもそもヤンソンスがスコアに示された（いまだに議論の的である）メトロノーム表示に固執しない姿勢をとったためだろう。

このベートーヴェン・ツィクルスは、ミュンヘンと東京の聴衆を大いに沸かせたのはもちろん、批評筋もまさに手放しの絶賛だった。

ベートーヴェンの交響曲全九曲の演奏としては並ぶもののない出来ばえであり、すべてを聴き終えたあとに「作品そのものの真の姿を体験できた」という満足感を覚えた。それはまさに稀有な瞬間のひとつだった。

とイギリスのクラシックＣＤ専門誌『グラモフォン』は記している。

ドイツの週刊新聞『ツァイト』は第七番の演奏をこう評した。

ベートーヴェンの才気のほとばしりを余すところなく描きながら、それが単なる力の誇示に陥るのをけっして許さない。ここでのヤンソンスの造形の綿密さと、それを完成させるまでの限りない忍耐力には、畏怖の念をおぼえる。そしてホルンの高音域の音色が繰り返しホールの隅々にまで響き渡るさまは、力押しにまさる技の勝利の実例ともいうべき見事さだった。

解釈と柔軟さ

「わたしには、特別な才能などありません。ほかの人たちのいちばん良いところを盗む才能があるだけです」

ムスティスラフ・ロストロポーヴィチは、自身についてこう語っている。偉大なチェリストで指揮者でもあったこの友人の言葉は、ヤンソンスのお気に入りのひとつだった。自分の信条を軽い口調で述べた、音楽家好みのジョークと受け取ってもいい。あるいはそれなりの真実を秘めた発言ともとれるだろう。この洒落には、優れた表現上のアイデアを「盗む」だけでなく、自分とは違う見方に対してオープンであれ、という知恵がこめられている。

そうした姿勢をマリス・ヤンソンスはずっと持ち続けていた。解釈者としての彼の生涯には、あきらかに一貫して変わらぬものがある。チャイコフスキーやショスタコーヴィチに対する姿勢も、そのひとつだ。ロシア系のレパートリーに関しては、早くから自分なりの見方がしっかり固まっていた。のちにこれらの作品を取り上げたときにも、随所にその基本姿勢が見て取れる――その結果、別の演奏でありながら、各部分のテンポは驚くほど同じになることがあった。ドラマチックな表現や思い切った強調をどこで用いるかという計算の見事さも、オーケストラ・ドライブの巧みさを示している。「砂糖に蜂蜜を足してはならない」――これがアルヴィーツ・ヤンソンスのモットーだった。手綱をゆるめて自分も音楽に浸りたいとか、あるいは熱い高揚感や濃密な情緒をわかりやすく演出して盛り上げようといった誘惑に陥りがちな作品を指揮するときこそ、息子は父の教えを固く守った。

その一方でウィーン古典派のように、興味深い変化がみられる分野もある。ニコラウス・アーノンクールのような先駆者と、その考えに共鳴する人々によって「クラングレーデ（音による語り）」と呼ばれる解釈のスタイルが開拓されたことは、ヤンソンスにも影響を与えずにはおかなかった。だからといって彼が歴史考証型の演奏技術を極め、その信奉者に宗旨替えしたわけではない。色付けを廃し、極限まで純化された響き。ヴィブラートは最小限か、あるいはまったくかけない。アクセントは激しく、ときにはあえて流れを断ち切るように聞こえる。音楽から一切の贅肉をそぎ落とし、いわばノイズ化することで、その構造を明らかにする。ヤンソンスは、こうした演奏方法やガット弦の使用にまでは踏み切らない。それでもほかならぬアーノンクール本人と定期的に会って、作品解釈について議論を交わしていた。そして実際に演奏する上での細かい点はもちろん、音楽に対する基本姿勢についても、ある程度まで納得していたのだ。

たとえば、ヤンソンス晩年のベートーヴェン解釈が以前のそれとは大幅に違うものとなった理由は、まさにここにある。東京のサントリーホールでライヴ録音した、バイエルン放送交響楽団との交響曲ツィクルスからは、それがはっきりと聞き取れる。それぞれの音がシャープに分離され、中声部がライトを浴びたようにくっきりと浮かび上がる。コントラストやアクセントのつけ方も、ときにはおそろしく激しく、音楽の表現そのものがスリム化している。こうした変化はすべて、アーノンクールをはじめとする人々が起こした革命がなければ起こり得なかったはずだ。

あるときヤンソンスはいつものように、大好きな作品である『エロイカ』の練習に取りかかる。ところがミュンヘンの楽団員たちが不思議に思うほど細部にこだわり、すでに自分の指示が徹底していたはずの箇所をすべて洗い出し、表現を吟味し直した。あるいはモーツァルトのレクイエムの演奏にあたっては、ある時点から小型のティンパニと内径の狭いトロンボーンに変えている。こうした点でヤンソンスはクラウディオ・アバドと似た道を歩んでいる。どちらも基本的には端正な響きを追及するタイプだが、それを自己目的とすることは決してなく、あくまでも音楽の構造から生まれる現象ととらえていた――ふたりともウィーンでは、アナリーゼ（楽曲分析）を重視したハンス・スワロフスキーのもとで学んだのがその理由かもしれない。

「クラングレーデ」の考え方を知ろうと努力し、その音楽について熱心な意見交換につとめたにもかかわらず、マリス・ヤンソンスが避け続けた作曲家がいる――ヨハン・ゼバスティアン・バッハだ。作品そのものはよく知っていた。コーラスに参加してたくさん歌った経験もあり、また合唱指揮者としてとりあげてもいる。のちに彼はこう述べている。

「まさに天才です。ほかのあらゆるものの基礎ですよ。けれども、もしいま自分でバッハをやろうと思ったら、様式や、言語や、これまでの伝統を勉強し、マスターするのに途方もない時間がかかるでしょう。バッハの音楽が自分のものになるまでに、いろんな分野のことを深く掘り下げて分析しなくてはなりません。ひとことでいえば、いきなりスコアをパッとあけて『はい、リハーサルを始めます』というわけにはいかないのです——純粋に技術面だけを見れば、できそうに思えるかもしれませんがね」

つまりは畏敬の念ゆえに、この大作曲家から距離を置いていたのだ。自分は古楽の専門家たちにかなわないのではないか、という不安も多少はあっただろう。彼らの知識、考え方、実際の演奏をヤンソンスは受け入れ、高く評価している——そして同時に、独自性の濃い音楽づくりの伝統の中で育った自分にとって、やはりそれは別の世界なのかもしれないと感じていた。

「自分が頂点には立てないと思ったものには、むしろ最初から手をつけません」

この言葉には、ヤンソンスのメンタリティと自意識の一端があらわれている。

そのためヤンソンスは分業制をとり続けた。ウィーン古典派より前の時代のものは、自分では振らない。ヘンデルの作品ですら、ごく短いものを断片的に取り上げた記録があるだけだ。彼がシェフをつとめたどのオーケストラでも、バロック物のプログラムはトン・コープマンやトーマス・ヘンゲルブロック、ジョヴァンニ・アントニーニといった指揮者たちにゆだねられた。従来型のオーケストラから折に触れて招かれる彼らは、古楽界のトレーナーと呼べるだろう。こうした専門家を呼ぶのは、まず古楽演奏の実際を教わり、発展させてゆくためだ。さらには、バロックやウィーン古典派の作品をロマン派以来の美意識にもとづいて演奏すると、現代の音楽市場では——歴史考証型演奏の理念を誤解し、それのみが正しいというドグマを信じる人々もいるために——批判されがちな傾向が強まっていることも、その理由だ。

「自分の考えは、けっして永遠不変のものではありません」

この言葉でヤンソンスが言おうとしたのは、特定の時代とは関係のない、解釈一般についてである。

「もちろん一定の目標はあるわけですが、現実を超えた、到達不可能なところには設定しません。リハーサルが進むにつれて、二つのものがはっきり見えてきます。自分のやりたいことと、そして現実です。最初は作品について、何か自分なりの考えが必要です。できるだけ具体的なほうがいい。そこから解釈や、音作りのモデルを作っていきます。そのあとは現場に出て、個々の部分がうまくひとつの全体像にまとまるか、どういう手順でそれが可能かを、ミュージシャンたちといっしょに探っていかなくてはなりません」

だが、この全体像とは固定化されたものではなく、ダイナミックな変化の可能性を秘めている。馴れ合いを防ぐためにときにはオーケストラを驚かせ、適応力をテストするという、いわば教育上の理由からもこうした柔軟性が必要だった。

「とつぜん何か新しいことを試してみようと思いつくこともよくあります——とくにツアーで、同じ曲を四回、五回と繰り返すときですね。そういう場合、ちょっと即興的に変えてみるのがじつは大好きなんです。オケのみんなはそれがよくわかっているので、あまりやりすぎないように気をつけてはいます。でないと、大変なことになりますから」

演奏会の準備のために、以前はピアノに向かい、フルスコアを見ながら全曲を通しで弾いていた。やがてだんだんレパートリーが定まってくると、弦や管の個々の流れや、特定のフレーズがはっきりするよう、スコアに書き込むだけで大丈夫になった。

「ただし、これはあくまでも紙に描かれた設計図をより深く理解するための方策です。じっさいに新しい建物を造るには、まだ大事な仕事が残っている——オーケストラと力を合わせてやっていく仕事がね」

しかし、結局のところマリス・ヤンソンスとはどういう指揮者なのだろうか？　彼の演奏スタイルはどう言葉で表現できるだろう？　まずはっきりしているのは、ほかの多くの指揮者たちとは違い、ヤンソンスは特定のタイプに分類できないことだ。ヘルベルト・フォン・カラヤンは、ときに限度を超えるほど豊麗な響きで聴く者を圧倒しようとする、唯美主義者と呼べるだろう。それに対して、カール・ベームは正確第一で、楽譜への忠実さをなによりも重んじたし、レナード・バーンスタインはその時々の自分の思いを音楽にのせて熱く語った。もっと後の世代ならば、クリスティアン・ティーレマンはクラシック音楽マニアに多い、ドイツ・ロマン派を偏愛するタイプだ。クラウディオ・アバドは伝記の題名[*]のとおり、まさに「静かなる革命家」だった。作品の内なる声に耳を傾け、それを人々に伝えることに心を砕いた、繊細な知性の人だった。マリス・ヤンソンスはどのカテゴリーにもあてはまらず、「売り」になるような目立った点もなく、ひとことで彼を言い表せるような単語が見つからない。これは欠点と言うべきだろうか？

ミュージシャンや批評家がヤンソンスについて語るとき、よく使われたのは「エネルギー」という単語だ。「全力で打ち込む」という表現もそうであるし、とくにキャリアの三分の二ぐらいまでは、リハーサルの熱心さを評して「コントロールへのあくなき執念」という言い方もされた。誰もがヤン

＊　ヴォルフガング・シュライバーの『クラウディオ・アバド——静かなる革命家』（C. H. Beck, Müinchen 2019）を指す（未訳）。

ソンスにはカリスマ性があったと言う。だが、教祖風の雰囲気とは無縁だったし、天才を気取ったり、奇矯な行動に走ることもなかった。そもそもそんなことは性に合わなかったのだ。指揮台でショーマンシップを発揮して見せる同業者に対しては、黙ったまま眉をひそめていた。そうした批判をめったに口にしなかったのは、それが礼儀だと思っていたからである。

逆の見方をすれば、ヤンソンスはなかなか売り出しにくいアーティストだった——特定のタイプに分類できない指揮者だったからだ。いわゆる「クラシック音楽の市場」でも、誰もがわかりやすく、忘れにくいイメージを拡散させようと競っている。そんな中でヤンソンスという存在は、人々の関心の網をすり抜けてしまう。適当にカテゴライズしようとしても、するりと逃げてつかみどころがない。彼が率いたオーケストラにとっては、ときとしてこれが悩みの種だった。楽団側は首席指揮者のすばらしさを宣伝し、オーケストラとの結びつきをアピールしたい。それはオーケストラ自身も、なんらかのキャッチコピーで自分たちを売り出したいからだ。これがクリスティアン・ティーレマンとシュターツカペレ・ドレスデンならば、ベートーヴェン、ブラームス、ブルックナーという「交響曲の三大B」を疾風怒濤の派手な演奏で聴かせるのが売りであり、指揮者もオーケストラもドイツ・ロマン派以来の伝統の守護者ということになっているから、そんな苦労は必要ない。

「なにかぜんぜん違うことをやってやろうとか、音楽の世界を驚かせなきゃいけないなんて、思ったこともないし、実行したこともありません」

こうした状況についてヤンソンスは語っている。

「ぼくがいつも気をつけているのは、スタイルに合わせて、つまりその時々の作曲家の持ち味に合わせて演奏しなきゃいけないということです」

若い頃は、いつもなにかしら普通とは違う、誰も聴いたことがない演奏をやってやろうと意気込むものだ、と彼は言う。

「いまは、自分があるがままに、自分ができるようにやっています。日々の暮らしと同じですよ。これは
わざとらしいことは長続きしません。そもそも、びっくりするような変化は苦手です。これは年齢と
年齢とは関係がない。そういう気性なんですね。人はあるがままでいるほかない。それだけです」

この点に関しては、かつて手本としたエフゲニー・ムラヴィンスキーの影響が強いと言えるだろう。

彼のこんな言葉をヤンソンスは覚えている。

「一番良いのは、聴衆が指揮者の存在に気付かないことだ。重要なのはただ一点、オーケストラがいかに演奏するかだよ」

ただヤンソンスは、ロシア屈指のオーケストラ・ビルダーだったムラヴィンスキーのストイックな演奏スタイルや、素っ気ないまでに淡々とした指揮ぶりまでは、まねしなかった。リハーサルのときからむしろ情熱を前面に出し、表現の仕方にたいしてちょっと顔をしかめて注文を付けたり、あるいはさまざまなイメージを言葉にして、自分が求める理想を明確にしようと努めた。だが、指揮者がとってつけたような表情をして、いわばワン・クリックでデータを呼び出すように喜怒哀楽を演じて見せ、オーケストラもそれにあわせてダイヤルを回すように調整していく、そんな形だけの機械的なやり方をヤンソンスはひどく嫌っていた。

ツアー先での音出し練習はいささか様子が違う。多くの場合、緊張感を保ったまま冷静に進めてゆ

く。力を抜いたように見える小さな動きで、スコアのあちこちの難しい箇所をさらってゆく。いずれもヤンソンスがそれまでの演奏で気づいたか、あるいはメモしておいたところである。こうした一連の流れは、チェックリストに処理済みの印をつけてゆく作業に似ていた。ただしこれから演奏するホールの音響チェックは例外だ。指揮台を楽員の誰かに任せて、ヤンソンスはよくホールの中をあちこち歩き回った。神経を張り詰め、意識を一点に集中させて吟味を重ねる。それでもやはり不安が残ることもある。そんなときは、彼の心の動きがまわりの者にも肌で感じられた。それだけに本番での豹変ぶりは、一層強烈なものに思われた。まるで予備のバッテリーをオンにしたかのように表情豊かに指揮する姿には、生気がみなぎっていた。

「本番がリハーサルのコピーで終わるのは嫌なんです。それ以上でないと。ロケットの打ち上げのようにね。準備が第一段で、まずそこに点火する。練習を重ねるのが第二段ですが、ロケットが宇宙まで飛んでいくには、さらに三段目が必要でしょう」

そこで鍵となるのは、ヤンソンスとオーケストラの相互作用であり、共存関係の中で両者が互いに高めあうことだ。その土台となるのが、優れたバトン・テクニックである。指揮とはただ拍子を取るだけでなく、いうなれば音楽の流れを描いて見せる映像なのだ。そこでは音楽の縦の線と横の流れが常にバランスを保っている。こうした技術は何十年にもわたる経験の賜物であり、またそれぞれに強烈な個性を持った師匠たちから、若い頃に教わったものでもある。

ヤンソンスがどれほど音楽に没頭していても、それと並行してつねにコントロールの要素が強く感じられる。作品の要となる箇所や、難しいパッセージを完全に手のうちに収めているようすが伝わってくる。だが、そこでのエネルギーは決して一方通行ではない。オーケストラの楽員たち（ヤンソンスにとってはつねに対等な仲間だった）が発するさまざまなインパルスを受け止めると、ヤンソンスはそれを逆方向に打ち返す。こうしてミュージシャンたちが彼に向けて提示したものを、ひとつの全体にまとめ上げるのだ。ある意味それは、変換と変容のプロセスだと言える。ヤンソンスがそのオーケストラと長く、深く付き合い、楽団員への信頼が増すほどに、この相互作用はますます強まってゆく。このことは彼のオーケストラのメンバーたちも意識していて、一種特別な現象と受け止めていた。最初は口うるさく注意されるように感じていたのが徐々に変わって、きちんとコントロールされながらも、自由に任せられるところが増えている。長年の共同作業が種まきならば、これこそ指揮者とオーケストラが共に手に入れた収穫であった。

ヤンソンスが定期的に客演していたベルリン・フィルハーモニー管弦楽団と、ウィーン・フィルハーモニー管弦楽団の場合は、事情が違っていた。世界のオーケストラの最高峰に対する深い敬意と、比類ない伝統への畏敬の念が強く作用していた。その一方でヤンソンスには、二つのオーケストラが培ってきたまったく対照的なサウンドと、首席奏者たちのポテンシャルの高さを存分に楽しむ余裕があった——それは、シェフとしての責任の重さから解放されていたせいでもある。そんな瞬間の彼は作品の水先案内人というよりも、一度限りの演奏を生み出す触媒の役目を果たしていた。

「指揮をするときの第一の課題は、オーケストラにインスピレーションを与えることです。それを忘れちゃいけません」

これはヤンソンスの数ある信条の中でも、もっとも重要なひとつだった。

「それがうまくいかないと、すべてがつまらないルーティンになってしまう」

特にまずいのは、ミュージシャンたちのインスピレーションがあまり伝わってこない、あるいはまったく感じられない場合だという――ありがたいことに、そんな経験はめったにありません、とヤンソンスは語る。

「本当はね、マッチでちょっと火をともすぐらいにしておきたい。それをみんなで大きな炎へと育てていくのがいいんです」

キャリアの最初のころから、ヤンソンスは若いほかの指揮者たちとたくさん議論を重ねてきた。誰もが心に抱えていたのは、演奏においてもっとも重要なものは何か、という根本的な問題だった。正しい様式感か？　音のバランス？　テンポの組み合わせ？　それとも技術水準の高さ？　あるいは――じっさいには実現不可能だが――それらすべてを兼ね備えることか？　いつしかヤンソンスは自分なりの答えを見つけ、こうした意見交換の場で喜んで披露した。

「堂々とした、嘘のない表現だね」

マリス・ヤンソンスに対するイメージをひとつに絞るなら、やはりロシア物のエキスパートということになるだろう。オスロ・フィルハーモニー管弦楽団と録音したチャイコフスキーの交響曲全集が好評だったために、とくに最初はそう思われていた。リヒャルト・シュトラウスやヨハネス・ブラームス、グスタフ・マーラーなどの作品で成功を積み重ねてゆくにつれて幅広い層から評価されるようになり、業界での位置づけも変わっていった。それでもやはり、これら中央ヨーロッパで育まれたレパートリーに関しては、つねに外から来てそれを学んだ人物と思われていたのではあるまいか？

指揮者たる者、ブルックナーやシューベルトを完全に理解したければ、アルプスの山と渓谷を間近に見て、あの崇高にして単純なる風景を実際に体験しておかなければならない——これはニコラウス・アーノンクールの有名な言葉だ。そうした姿勢に敬意を払いつつも、ヤンソンス自身はそこまで強いこだわりは持たなかった。

「生粋のロシア人ではないですが、ぼくは子供のころからロシアで暮らしました。だからこうした音楽のある部分は、それほど苦労せずに理解できるのかもしれません」

それでもやはり音楽には「抽象的な性格」があるはずだ、とヤンソンスは言う。だから、作品の解釈を造り上げてゆくうえで、つねに大きな役割を演じるのはまず直感と想像力であり——そして作品の歴史的・文化的な背景に関する知識だ、という考えだった。

「チリやエクアドル出身の指揮者だって、ショスタコーヴィチで自分のやりたいことを存分に表現できますよ。ただしそのためには、ただスコアをひたすら読み込むだけでなく、さらにそれ以上の勉強が必要です。ショスタコーヴィチという作曲家について知らなければならない。彼の作曲家としての位置づけや独自性、どんな状況で育ち、どういう環境のもとで仕事をしたのかを知る必要があるのです」

つまり、なんらかの音楽のスタイルや、特定の時代の音楽と接点がない環境で音楽家として育ったことは、けっして欠点ではない——だが、そのぶん余計に勉強はしなければならない。あるいは先ほどのアーノンクール流の言い方にならえば、シューベルトやブルックナーをやるならば、アルプスの山麓をゆっくりハイキングしてみるくらいは必要だ、ということなのだ。

「民族性に縛られない」指揮者の最高の例がヘルベルト・フォン・カラヤンだ、とヤンソンスは言う。具体的には、フランス印象主義の作品解釈を指している。こうした曲でのカラヤンの演奏について語るヤンソンスの口ぶりは、まさに熱狂的だった。そして彼自身も、一見まったくの「畑違い」と思えるような環境のもとで、同じようにすばらしい演奏を残している。バイエルン放送交響楽団とチャイコフスキーの交響曲第五番を練習していたとき、ある箇所でヤンソンスは指揮棒で譜面台を叩いて演奏を止めた。ミスではない。ただ、ひとこと言わずにはいられなかったのだ。

「まさかドイツのオケがここまでできるなんて、信じられない。感激の一語です。みんなでロシアに行って、向こうの連中にぼくらのチャイコフスキーを聞かせてやりましょう！」

両親のピアノで初めての「演奏」を試みるひとり息子のマリス。[1]

「空想の中では、もうこのころから自分はかならず指揮者でしたね」
——マリス・ヤンソンスは三歳ですでに父の仕事を真似していた。[2]

ヤンソンス一家。アルヴィーツとイライーダ、そして才能豊かなマリス。[3]

父アルヴィーツ（右）、ピアノのスヴャトスラフ・リヒテルとともに。[4]

一九七一年秋、自らの名を冠した指揮者コンクールでマリス・ヤンソンスに第二位を手渡すカラヤン。［5］

一九六八年、レニングラードでヘルベルト・フォン・カラヤンはマスターコースを開く。この出会いがヤンソンスの運命を変えた。［6］

レニングラード・フィルを指揮するエフゲニー・ムラヴィンスキー。父と同じくマリス・ヤンソンスもこの巨匠の助手をつとめた。［7］

ベルリン・フィルを前にしても堂々たるもの。若いころからヤンソンスはこの世界最高の楽団にたびたび招かれた。［8］［9］

縁組には至らなかったが、幸福な関係は続く

二〇一五年、ベルリン・フィルは次代への橋渡し役としてヤンソンスを首席指揮者に迎えようとした。［10］

力を合わせ世界を目指す――1979 年から 2000 年までヤンソンスはオスロ・フィルを率いる。初めての首席指揮者のポストだった。[11]

ブルックナーの交響曲第９番のリハーサル。コンセルトヘボウ管と。[12]

コンセルトヘボウ管との最後の定期演奏会で。お気に入りのバリトン、トーマス・ハンプソンがマーラーとコープランドの歌曲を歌った。[13]

思いがけぬ記念品。2015 年 3 月、コンセルトヘボウ管のシェフとしての最後の演奏会で、巨大な肖像画が披露される。[14]

二〇一七年ミラノ・スカラ座で。ブルックナーの交響曲第八番の終演後、ヤンソンスとバイエルン放送響に紙吹雪が降り注ぐ。［15］

ツアーでくり返し訪れたニューヨークのカーネギー・ホール。バイエルン放送交響楽団と。［16］

マウリツィオ・ポリーニ（ピアノ）とガスタイクで。［17］

チェロのヨーヨー・マと。ミュンヘンにて。［18］

イェフィム・ブロンフマン（ピアノ）も、ヤンソンスが好んで共演した演奏家のひとり。［19］

ラン・ラン（ピアノ）ともよく共演した。二〇〇六年、ベートーヴェンの協奏曲第一番。［21］

指揮者・ピアニストのダニエル・バレンボイムと。［22］

2016年、兵庫県立芸術文化センターKOBELCOホールでマーラーの交響曲第9番を振り終えて。オーケストラ退場後も鳴り止まぬ拍手に舞台に呼び戻される（11月24日）。［23］

ミューザ川崎シンフォニーホールの舞台に向かう（11月26日）。［24］

サントリーホールではストラヴィンスキー『火の鳥』
（1945 年版）を振ってバイエルン放送響との日本ツ
アーを締めくくった（11 月 28 日）。[25]［26］

「コンサートの本番は、ロケットの打ち上げのようでなければ…」
情熱、心からの献身、構造と響きに対する鋭い感覚、そして楽曲に関する深い知識。マリス・ヤンソンスの演奏ではそれらが一体となっていた。［27］－［32］

聴衆とみずからのオーケストラのために持てる以上のものを与え続けたことが、彼にとって大いなる悲劇を招いたのかもしれない。2019 年 12 月 1 日、マリス・ヤンソンスの死が報じられ、音楽の世界は静寂に包まれた。［33］

個人的な好み

マリス・ヤンソンスのレパートリーの広がりは、二つの音楽記号で視覚化できるだろう。クレッシェンドの始まりは前古典派で、そこから時代が下るにつれて幅が広くなり、一八五〇年から一九〇〇年にかけてがもっとも大きくなる。そこからは急速にデクレッシェンドして、近現代へとすぼまってゆくのが特徴的だ。ヤンソンスひとりに限ったことではない。彼と同世代の多くの指揮者にとって、一番しっくりくるのはロマン派だった。そうなったのも無理はない。大々的な古楽ルネッサンスの結果、古い時代のものはその専門家たちが分担するようになったためだ。

しかしこうしたマクロ的な変動の中にあっても、さまざまな変化は生じている。はじめてオーケストラのシェフとなったころ、つまり「オスロ時代のヤンソンス」と比較すると、アムステルダム時代、そしてミュンヘン時代のヤンソンスが、多くの点でどれだけはっきり変化したかが明らかになる。統計の数字をくらべるにあたって、一点だけ注意が必要だ。ヤンソンスがいつ、何を、どこで指揮したかについて、オスロとアムステルダムのオーケストラは事細かに記録しているが、バイエルン放送響は詳細なリストを作っていない。したがってこのオーケストラに関しては、あくまでもおおよその傾向を示すものと考えていただきたい。

　オスロでの演奏会記録ではトップだったエドヴァルド・グリーグは、アムステルダムとミュンヘンでそれぞれシェフをつとめた期間には、もはやまったく出番がない。この時期、シベリウスのレパートリーもぐっと減って、交響曲第一番・第二番、そしてヴァイオリン協奏曲をあわせて、コンセルトヘボウ管との演奏回数は二十回、バイエルン放送響との回数は、わずかにそれに及ばない。ちなみにオスロでは合計で八十四回シベリウスを演奏していた。アムステルダム時代にもっとも重要だったのは、ドイツの作曲家だ。同地の統計によると、ヤンソンスがリヒャルト・シュトラウスを振った回数は八十二回にのぼる。ミュンヘンでも状況は同じで、シュトラウスの演奏回数は一〇〇回をはるかに超えている。

　こうなった主な理由は二つある。まずオスロ・フィルハーモニー管弦楽団の場合、いわゆる「ご当地もの」として、北欧の作曲家に重点が置かれていた。それに対し、コンセルトヘボウ管とバイエルン放送響の場合、オーケストラが持つ音のポテンシャルを最大限に生かすには、リヒャルト・シュトラウスのような作曲家の手になるショーピースが最適だったためだ。ヤンソンスとコンセルトヘボウ管の演奏で特に回数が多いのは『英雄の生涯』(二十回)、ついで『ばらの騎士』組曲と『死と変容』(いずれも十四回)であり、『ティル・オイレンシュピーゲル』とはわずかな差だ(十一回)。バイエルン放送交響楽団との『英雄の生涯』は十一回、『死と変容』が六回、『ティル・オイレンシュピーゲル』がやはり六回である。このオーケストラとは『ドン・ファン』を十六回も取り上げているのに対し、コンセルトヘボウ管とはわずか八回にとどまっている。しかし、バイエルン放送響とのシュトラウスで単独トップに立つのは『ばらの騎士』組曲だ。コンサートでよく使われるいくつかの慣用版に、ヤンソンスがいつもアンコールに使っていた短いバージョンも加えると、あの有名なワルツをバイエルン放送響と演奏した回数は四十回以上になる。

コンセルトヘボウ管弦楽団がヤンソンスのもとで演奏した回数が二番目に多い作曲家は、マーラーの六十八回である。アムステルダムが、かつてマーラーと個人的な交流のあった指揮者、ウィレム・メンゲルベルクのお膝元だったことを思えば、当然の結果とさえいえるだろう。このオーケストラにとってはマーラーが「ご当地もの」として重要なレパートリーなのだ。ここでもやはり、名門楽団が培ってきた演奏スタイルと独自のサウンドを信頼し、それを土台に音楽を組み立てていけばよかったから、ヤンソンスにとってはレパートリーの重点を移す機会となった。第九番や第七番も含めて、在任中にすべての交響曲を演奏している。マーラーの中でも、交響曲第一番は演奏回数二十回で断然トップに立っており、この曲と『英雄の生涯』は、ヤンソンスとコンセルトヘボウ管のコンビがもっとも多く演奏した作品である。これに続いては第六番（十一回）、第二番（十回）だが、回数はずっと少ない。

バイエルン放送交響楽団とのマーラーはそこまで多くなく、交響曲を演奏したのは五十回あまりだ。第五番がもっとも多く、それに対し第一番はわずか四回しかやっていない。ミュンヘンでシュトラウスの次によく演奏された第二位の作曲家は、ベートーヴェンである。彼の交響曲の演奏回数は約九十回で、第三番と第七番がもっとも多い。東京とミュンヘンでの全曲演奏会も、数字を押し上げる要因となっているはずだ。

こうしてみるとヤンソンスは、どちらのオーケストラにもリヒャルト・シュトラウスを高い頻度で演奏させる一方で、コンセルトヘボウ管弦楽団にはマーラーが、バイエルン放送交響楽団にはベートーヴェンが合うと考えていたようである。

ロシア物に関するデータは、予想を大きく裏切るものだ。オスロではまだ、チャイコフスキーの占める位置がかなり高かった――それはなによりも、彼らが世界のクラシック市場でブレイクするきっかけとなった、あの交響曲全集のおかげだ。それがアムステルダムに移ってからは、中の上ぐらいの地位に後退している。たとえば、あのオスロ・フィルの看板演目だった交響曲第五番をヤンソンスがコンセルトヘボウ管弦楽団を相手に初めて指揮したのは二〇一三年三月、つまり彼が退任するわずか二年前のことである。アムステルダムでの任期を終えるまでにヤンソンスがこの作品を振ったのは合計十五回だ。ミュンヘンのデータも、これと大差ない。

ヤンソンスのレパートリーの中核をなす作曲家のひとり、ショスタコーヴィチについても同じ傾向が目につく。どちらのオーケストラにおいても、ショスタコーヴィチが占める位置は、やはり中の上にとどまっている。

ヤンソンスが特に好んだ交響曲第五番は、オスロ・フィルとは三十回演奏しており、アムステルダムに着任したときの二番目のプログラムにも取り上げている。そのプログラムを二回演奏して以降、この曲はやっていない。その後は第七番（十一回）と第十番（十二回）の演奏回数のほうが伸びてゆく。ミュンヘンでのほうがショスタコーヴィチの演奏回数ははるかに多く。もっとも多いのは第六番（十八回）で、第五（十三回）、第七（十回）があとに続く。

こうした数字からも、ヤンソンスが二つのオーケストラの伝統にうまく乗って、これまでとは違う路線を歩もうとしたのがわかる。アーティストとしてのイメージ作りが大きな意味を持っていたのはもちろんだが、音楽家としてのこれからをよく考えたうえでの結論でもあった。自分が作品から新たな刺激を受けられるようにするため、いったんこれらの曲から遠ざかることもいつか必要になるだろう、というのがヤンソンスの考えだった。また、ときにはグロテスクなまでに強烈な表現力に満ちたショスタコーヴィチの音楽語法は、ノーブルな響きが持ち味のコンセルトヘボウ管弦楽団とは、やはり相性が良くないという判断が働いたのかもしれない。というのも、いくつものオーケストラを使って録音されたヤンソンスのショスタコーヴィチ交響曲全集は、さまざまな栄誉に輝く名盤だが、そこにコンセルトヘボウ管弦楽団の名前はないからだ。

これまであまり手をつけずにいながら、アムステルダムとミュンヘンで急に取りあげる頻度が上がったのは、ストラヴィンスキーである。なかでも『火の鳥』の演奏回数が増えたのが要因だ。組曲と全曲版を合わせれば、コンセルトヘボウ管とは十七回、バイエルン放送響とは十八回演奏している。ブルックナーについても変化がみられる。マーラーと同様に、どちらのアンサンブルもこのロマン派の作曲家に関しては伝統があり、いずれの町にとってもなじみの深い存在だ。以前のヤンソンスにとって、ブルックナーはあくまでもその他大勢と同じ役割しかもたなかったのに対し、コンセルトヘボウ管とは交響曲第三番と第四番を各十回、第七番を九回、第九番は五回、第六番は四回演奏している。ここでやはり興味深いのは、どの交響曲をとり上げなかったかであり、第五番と第八番は指揮していない。第五番に関してはバイエルン放送響ともやはり記録がないが、それでもこのオーケストラとは

第八番を六回演奏しており、第六番、第七番も同じ回数振っている。

これらの結果から、ヤンソンスが特に集中して取り組んだのはロマン派と後期ロマン派の伝統に連なるもの、さらにはドビュッシーやラヴェルなど印象主義のものも含む一連の作品であったことがわかる。

統計においては、数が少ないもの、あるいは空白となっているものが、かえって多くを語る場合もある。プロコフィエフに関してはヤンソンスももちろん学生時代に勉強しているが、アムステルダム時代の演奏回数は、全作品の合計で十二回しかない。逆にミュンヘンでは三十回を超えている——明らかにバイエルン放送響のほうが音のポテンシャルの面で、プロコフィエフにふさわしいと思われたのだろう。メンデスルゾーン＝バルトルディもコンセルトヘボウ管との演奏回数が十一回しかなく、バイエルン放送響との数字もほぼ同じだ。シューベルトもやはり少ない。グリーグと同じ憂き目にあったのがバッハとヘンデルで、ヤンソンスはどちらのオーケストラともバロックものは一切やっていない。

全体として見るならば、この二つのオーケストラのデータは基本的に似ている。そして、ヤンソンスが初めてシェフを務めたオスロのそれとははっきり異なっている。またリヒャルト・シュトラウスがヤンソンスにとってナンバーワンの作曲家であり続けたという事実は、精緻を極めた管弦楽法と豊かな音色のバリエーションのたぐいまれな融合をヤンソンスがどれほど深く愛していたかを示すとともに、これらの作品に接するとき、オーケストラと互いにエネルギーを放射しあい、共に演奏を造り上げてゆく体験が彼にとっていかに大切なものだったかを教えてくれる。それでもなお「ヤンソンスのシュトラウス」は、どちらのオーケストラを振った場合でも、激しい炎を幾度となく吹き上げるような熱いスペクタクルにはならない——壮麗をきわめた表現でありながらも、つねに構造を意識し、統制を踏み外さない、造形美の構築だった。

ミュンヘンでは、オペラは演奏会形式の上演のみに限られたため、アムステルダム音楽劇場とのつながりを持つコンセルトヘボウ管弦楽団のほうがはるかに恵まれていた。二〇〇六年六月、『ムツェンスク郡のマクベス』という大仕事をやり遂げたのち、ヤンソンスとコンセルトヘボウ管は、本拠地での演奏会とツアー先でのコンサートという通常のリズムに戻る。だが翌二〇〇七／二〇〇八シーズンには、通常のレパートリーの枠に収まらないプログラムが控えていた。二〇〇七年十二月、ギドン・クレーメルがコンセルトヘボウの舞台に招かれ、バルトークのヴァイオリン協奏曲第一番と、やはりヴァイオリン協奏曲風の『Lonesome』と題する曲を演奏した。一九三五年、グルジアのティフリス（現在のトビリシ）に生まれたギヤ・カンチェリの作品だ。休憩のあとはオランダの作曲家オットー・ケッティング*（一九三五―二〇一二）のオーケストラ曲『到着』、そしてバルトークの『中国の不思議な役人』組曲という取り合わせだった。一九九〇年、アムステルダムにデビューするとき指揮したベルリオーズの『幻想交響曲』はヤンソンスお気に入りの作品だったが、その後は機会に恵まれず、二〇〇八年一月になってようやく彼の希望はかなえられた。

このシーズンはまた、記念となる節目にもあたっていた。二〇〇八年秋、コンセルトヘボウ管弦楽

＊ 父ピートも作曲家。トランペット奏者から作曲に転ずる。様々なスタイルを巧みに融合させ、映画音楽も含む幅広いジャンルの作品を書いた。

団は創立一二〇周年を祝う。十月二十四日の祝賀演奏会は、多様さだけが目立つ妙なプログラムで、それぞれの作品を結ぶ一貫した流れがあるとは言いがたいものだった。ウィレム＝アレクサンダー王太子とマクシマ妃、そして来賓の人々を前に演奏されたのは、まずベートーヴェンの『エグモント』序曲とピアノ協奏曲第三番（ソロは内田光子）。休憩をはさんで、ロジーナのカヴァティーナ「今の歌声は」（ロッシーニ『セヴィリアの理髪師』より）とマヌエル・デ・ファリャ『七つのスペイン民謡』をメゾ・ソプラノのタニア・クロスが歌い、最後はおなじみの名曲『ティル・オイレンシュピーゲル』でお開きとなった。

オスロ、ピッツバーグ、ミュンヘンでもそうしたように、ヤンソンスは直接音楽をやる以外の仕事にも精を出した。アムステルダムで彼が取り組んだのは、コンセルトヘボウ管弦楽団のメンバーたちの地位向上と、基本的な労働条件の改善である。もし上層部が回答を渋るようならば、この自分を必要なところへ引っ張って行ってくれ――あまり早すぎても効果がないから、ここぞという瞬間に呼び出してほしい。ヤンソンスは楽団の代議員たちに、そう頼んでいた。

「ぼくが出向いて行って、最後のひと押しをするから」

ヤンソンスの応援は効を奏した。とりわけこの時期に給与の引き上げを勝ち取ったのは大きい。ちょうどこのころオランダ政府は、文化団体への財政支援を減らそうとしており、削減幅が三分の一に及ぶ場合もあった――自己収入の割合を約五〇パーセントまで引き上げるよう義務付けられたのも、コンセルトヘボウ管弦楽団にとっては厄介な重荷だった。

この数年、ヤンソンスはグスタフ・マーラーの交響曲に繰り返し取り組んでいた。すでに自分のレパートリーに定着している作品を、この時期のように集中して取り上げるのは、ヤンソンスとしても異例である。世界各地でコンサートは行われていても、マーラーに関しては、やはりアムステルダムは中心地のひとつなのだ。これらの作品に対するヤンソンスの理解と、このオーケストラのマーラー演奏の伝統は、じつに相性が良かった。マーラーの音楽を底の底まで知り尽くしているからこそ、どんな解釈でも「よけいな混ぜ物なし」で音にしてくれる。極限まで集中し、エネルギーを炸裂させても、指揮者とオーケストラが作品の中で自分を見失ったりはしない。スコアを過大に解釈して安直な効果を狙い、感動の垂れ流しに陥るのは避けている。ヤンソンスとコンセルトヘボウ管弦楽団は、どちらも外から作品を見ている。それでいて冷徹な、あるいは技術万能主義のような雰囲気はどこにもない。

このことを実感できるのが、たとえば二〇〇九年十二月の交響曲第二番『復活』だ。リカルダ・メルベート（ソプラノ）とベルナルダ・フィンク（メゾ・ソプラノ）、そしてオランダ放送合唱団を迎えたこの演奏は、他に類を見ない、一度限りの出来事だった。そもそも第一楽章からヤンソンスはじっくりと時間をかけて進めるが、遅さの限度を超えて感傷に溺れ、あらゆるフレーズをくどく歌い込むような愚は冒さない。細部まで彫琢が行き届き、テンポの緩急が鮮やかに対比づけられていても、つねに作品全体を貫く流れが意識されている。激しい高揚と息をのむような緊張感、情景が目に浮かぶような終楽章の表現においては、ヤンソンスも作品自体が持つ強烈なドラマ性をそのまま生かしている。それでも彼の演奏はレナード・バーンスタインが聞かせたような、自己の内面の告白ではない。巨大なエネルギーが放たれ、劇的なクライマックスが築かれても、自由奔放な熱狂とは異なるものだ。

ヤンソンスとコンセルトヘボウ管弦楽団は、作品そのものに集中しつつ、同時にそれを客観化するのに成功した。それゆえにこの解釈は、まさにひとつの規範を示すものだった。最後の和音が鳴りやむと、客席からはスタンディング・オベーションが起こった。

こうした演奏にすべての人が満足できるとは限らない。それからわずか数週間後、二〇一〇年二月の交響曲第三番の演奏に対しては、批判の声もあった。英紙『ガーディアン』は、ヤンソンスの解釈は偉大な先人たちの域には達していないとして、こう書いている。

すべてが小ぎれいにまとまり過ぎなのだ。どのフレーズも完璧に考量され、あらゆる構造が光り輝くまでに磨き上げられている。そのために、前半のいくつかの楽章では野太い力強さや荒々しさが欠けてしまった。ベルナルダ・フィンクはニーチェの引用による第四楽章で見事な歌唱を聞かせたが、フィンクのようなメゾ・ソプラノのやや明るめな音色に対して、やはりアルトの声質を好む向きもあるだろう。コンセルトヘボウ管の弦は澄んだ美しさをたたえていたものの、終楽章の賛歌においては、さらに一層の透明感があってしかるべきだった。

その一方で、ヤンソンスの着任以降、コンセルトヘボウ管弦楽団は明らかに変わった——それも良いほうに変化した、という評価もある。ニューヨークのカーネギー・ホールでの演奏会ののち、『ニューヨーク・タイムズ』は前任者リッカルド・シャイーとの比較をしている。そして、ヤンソンスのもとでこのオーケストラは、自分たちがかつて誇った暖かく深みのある音色を取り戻した、と述べている。しかもそれだけではない。さまざまな様式に対する順応性の高さも話題に取り上げている。もっともそのせいで同紙の批評家は、最初ある種の戸惑いを感じたらしい。

今回の来演でとり上げられた三つの作品、つまりシベリウスのヴァイオリン協奏曲、ラフマニノフの交響曲第二番、そしてマーラーの第三番は、あまりにも違った音楽として演奏されたため、楽団そのものがどのようなコンディションにあるのか、いまひとつ見極めがつかなかった。最後のマーラーに至って、このオーケストラは今まさに絶好調であることをはっきりと知らされた。

批評筋の見解がこのように分かれたのは、ヤンソンスのマーラー像がまだ進化の途中だったことを反映している。ヤンソンスとコンセルトヘボウ管弦楽団のコンビによるマーラーは、いわば中道を歩むものだ。激しい爆発やおどろおどろしい表現は、ヤンソンスにとってそれほど重要ではない。かといってミヒャエル・ギーレンのように、冷徹かつ禁欲的に、スコアの厳密な再現のみを追い求めるのとも違う。それに対しヤンソンスがミュンヘンで指揮したマーラーは、いささか様子の違うところが目につく。繊細で優美な表現に長けたコンセルトヘボウ管に対し、バイエルン放送響の演奏は、噴き上げるような情念、攻撃性といった要素が一段と色濃く表現されているのだ。アムステルダムでヤンソンスは、マーラーの作品のレパートリーをますます広げていった。二〇一一年三月、壮大なスケールの第八交響曲がついに演奏される——聴衆の前に現れた巨大な音の構造体は、角の取れた滑らかな響きで、細部まで完璧なバランスを保っていた。

この大曲の演奏に先立つ数か月は、海外公演に忙しい日々だった。韓国と日本、そして北欧へのツアーもある。そのなかでヤンソンスがもっとも落ち着かない思いでいたのは、かつての自分の任地、オスロでの演奏だったにちがいない。地元では、けんかの末に出て行った息子の帰郷を迎えるような思いでいた人も少なくなく、かつてオスロ・フィルで彼のバトンを経験したミュージシャンの多くが、コンサートの入場券を買い求める。しかし、あのいまわしいコンセルトフスで――その音響効果の改善とホールの改築を求め、そして敗れたあの場所で――演奏するのは、ヤンソンスにとっては問題外だった。久しぶりの再会となった演奏会は、誰にとっても中立な場所である二〇〇七年完成のオスロ歌劇場で行われた。

ウィーンのニューイヤー・コンサート

いったいどれだけの数なのか、推測するほかはない。オーストリア放送協会によれば、世界で五千万人を超えるという。ウィーンのニューイヤー・コンサートをテレビの生中継で見ている視聴者の数だ。オーケストラのイベントとして、これほど注目を集めるものは他にない。ある程度実績のある指揮者にとっても、さらに有名になる絶好のチャンスだった。それだけに舞台に立つときの緊張も大きいだろう。二〇〇六年、マリス・ヤンソンスにもついにその日がやってきた。あの魅力いっぱいの、世界中が注目する演奏会を任されたのだ。

「お客のことは考えない。テレビのことも考えない。考えるのは音楽のことだけです」

本番の数日前、ヤンソンスは筆者にそう語った——あるいはそれも、気を鎮めるための言葉だったかもしれない。

「こうした大舞台を前にして気が昂ぶったり、心理的なプレッシャーを感じたりするのは当然でしょう。でも、ぼくは普通の演奏会みたいに振るつもりだし、『カメラはどこだ？』なんて始終気にしたりはしませんよ」

そしてウィーン楽友協会の黄金のホールでは、例年とは違う「普通の演奏会」の真剣さで演奏が始まった。本番前のヤンソンスはおそろしくナーバスになっていて、楽員たちは彼の気分をほぐそうと努める。演奏中、しきりとヤンソンスが譜面に目をやるのが目立った。オーケストラの自由に任せて自分も音楽を楽しもうとはしない――彼の性格とプライドが、それを許さなかったのだ。

明確なサインによってアゴーギクと拍節感がきっちりと示される。マリス・ヤンソンスは、マーラーやチャイコフスキーのときと同じように正面から音楽に取り組み、全力で表現してゆく。始まって間もなく、彼の額には汗が浮かぶ。そうした様子や、あるいは演奏そのものが示すように、彼はシュトラウス・ファミリーとその周辺の作品をあまりにも真面目に受け止めていた。ワルツでも力を抜く瞬間はなく、気取ったルバートもかけない。すべてに目的と、方向と、動きがあった。

ニューイヤー・コンサートでのワルツやポルカがシュトラウス時代のオリジナルとはずいぶん違っていることを、ヤンソンスは十分心得ていた。当時の小編成の楽団が使っていた譜面では、もっとピリリとした小粋な音楽であることが多い。唯一の「正しい」バージョンなど存在しない、というのがヤンソンスの考え方だ。こんにち楽友協会の大ホールで演奏されている大編成のシンフォニックな編曲版をオリジナルと比べると、彼には味付けが濃すぎるように思われた――文化としてのオーケストラや、音響の本質に関するヤンソンスの理解の深さがここからうかがえる。演奏スタイルに関しても、これが正統だと呼べるものなど存在しない、とヤンソンスは言う。

「シュトラウスの楽団のメンバーは、いつも彼に『今度の仕事は踊りの伴奏ですか、それとも演奏会ですか』と確認していました。それに合わせて演奏スタイルを変えていたんです――どちらとも判断がつかないときはホールに行ってみて、その場で合わせながらかなり自由にやっていく約束でした」

初めてのニューイヤー・コンサートのためにヤンソンスが譜面を調べた曲の数は、八百を超えるという。そのために三か月間、ときには一日十二時間も楽譜と取り組み、さらにウィーンのヨハン・シュトラウス協会会長フランツ・マイラーと議論を重ねた。待望の日まであと半年というころ、ヤンソンスは夫婦水入らずで休暇に出かける。初日はまだ心も軽く、仕事のことはきれいさっぱり忘れて、ふたりで浜辺をそぞろ歩いた。その翌日にはもう、楽譜のいっぱい詰まったトランクを引っ張り出していたという話だ。三日目になると、部屋にこもって一歩も出てこなかった。

だからといって、ヤンソンスがこうしたレパートリーに不慣れだったわけではない。

「サンクトペテルブルクには、昔から大いにシュトラウスを演奏してきた伝統があるんです。うちの父も、そういう作品を集めたジルヴェスター・コンサートをたくさん指揮したものです。父が亡くなると、かわりにぼくがシュトラウスをやりました。そのあとオスロやピッツバーグでもやりましたよ」

ある意味それは、演奏会ずくめの日々における気晴らしでもあった。

「たまにはシャンパンもいいでしょう、水とお茶だけではね」

黄金のホールの貴賓席には、オーストリアのハインツ・フィッシャー大統領、ヴォルフガング・シュッセル首相、そしてドイツのアンゲラ・メルケル首相の姿もあった。テレビ中継の要所で挿入されるバレエ映像のために、現代バレエ界最高の振付家、ジョン・ノイマイヤーを起用できたのはじつに幸運だった。二〇〇六年はヴォルフガング・アマデウス・モーツァルトの生誕二五〇周年にあたるため、今回は――ニューイヤー・コンサートではきわめて珍しいことに――『フィガロの結婚』序曲、そのあとにヨーゼフ・ランナーのワルツ『モーツァルト党』も演奏された。これは序奏部が『魔笛』のメドレーで、そのあと三拍子に形を変えた「手に手を取って」や「シャンパンの歌」（いずれも『ドン・ジョヴァンニ』より）が続くという、珍しい曲である。

初出演ながら、ヤンソンスはユーモアあふれる演出にも協力を惜しまない。エドゥアルト・シュトラウス*のポルカ『電話』の最後では、携帯電話の呼び出し音がけたたましく鳴り響く。苛立たしげにヤンソンスは客席を一瞥するが、やがてポケットから自分の携帯電話を取り出し、なんとか音を止めようと悪戦苦闘しながら最後の和音まで振り通す、という趣向だ。ヨハン・シュトラウス二世の『山賊のギャロップ』では、ヤンソンス自身が旧式のピストルをぶっ放す。しかしその後には、彼にとって一番苦手なはずの課題が控えていた。

演奏会でのスピーチを、いまだにヤンソンスは親の仇のように嫌っている。だがウィーン・フィルのニューイヤー・コンサートでは、指揮台から新年のあいさつを述べるのがしきたりなのだ。

「指揮者による新年のあいさつは、年々長くなる傾向にありました」

当時の楽団長で、ヴァイオリン奏者のクレメンス・ヘルスベルクはこう語る。

「ローマ教皇の年頭のお言葉と同じですよ。そのあとに祝福はないですけどね。ヤンソンスは、あいさつのことで早くから気をもんでいました。もう文章は完全に暗記しているのに、それでもカンニング・ペーパーを用意したりして」

いよいよ恐怖の瞬間が近づき、ヤンソンスは客席のほうへ向き直る。まずドイツ語で「音楽はわれわれの人生においてもっとも価値あるもののひとつです」といった内容のことをとても真剣な表情で述べたあと、英語でもう一度いまの内容を繰り返し、そしてウィーン・フィルの全員が「明けましておめでとうございます!」と声を合わせた。このコンサートのあと、ウィーン・フィルはこの慣習を見直すことにした。長いスピーチは準備も大変だし、そんなことで指揮者が神経をすり減らしてはならない、もうやめにしよう、というのだ。今後はもっと短い定型文を読み上げてもらうだけでいい、と即座に衆議一決した。「ウィーン・フィルハーモニー管弦楽団と私より、新年のご挨拶を申し上げます。明けましておめでとうございます」というのが、そのあいさつだ。

セミ・クラシックなどと呼ばれるこれらの楽曲においても、ヤンソンスの造形は緻密で、音色の対比や各部のテンポの関係も細部まで配慮が行き届いている。音楽は軽く流すばかりで、自分のカメラ映りのほうを気にするような指揮者たちの演奏とは違っていた——こうした音楽作りは、聴衆はもちろんオーケストラをも納得させた。

「これがブルックナーの交響曲第七番とかなら、指揮者は出だしさえ振ってくれりゃいいんですよ。そのあと最低三十分は何をどうやるべきか、どういう展開かは、はっきりしてますからね」

ウィーン・フィルのコントラバス奏者、ミヒャエル・ブラーデラーは皮肉っぽく言う。

「ところがニューイヤー・コンサートだと、五分間に十回は違うテンポが出てくる。それに対応す

---

* ヨハン・シュトラウス二世の弟。

るセンスが指揮者にあるかないか、こっちはすぐわかるんです。マリス・ヤンソンスは練習の時から、いつも正しいテンポをピタリを決めて外さない。一秒も悩まずにね」

はじめてのニューイヤー・コンサートが成功したことで、ウィーン・フィルハーモニー管弦楽団とヤンソンスとの絆はさらに深まった。そして一年後、もはや常連といえるほど何度もウィーンに客演に訪れていたヤンソンスは、市庁舎でウィーン州功労金章を授与された。このときマリス・ヤンソンスと並んで、楽友協会総裁のトーマス・アンギャンも同じ栄誉に浴している。ヤンソンスも尊敬する歴史考証型演奏の創始者、ニコラウス・アーノンクールがアンギャンへの祝辞を述べた。

ウィーン・フィルの有志が式典の音楽を受け持ち、ヨーゼフ・シュトラウスのワルツ『わが人生は愛と喜び』ほかを演奏する。そしてこのオーケストラの楽団長、クレメンス・ヘルスベルクがヤンソンスへの祝辞を読み上げた。

「ヤンソンス氏をオーケストラの前に迎えると、われわれは音楽上のことに限らず、まず人間として大切なものを思い出すのです。残念ながら芸術の世界においても、ひとの心に潜む醜さや、闇の部分を呼び覚ましてしまうような人物もおります。それに対してヤンソンス氏は、われわれの中の『より良い自分』を目覚めさせてくれるのです」

授章式のあとはもちろん祝賀パーティが行われ、さらにその数日後、ヤンソンスは楽友協会で催されるウィーン・フィル舞踏会で初めて指揮を任された——今回のワルツは世界中の視聴者ではなく、あくまでも限られた人々のためのものだったが。*

それでもヤンソンスが再びニューイヤー・コンサートに呼ばれるまで、数年の月日が流れた。二〇一二年の元日、楽友協会大ホールにヤンソンスが登場したときのプログラムは、まさに彼のための特別誂えだった。「ロシアのシュトラウス」がこの年のテーマで、ワルツ王ヨハン・シュトラウス二世がヤンソンスの第二の故郷、サンクトペテルブルクのために作った曲がメインだった。

今回もヤンソンスは膨大な楽譜の山を吟味して、使えるものを探し出した。コンサートの進行についてはすぐに相談がまとまった――ただ一曲のポルカを除いては。「これはぼくにはできない。音楽を感じないから」というのが反対の理由だ。二時間近い演奏のなかでたったの四分間ぐらい、どうでもいい時間があってもいいじゃないですか、と説得されて、さすがのヤンソンスも苦笑いせずにはいられなかった。さらに別の問題でも、クレメンス・ヘルスベルクは指揮者からの異議に直面する。ヘルスベルクはチャイコフスキーのバレエ『眠れる森の美女』の「パノラマ」を提案した。十分議論はしたものの、ヤンソンスはこれを断る。ニューイヤー・コンサートには合わない曲だ、というのだ。ヘルスベルクはいったんこの件を保留にしたものの、諦める気はさらさらない。イリーナ・ヤンソンスにもこの音楽の良さをさんざん吹き込む。この戦術は見事に成功した。

こうしてウィーン・フィルハーモニー管弦楽団は、ニューイヤー・コンサートで初めて『眠りの森の美女』の「パノラマ」とワルツを演奏した。さらに異例なことに、「パノラマ」でヤンソンスは指揮棒を下に置き、香ばしくふんわりとしたメレンゲ菓子のような響きを、両手でオーケストラから引き出してみせた。終演後、ダニエル・バレンボイムはヘルスベルクにむかって、あんなに美しいもの

＊ 二月の有名なオペラ座舞踏会とは異なり、ウィーンで最も内輪の舞踏会とも呼ばれる。

はめったに聞けないよ、と語っている。

そもそもこの時のヤンソンスは、二〇〇六年にはじめてニューイヤー・コンサートを指揮したときとは別人のようだった。ヨハン二世とヨーゼフ・シュトラウスの合作による冒頭の『祖国行進曲』では、ときどき振るのをやめて、オーケストラに音楽を任せた。ヨハン・シュトラウス二世のワルツ『人生を楽しめ』では、拍子に合わせて体を揺らし、観客にウィンクまでしてみせる。それ以外にも手綱をゆるめ、ウィーン・フィルの自発性に任せる場面が見られた。エドゥアルト・シュトラウスの『カルメン・カドリーユ』は、指揮台のヤンソンスにとって悔しい経験のささやかなうめ合わせとなった。二年前のウィーン国立歌劇場では、このオペラの全公演をキャンセルせねばならなかったからだ。解釈上の自由を許しはしても、ヤンソンスは時の流れにすっかり身をゆだねはしない。ヨーゼフ・シュトラウスのワルツ『うわごと』では、ほかの多くの指揮者たちがまるで夢のように、ゆったりと明暗が交錯するに任せるのに対して、ヤンソンスはしっかりとオーケストラを制御し、速めのテンポで進めてゆく――このワルツの主人公は、どうやらまだ完全には意識をなくしていない印象だった。

それから四年、ニューイヤー・コンサートを指揮する三回目の機会がめぐって来る。当時、ウィーン・フィルからこのイベントに三度招かれるほど厚遇を受けた指揮者はごくわずかだった――合計十回のロリン・マゼールや、あるいは連続二十年以上出演したヴィリー・ボスコフスキーの時代はすでに昔話となっていた。そして今度もヤンソンスには、前回と違う点が目立った。

二〇一六年一月一日、指揮台に立った彼はあえて以前ほど快活さを前面に出さない。ヤンソンス自身も、そして彼の音楽も、力みが消え、より控えめで、いくつかのワルツでは哀感すら漂わせた。要所要所でじっくりと歌わせ、むろん十分にコントロールを効かせたうえで、曲の味わいを余すところなく細やかに表現していた。

この年のコンサートでは、演出上のさまざまな趣向が打ち合わせてあった。ヨハン・シュトラウス二世の『観光列車』では、ヤンソンス自身が信号ラッパを吹き鳴らす。エドゥアルト・シュトラウスの『速達郵便で』の直前に配達員が舞台に現れ、ヤンソンスに箱を手渡す。中からは年代物の黒い大型の指揮棒が出てくる。* 習慣どおりヤンソンスはチップを渡そうとするが、上着のポケットを探っても小銭が見当たらない。すぐそばのヴァイオリン奏者のセカンドバッグをつかみ、そこから紙幣を取り出して渡すという筋書きだった。

締めくくりの『ラデツキー行進曲』で、ヤンソンスは観客に立ち上がって手拍子をするよう、いつになく大きな身ぶりで促した。自分はまだ演奏の途中でいったん舞台のそでに引っ込み、繰り返しの部分で再び姿を現す――これもめったにない趣向である。

「このときの手拍子が、この日でいちばん激しかった」

地元紙『プレッセ』は揶揄するようにこう書いている。とはいえ、この日の出来栄えを褒めるのも忘れてはいない。

* ヨハン・シュトラウス二世愛用のオリジナルで、現代のものよりはるかに太く、がっちりとしている。

マリス・ヤンソンスの指揮はワルツの三拍子のあるべき形、より正確に言えばワルツの伴奏音楽のリズムの取り方というテーマに関して、いかに多様なアプローチが可能であるかをあらためて教えてくれる。ここウィーンといえども、これほど精緻をきわめた演奏が毎年正月に豪華な飾りつけの楽友協会大ホールで聴けるわけではない。

日々のストレス、そしてキャンセル

いつかは自分の町で自分のオーケストラを披露したい。これがマリス・ヤンソンスの宿願だった。二〇〇九年春、バイエルン放送交響楽団はサンクトペテルブルクのフィルハーモニアで演奏することが決まる。かつて自分がムラヴィンスキーの助手としてレニングラード・フィルハーモニー管弦楽団を指揮し、数々の演奏会から終生忘れられない感銘を受けた、あのホールだ。そこはまた、あのヘルベルト・フォン・カラヤンと出会った場所でもある。この海外公演はさまざまな思い出を残したが、ヤンソンスにとっては気苦労も多かった――コンセルトヘボウ管弦楽団とのロシア行きが実現するのは、二〇一三年のワールド・ツアーまで待たねばならない。

ヤンソンスとバイエルン放送交響楽団は、いくつもの町に立ち寄りながらネヴァ河畔の古都をめざす。東欧ツアーの起点はクロアチアのザグレブで、そこからソフィア、モスクワをへてサンクトペテルブルクにたどり着く。最初は懸念もあった。そもそもヤンソンスは指揮台に立てるのか？　インフルエンザに苦しみながらツアー終盤の大事な日程をこなすのは、相当な負担だった。ちなみにバイエルン放送響がロシアの首都モスクワで演奏したのはこれが初めてだ。そのコンサートの二時間後、早くも一行はサンクトペテルブルク行きの夜行列車に乗り込んでいた。後方の食堂車では深夜まで楽しく盛り上がっていたが、ヤンソンスは一等のコンパートメントから出てこない。体を休めるどころか、寝る間も惜しんで、アシスタントのクラウディア・クライレといっしょに遅くまで仕事を続けていた。

サンクトペテルブルクでのコンサートを前に、ヤンソンスは緊張を隠せない。チケットはとっくに売り切れていた。夜になってフィルハーモニアの入場扉が開けられると、人々がドッとなだれ込み、われ先に階段を駆けのぼってゆく。場所の指定がない立見席を確保するためだ。この町の有名人は、ほぼ全員がホールに顔をそろえていた。

この日、四月二十六日の夜九時を回っても、春の日の名残りが窓から差し込んでいる。ブラームスの交響曲第二番、ワーグナーの『トリスタン』前奏曲と愛の死、そしてR・シュトラウスの『ばらの騎士』組曲が、ゆっくりと味わい尽くすようなテンポで奏でられてゆく。その間、客席はいつになく静まり返っている。それだけに演奏が終わった後の拍手と歓声は、いっそう熱烈なものだった。終演後、ヤンソンスはオーケストラのメンバーたちをとある宮殿へ招待する。このために前もって借り切っておいたのだ。趣味の良い油絵が飾られた広間をいくつも通り抜けてゆくと、贅をこらした寄木張りのフロアの宴会場に、遅いディナーが準備されている。コンサートの準備と同じように、料理はもとよりビールやワインの銘柄に至るまでヤンソンスみずからが選び抜いた、心尽くしの宴だった。この宮殿でのもてなしを一同が大いに楽しんでいるあいだにも、ヤンソンスはあちらこちらをのぞいて、

「料理は足りてる？　本当に？」

と何度も心配そうに尋ねていたのが目撃されている。さらには音楽の出し物もあって、みんなを驚か

せた。地元サンクトペテルブルクの音楽家四人がバラライカでバッハのトッカータ・ニ短調や、シューベルトの『水車屋の美しい娘』といった名曲の数々を見事に演奏して見せたのには、ドイツからの客人たちも舌を巻いた。楽団員代表のハインリヒ・ブラウンが感激の面持ちで今回のツアーに対する感謝を述べ、ヤンソンスに贈り物を手渡した。シベリウスがウィーンの出版社に宛てて初めて書いた、貴重なオリジナルの書簡だった。

なにかと気の張ることが多かった東欧ツアーを含め、二〇〇九年はとにかく仕事が多く、ヤンソンスの健康にあまり良い影響を与えなかった。なんとかシーズンを乗り切り、夏の休暇に入ったところで、以前から予定していた手術を思い切って受けた。そして早くも十月には、かつてピッツバーグで演奏の実現に向けて奔走した作品が控えていた。バイエルン放送交響楽団の創立六〇周年記念日に、シェーンベルクの『グレの歌』を演奏するのだ。アメリカとは違い、PRにそれほど力を入れなくとも、ガスタイクのフィルハーモニー・ホールのチケットはすぐに売り切れた。聴衆の中にはヴァイオリンのアンネ＝ゾフィー・ムターや、同じミュンヘンで活躍する指揮者のケント・ナガノ*とクリスティアン・ティーレマンの姿もある。ヤンソンスがこの超弩級の大作を巨大な室内楽、あるいは制御された美への陶酔と捉えている様子が誰の耳にも聞き取れた。強烈なコントラストによる激しい表現は避け、後期ロマン派の最後のうねりが、過去を振り返りつつメランコリックに消えてゆくさまが描き尽くされていた。

＊　メータの後任として二〇〇六年よりバイエルン国立歌劇場音楽総監督。

そのわずか数週間後の十一月、オーケストラはヤンソンスとともに日本へ向かう。ドヴォルザークのチェロ協奏曲には、ヨーヨー・マの出演が決まっていた。顔合わせを兼ねた最初のリハーサルで、この世界的チェリストは渾身の力でソロの入りを弾き始める。するとヤンソンスが止めた。

「じつに感情が豊かで、すばらしいですね。しかし、うちのオケもそうなのです。あなたは彼らを知らないが、ぼくはよく知っている。どうすれば両者がうまく調和するか、ちょっと考えてみましょう」

ともに音楽をやる時間が長くなるにつれて、ヨーヨー・マはバイエルン放送響に対する好意を深めていった。そのしるしとして、東京でのアンコールに際して、彼はそばにいたこの楽団の首席チェロ奏者、マクシミリアン・ホルヌングの楽器を借り受けて弾いている。また川崎では、休憩後にブラームスの交響曲第二番が始まると、ヨーヨー・マがチェロの一番後ろのプルトに座って、オーケストラといっしょに演奏していた。

東京では、ふだんできないような体験がヤンソンスを待っていた。バイエルン放送響の日本人ヴァイオリン奏者、水島愛子の発案で、彼はある音楽大学のオーケストラを指導しに出かけたのだ。学生たちの譜面台に載っていたのは、ヤンソンスの大好きなベルリオーズの『幻想交響曲』である。まず一度、通しで演奏してみたが、まとまりのないひたすら大きな音と、お行儀よくちんまりとした弱音のパッセージが交互に現れるといった状況だった。とても満足のいかないヤンソンスは、恥ずかしがってろくに受け答えもできない学生たちを、なんとかして本気にさせようと奮闘する。終楽章に入るとヤンソンスは指揮者から役者に変身した。百面相のように表情を作り、踊り回り、大声で叫ぶ。

「魔女の群れだ！　踊る骸骨！　メフィストが笑うぞ！」

そして、この世のものとも思えない恐ろしい顔つきをして見せる。若き音楽家たちは、スター指揮者によるこの熱演の意味をようやく理解しはじめた。学生オーケストラはベルリオーズのグロテスクな音響世界に意欲をかき立てられ、もっと大胆にリスクを冒して、奇妙奇天烈な楽器の組み合わせを楽しもうとする――そして音楽大学の講堂に、ようやく魔女のサバトが出現した。

気疲れのする長旅が終わるとヤンソンスは休暇を取り、これまでもアジア・ツアーのあとでよく訪れていたモーリシャスへ夫婦で出かける。だが、こと健康に関してはその後数年間、あまり良くない状況が続く。二〇一〇年にはアメリカで二度の手術を受ける。最低でも二か月半、指揮は禁止だ。バイエルン放送響もコンセルトヘボウ管も、多くの演奏会をキャンセルせざるを得ない。ウィーン国立歌劇場での『カルメン』を断念したのも、このときのことだ。

ようやく回復したヤンソンスは二〇一〇年七月十八日、これまであまり経験がなく、ミュンヘンに来てからもできるだけ避けていた野外コンサートに出演する。ミュンヘンでも指折りの美しい広場で行われる『オデオン広場でクラシック』がそれだ。シーズンの終幕を飾るこの伝統のイベントの共演者は、ヴァイオリンのユリアン・ラクリン、歌手のアンゲーリカ・キルヒシュラーガーとトーマス・ハンプソンという素晴らしい顔ぶれだったが、プログラムのタイトルは『マリス・ヤンソンスが振る四分の三拍子』という、いささかあか抜けないものだった。ひと口で言えば、ウィーンのニューイヤー・コンサートのバイエルン版である。

劇場育ちのヤンソンスには、ウィーンでのようにオペラのプロダクションをキャンセルせざるをえないのがいちばん辛い。二〇一一年は、それに対するせめてもの埋め合わせとなる。チャイコフスキーの『エフゲニー・オネーギン』は、単に好きな演目というだけでなく、彼にとってはあらゆるオペラの中で最も素晴らしい作品のひとつだ。再びアムステルダムとレパートリーが重なるが、今回は意図的に組んだ日程だった。二〇一一年四月、ミュンヘンのヘルクレスザールでバイエルン放送交響楽団との演奏会形式の上演を指揮し、六月にはコンセルトヘボウ管とともにアムステルダム音楽劇場のピットに入り、舞台公演を指揮する。ミュンヘンでの上演は、アムステルダムの舞台のためのゲネプロだったのか――ヤンソンス自身は絶対にそんな言葉を口にしなかったはずだが、関係者の多くはそう感じている。オペラハウスでの舞台上演のほうが、国際的により注目を集めるのは当然だからだ。

上演の形はさておき、このヘルクレスザールでの演奏がミュンヘンにおけるヤンソンスのオペラ・デビューとなる。題名役はボー・スコウフス、タチアーナはヴェロニカ・ジオエヴァが歌う。力強く、しかも細部まで念入りに気を配った解釈であり、場面の終わりでは一気に畳みかけるような意外さも見せる。第一幕第一場における、女性たちの歌の匂うようなエレガンス。そしてレンスキーとオネーギンの決闘の場の、虚無感を描き尽くす音楽。いずれも見事な表現だった。ヤンソンスによるチャイコフスキー演奏の常として、感情とコントロールとの絶妙なバランス感覚が伝わってくる。ちょうどこのころバイエルン州立歌劇場でも『エフゲニー・オネーギン』が上演されていたが、音楽総監督であるケント・ナガノの解釈は、厳しく批判された箇所もあった。それにくらべてヤンソンスの演奏はよりスタンダードに近い解釈であり、ことに技術面でははるかに安定していた。ヤンソンスの仕事ぶりは、思わぬ形で報われる。このシーズンに彼が指揮したのは『オネーギン』ただ一作だったにもかかわらず、ドイツのオペラ専門誌『オーパーンヴェルト』の年間アンケートで、ヤンソンスは四〇名の批評家たちから「今年最高のオペラ指揮者」に選ばれたのだ。

二〇一一年秋、ミュンヘンではあえて前任のシェフと同じ企画を選んだ。ロリン・マゼールによるマーラー・ツィクルスから九年、あらためて交響曲全曲を演奏しようというのだ。当時マゼールはスケジュールに余裕がなく、コンサートの間を置かずにほぼ連日これらの大曲を演奏させたため、オーケストラは消耗しきっていた。これに対しヤンソンスのツィクルスは、十月から十二月までの予定だった。

「ヤンソンスのツィクルス」という言い方には語弊があるかもしれない。ヤンソンスのほかにリッカルド・シャイー、ダニエレ・ガッティ、ベルナルト・ハイティンクといった当代一流のマーラー指揮者たちと分担するのだから。同業者へのフェアな態度、自分とは違う解釈への関心、他の指揮者たちと比較されても揺るがない、解釈者としての自信。この全曲演奏会の組み方は、ヤンソンスの人となりについて多くのことを示唆している。自分で振るためにとっておいた曲の中には、かつてミュンヘンの博覧会会場で初演された第八番も含まれていた。声楽のソリストはクリスティン・ブリューワー、藤村実穂子、アンナ・プロハスカ、ヨハン・ボタ、ミヒャエル・フォレという布陣で、ガスタイクのフィルハーモニー・ホールに集まった観客たちは、驚くほどの繊細さに満ちた演奏を体験する。壮大なスケールにもかかわらずスコアの細部まで見通しがよく、楽曲の構造が発展してゆくさまが目に見えるようだった。巨大なマッスとして迫る音響や峻烈なアタックではなく、ゲーテの『ファウスト』による第二部始めの管楽器の対話、極限まで純化された弦楽器群の響き、そしてくっきりした発音の合唱こそが、この演奏のハイライトだった。

それでも自身の健康に対する不安と絶え間ないストレスは、マリス・ヤンソンスを悩まし続けていた。すでに数年前から長期休暇《サバティカル》を取るつもりだったが、二〇一二年、ついにそれを実行に移す。もう半世紀近くのあいだ指揮台に立ち続けてきて、ひと息入れる余裕などなかった、このへんで少し充電期間が欲しい、というのが彼の言いぶんだった。

「ただ一日中だらだらしていたいわけじゃありません」

ヤンソンスは『南ドイツ新聞』のインタビューにこう答えている。

「単にこれまでできなかったことをやってみたいんです。本を読み、芝居や映画を観て、仲間のリハーサルを見学し、イタリア語のブラッシュ・アップもしたいですね。ちょっと旅行もしようかな。いつもツアーで、あちこち飛び回ってはいるんですがね」

「長期休暇」というのは、あくまでヤンソンス独自の解釈だった。普通は一年以上のところを、彼は半年しか休まない。現場を退くつもりは毛頭なかった。この休養期間にはっきりしたのは、彼にとって音楽は天職であり、ひとから任された大事な仕事であり、人生の内容そのものであるばかりか、生きるうえで重要な、あるいはそれなしでは生きてはゆけない、一種のドラッグだという事実だ。この休暇中もあちこちへ旅行し、リハーサルを訪れる。スコアの勉強や、オケの代表者たちと打ち合わせをしない日はないに等しい。その間バイエルン放送交響楽団とは六週間だけ仕事をしているが、内容はかなりのものだ。マーラーとベートーヴェンの交響曲ツィクルスの続きに加え、どちらかといえば（ヤンソンスのものも含めて）プログラムにのる機会の少ない、ヤナーチェクの『グレゴル・ミサ』

の演奏に力を注いだ。

七〇歳の誕生日の直前に当たる二〇一三年一月、ヤンソンスは地元紙『ミュンヒナー・メルクーア』のインタビューで、さまざまな出来事のあった過去五年間を振り返っている。「あなたは六十五歳の誕生日に三つの願い事をされましたね。健康の回復、芸術面での充実、そしてオペラをもっとやりたい、と。その三つの願いはかないましたか?」という問いに対し、こう答えた。

「正直に言えば『いいえ』です。健康状態は悪くはないですが、すっかりよくなったとも言えない。芸術面では、そう、たしかに充実していました。大がかりな面白いプロジェクトをいくつも経験したし、素晴らしいオーケストラをたくさん指揮しました。三つ目の願いは、ぜんぜんダメでした。もっともっとオペラがやりたいんです。それでも全体として見れば、これで良しとすべきなのでしょう——芸術においては、けっして満足してしまってはいけないと思いますが」

最高のプレゼントのひとつは、記念すべき誕生日を過ぎてから届けられた。二〇一三年六月、バイエルン放送交響楽団とルツェルン、アムステルダム、ブリュッセル、モスクワ、サンクトペテルブルクをタイトなスケジュールで回ったのち、マリス・ヤンソンスはミュンヘンのプリンツレゲンテン劇場でエルンスト・フォン・ジーメンス音楽賞を受賞したのだ。一九七四年の第一回以来毎年続いているこの賞は「音楽界のノーベル賞」とも呼ばれ、世界の音楽の発展に寄与した演奏家、作曲家、音楽学者に授与されてきた。指揮者ヘルベルト・フォン・カラヤン(一九七七)、クラウディオ・アバド(一九九四)、ニコラウス・アーノンクール(二〇〇二)、作曲家のベンジャミン・ブリテン(一九七四)、カールハインツ・シュトックハウゼン(一九八六)、ヴォルフガング・リーム(二〇〇三)、演奏家ではディートリヒ・フィッシャー＝ディースカウ（一九八〇）、イェフディ・メニューイン（一九八四）、アルフレート・ブレンデル（二〇〇四）といった人々が歴代の受賞者だ。いまやヤンソンスは、彼らと肩を並べる存在となった。

マリス・ヤンソンスは、いかにも彼らしいやり方でこの名誉に応えた。二十五万ユーロの賞金（邦貨で三千万円以上）を、ミュンヘンの新しいコンサートホールのために寄付すると表明したのだ。六月四日の授賞式では、ヤンソンスが特に好んで起用したバリトン歌手、トーマス・ハンプソンが祝辞を述べた。「規律ある情熱と、情熱あふれる規律」という言葉で彼は音楽家ヤンソンスを表現し、そしてイリーナ夫人にむかってこう呼びかけた。

「マリスが自分らしい生き方を貫いてこられたのは、奥様、あなたのおかげです。われわれはあなたに心から感謝いたします」

いわば音楽による答礼として、まずヤンソンスはバイエルン放送響とジェルジ・リゲティの『コンチェルト・ロマネスク』を演奏し、そして——受賞者のあいさつでは、いつもの話題を繰り返した。

「おそらくここ十年来、バイエルン州のみなさまは私のことを人間の服を着たオウムだと思っておられるでしょう。それでも敢えて申し上げます。ミュンヘンには第一級のコンサートホールが必要であり、バイエルン放送交響楽団には専用のホールが必要です」

この日の受賞について彼は、「私の生涯においてもっとも重要で、もっとも心躍る一日」と述べている——ヤンソンスを知る人ならば、これが嘘偽りのない真実の言葉だとわかるはずだ。感激と高揚感に押し流されないよう、ヤンソンスはあえてユーモアを交え、こう語った。

「ほんとうに自分がこの賞に値するかどうか、ざっと自己分析をしてみました」

ジーメンス財団から今回の受賞を知らされて、とても自分はそれほどのものではないと思ったが、かといって選考委員会の判断が誤っているはずはない、と彼は言う。

「もしかすると私は、自分で思っているほどダメな指揮者ではないのかもしれませんね」

教育活動と厳しいスケジュール

コンセルトヘボウの会議室である。テーブルの一方にはマリス・ヤンソンスが、向かい側には三人の男性が座っている。数分前あいさつを交わしたとき、ヤンソンスは親しげに彼らのファーストネームをたずねた。それでも堅苦しい雰囲気は一向にほぐれない。物腰もぎこちなく、緊張してあまり言葉も出ないまま、三人はマエストロのほうを向いて座っている。そんな彼らの気持ちを和ませようと、ヤンソンスはこう声をかけた。

「あなたたちは学生じゃない。ぼくと同じ指揮者の仲間なんですよ」

特別なイベントが間近に迫っていた。このホールでコンセルトヘボウ管弦楽団を使い、ヤンソンスが三日間の公開レッスンを行うのだ。教材に選ばれた二つの作品はどちらもヤンソンスの得意曲だったが、こうした指揮法のマスタークラスでは普段あまり使われない。ショスタコーヴィチの交響曲第五番、そしてベルリオーズの『幻想交響曲』といえば、どちらもかなり難しい楽曲だ。リハーサルを段取りよく進める手腕が要求される――基調となる音色の作り方や、様式上の特徴、求められている楽器の特性などについても知識が必要なのは言うまでもない。

「とくにベルリオーズは彼ら向きだと思いました」

のちにヤンソンスはそう話している。

「若い人の想像力をかき立てますから」

こうして中国のユ・ルー（俞潞）、ハンガリーのゲルゲイ・マダラシュ、イギリスのアレクサンダー・プライアーの三人は、二〇一二年の五月二日から四日まで、大勢が見守る舞台の上でみっちり指導を受けた。だが、けっしてむやみに油をしぼられたりはしなかった。ヤンソンスはいろんな裏話を披露し、気さくに声をかけ、肩をポンとたたいたりして勇気づけ、あるいはただニッコリと笑顔を見せて、彼らの緊張を和らげようとつとめる。

「あなたたちはボスなんだから、あなたたちが決めていいんです」

オーケストラのほうを見やりながら、彼は三人を励ました。

「みんないい人ばかりだから、どんなことだってやってくれますよ」

若き芸術家たちにとっては、指揮者の仕事場をのぞかせてもらう絶好のチャンスだったし、シェフとこれまでたくさんのリハーサルを経験してきたコンセルトヘボウ管のメンバーにとっても、彼が何をいちばん重視しているかを言葉で聞く機会だった。このマスタークラスでヤンソンスは、音楽家としての心得もくわしく話していたから、オーケストラにしてみれば間接的に彼の講義を聴いているようなものだった。

彼らが聞いたなかには、ヤンソンスにとって基本的に指揮者のボディランゲージは——最終的にはそれが音楽の方向性を伝えるにせよ——あくまでも二次的なものだ、という話もあった。エネルギーの流れはまず心臓から頭へ、そのあとはじめて腕や手の先へと行かなければならない。そうヤンソンスは解説している。指揮棒の振り方よりも、どうインスピレーションを与えるかが重要だ。練習では「スイッチを入れる」のが目的だから。すべては互いの信頼関係にかかっている。またこうしたトップクラスのオーケストラの場合、むこうが音として提示してくるものをこちらがどれだけしっかり受け止められるかも重要だ。指揮者は絶対に「芝居」をしてはならない。見栄えのするポーズを気取るなど論外だ。それでも、指揮者はオーケストラに対して、自分の動きで常に音楽の流れを先に示す必要はあるし（「どのくらい先かはぼく自身にも説明できない」）、作品に合った雰囲気や、一定の性格を持った響きが生まれるように努めねばならないだろう。

「そのわずか一瞬の間だけ、あなたが作曲家になるわけです」

また三人の参加者は、自分たちの前にいる人物が音楽づくりの現場をいかに知り尽くしているかを目の当たりに見た。ヤンソンスは自分が守っている掟をこう説明する。たとえば、解釈上の細かいことはまず純粋に身ぶりだけで伝えなければならない。それが思うような結果を生まなかったときに、はじめて指揮者は演奏を止めてもよい。楽団員たちが演奏するのを邪魔したり、子ども相手のように弾き方を教えたりするのは絶対に許されない。ヤンソンスははっきりとそう言い切っている。また同じように明快な教えとして、各パートの首席奏者だけを相手に指揮するのではなく、眼と体全体を駆使してオーケストラの全員とコミュニケーションを取る必要がある、と語った。さらに指揮者はすべての楽器の特性と、それに対しどのような配慮が必要かを知っておかなくてはならない。

「フルート奏者に直接『もっと柔らかい音色で吹きなさい』なんて命令するのはダメだ。それは可能ですか、とたずねるほうがいい。彼らはソロをとるだけの優秀なミュージシャンなのだから、きっとトライしてくれます。必要な音が楽器にとって難しい音域にあるせいでうまく行かないときは、自分がそれを覚えておいて、全体の響きとのバランスがうまくとれるように調整してあげればいい」

だがヤンソンスが何よりも若者たちに勧めたのは、ほかの指揮者たちのリハーサルを見学することだった。スコアのある箇所をどれだけ大きく、あるいは小さく弾かせるか。どれだけ柔らかく、あるいは強烈に響かせるか。そしてこれらをオーケストラといっしょに実現するには、どうすればいいか。それは座学ではなく、リハーサルの現場で初めて体験し、身に付けてゆくものだからだ。

このときはそれ以上話さなかったが、ヤンソンス自身もそうした問題について自分なりの研究を続けていた。少しでも時間ができると、ほかの指揮者がオーケストラと表現を作り上げてゆく現場へ出かけてゆく。彼らが自分のビジョンをどう実際に示すのか。言いかえれば、それをどうやってボディランゲージで示し、あるいはオーケストラとの言葉のやり取りで具体化してゆくのかが知りたいのだ。楽譜を小脇に抱えたヤンソンスが何の前触れもなく同業者のリハーサルにひょっこり現れ、一階席に腰を下ろしてじっと聴き入っていた様子を数多くのオーケストラが目撃している。少なくともはたから見る限り、ヤンソンスの辞書にライバル意識という言葉はないようだった。

若き指揮者たちにとっても、また教える側のヤンソンスにとっても、このアムステルダムでのマスタークラスは大いに勉強になり、参加しがいのあるものだった。それだけにヤンソンスの気持ちははっきり固まった。ひとを教える仕事はこれで終わりにしようと決めたのだ。せっかちだったのもその原因の一つで、自分のそういう面を彼は隠そうともしなかった。あることについて何度も説明を求められ、しかも学ぶ側がそれをしっかり身に付けられないと、必要以上にがっかりしてしまうたちだった。だが、彼が教師を続けられない一番の理由は、とにかく時間が足りないことだった。二つのオーケストラのシェフを兼任し、さらに別の責務を背負い込むのは、たとえそれがどんなに軽いものであれ、大事な仕事を脅かすものと思われた。

「教えるのが好きなタイプではないんです。嫌いじゃないが、どうしてもやりたいとは思わない――おまえはけっこう教師向きだと言ってくれる人も多いですが」

演奏活動を続けている限り、ヤンソンスにとって多少なりとも平穏な、あるいはのんびり過ごせそうな年など存在しない。それでもマスタークラスを開いた二〇一二年は、スケジュールがぎっしり詰まった翌年にくらべれば、一種の猶予期間だったと言えなくもない。二〇一三年には、二つの大きなお祝いが控えていた。一月十四日は彼自身の七十歳の誕生日であり、そしてこの年はコンセルトヘボウ管弦楽団の創立百二十五周年にもあたっていた。

この重要な年を迎えてすぐに、ヤンソンスはオスロ時代のことを鮮やかに思い出した。さまざまな記憶がよみがえり、同じことを繰り返しているような既視感におそわれる。オスロ・フィルハーモニー管弦楽団のトレードマークで、そのためしばらくはレパートリーから外していた作品を、アムステルダムで譜面台にのせたためだ。コンセルトヘボウ管弦楽団とチャイコフスキーの交響曲第五番を演奏したのはこの年の一月で、パリ、ブリュッセル、マドリード、リスボン、そしてアメリカでの三つのコンサートでも、その成果を披露した。オスロ・フィルとはまったく違うオーケストラだからこそ、あらためてこの名曲に取り組む心構えができたのだ。

また海外では、この指揮者と楽団が築き上げた、マーラー演奏の長い伝統と高い能力を示そうと、今回のツアーでは交響曲第一番をとり上げた。

「マーラーの交響曲ではヤンソンスがオーケストラのバランスを自在に操ることにより、起伏に富んだドラマが生まれた」と『ニューヨーク・タイムズ』は分析する。

「嵐のような終楽章の冒頭は、いかにしてアンサンブル全体のエネルギーを一点に集中させるかの見事な実例である」

レナード・バーンスタインの地元だったここニューヨークでも、別の視点からのマーラー演奏は大いに歓迎された。

『ワシントン・ポスト』の批評も、やはり大変好意的なものだ。

これはロマン主義における音楽作りのイメージをまさに具現化したものであり、この世のものとは思えぬほど素晴らしい響きだ。このマーラーでは音楽が次第に成長発展し、情感の深さと徹底した表現が際立つ第四楽章で激しく燃え上がる。クライマックスに至る手近で安直なルートをあえて避け、壮大な主題の提示はどれも控えめで、再現部においても同じように抑制したトーンでありながら、そのせいで集中力が犠牲になることはなく、最後はあたかも舞台と客席の間にあったガラスの壁が一気に取り払われたように、鮮烈な印象を与えた。

二重の意味で記念の年を迎えたことをきっかけに、アムステルダムではちょっとしたフェスティバルが行われる。『マリス・ヤンソンスにすべておまかせ《カルト・ブランシュ》』と銘打ったこの催しは、ヤンソンスが特に愛着のあるオーケストラを集め、四日間にわたって選り抜きの作品を演奏するというミニ・シリーズだ。一月二十五日はコンセルトヘボウ管弦楽団が本拠地で演奏し、三月二十六日は同じホールにバイエルン放送交響楽団が来演、四月二十五日にはウィーン・フィル、五月十二日はベルリン・フィルという日程である。

ところが二〇一三年にはさらにもうひとつ、第三の記念行事が控えていた。本拠地コンセルトヘボウにとっても節目の年なのだ。コンセルトヘボウの落成式が行われたのは一八八八年四月十一日のことで、それから一二五年後の二〇一三年四月一〇日、特別な招待客がここに集まった。ベアトリクス女王、ウィレム＝アレクサンダー王太子、マクシマ王太子妃もこの「スターが集う記念演奏会」に臨席する。はじめにヤンソンスがワーグナーの『マイスタージンガー』前奏曲を指揮する。これはコンセルトヘボウのこけら落としでも演奏された曲だ。そしてこの町ゆかりの作曲家グスタフ・マーラーの歌曲（トーマス・ハンプソン）、プロコフィエフのピアノ協奏曲第三番の一部（ラン・ラン）、そしてサン＝サーンスの『序奏とロンド・カプリチオーソ』（ジャニーヌ・ヤンセン）とプログラムは続く。しかし最大の聴き物は、チャイコフスキーの『弦楽セレナーデ』の第三楽章「エレジー」だった。コンセルトヘボウ管、ベルリン・フィル、そしてウィーン・フィルのメンバーからなるオールスター・アンサンブルが登場し、競争とは無縁のなごやかな雰囲気で共演した。

コンセルトヘボウ管弦楽団の祝賀イベントは、結成後初めての演奏会からちょうど百二十五年後の十一月三日夜に行われた。ヤンソンスの十八番であるR・シュトラウスの『英雄の生涯』とならんで、委嘱作品も披露される。一九三九年ユトレヒト生まれのルイ・アンドリーセン*は、今回の記念に『ミステリエン』と題する作品を寄せた。この曲のインスピレーションの源となったトマス・ア・ケンピスの著作『イミタツィオ・クリスティ』（キリストに倣いて）は、神秘主義に彩られた十五世紀の信仰生活の書で、当時は広く読まれていた。アムステルダムでの初演の準備の舞台裏がテレビ・ドキュメントに収められており、リハーサル中にヤンソンスがアンドリーセンの要望に耳を傾けるさまや、その際に指揮者がずっとメモを取り、作曲家の求めるものをオーケストラに伝える様子など、見所が多い。

しかしこの映像からは、この指揮者と作曲家の関係があくまでもビジネスライクで、ときには緊迫した場面もあったことがわかる。オーケストラのミュージシャンたちは、この作品に要求される四分音の扱いにやや手こずっていた。そのためヤンソンスは、細部をもっと磨き上げようとする。特別練習が行われ、さまざまな楽器群が互いに合わせあう。シェフがどれほどこの新作の演奏に力を注いでいるかは、誰の目にも明らかだった――だがそれと同時に、ヤンソンスがこの音楽に一〇〇パーセント納得してはいないことも彼らは感じ取っていた。今回のアムステルダムでの祝賀演奏会も示すとおり、ヤンソンスにとってやはり現代音楽は心底楽しめる分野ではなかった。終演後の拍手に対して、彼はあくまで作曲者を舞台の前に押しやる。そこには仲間としての親しみはない。そのかわりヤンソンスはアンドリーセンの耳元で、そっとこうたずねた。

* 父ヘンドリク、兄ユリアンも作曲家。ロマン主義やアカデミズムを嫌い、ミニマリズムやジャズを大胆に取り入れた。グリーナウェイと協力したオペラ『フェルメールへの手紙』などで成功を収める。

「テンポは正しかったですか？」

二〇一三年のもっとも大事な仕事、もっとも厳しい試練が、じつはまだこの先に待っていた。コンセルトヘボウ管弦楽団の歴史上、もっとも長大な海外ツアーのひとつがそれだ。総勢約一七〇名の一行が大移動を行う。サンクトペテルブルクでのマーラーの交響曲第二番『復活』に始まり、そこからモスクワ、さらに中国と日本の各地を経て、最後はオーストラリアに至る。この海外公演で、コンセルトヘボウ管弦楽団創立百二十五周年を記念する、世界五〇カ国の『ワールド・ツアー』は完結することになっていた。*

身体の疲れはもとより、旅から旅の毎日でくつろぐこともできず、神経がすり減る。時差ボケがそれに追い打ちをかける。ヤンソンスは体調を崩した。不測の事態に備えて代役の指揮者が手配され、どの公演先でも連絡ひとつですぐ舞台に上がれるよう、準備が整えられた。ミュージシャンたちにとってこうした状況は初めてではないだけに、楽団の内部ではヤンソンスを心配する声が高まる。そもそもヤンソンスにとって、消耗しないツアーなど存在しなかった。

オーケストラにむかって自分の病気を話題にはしなかったが、そのかわり愛用の薬をよく自慢そうに見せていた。さまざまな錠剤や内服液をおさめた彼の薬箱は、いまも語り草になっている。こんな言葉もよく口にしていた。

「ぼくは指揮者の中では最高の医者だし、医者の中では最高の指揮者さ」

あるときアムステルダムでコンサートをキャンセルし、入院を余儀なくされたことがあった。となりの病室には、ある有名なオランダの政治家がいた。オーケストラのシェフとして仕事ができないこの期間を、彼は自分なりの方法で活用した。この政界の有力者とコンセルトヘボウ管弦楽団の現状について話し合い、改善策を相談したのだ。

しかしながら、いまはアジアと豪州への旅の途中であり、関係者全員にとって困った状況になってきた。十一月十三日の北京でのコンサートは、スコットランド出身のロリー・マクドナルドが代役に立ち、ストラヴィンスキーの『火の鳥』組曲とチャイコフスキーの交響曲第五番を指揮する。翌日、やはり北京で指揮台に立ったのは、上海生まれでイタリアで活動中のリュー・ジア（呂嘉）である。ベートーヴェンのピアノ協奏曲第三番（エマニュエル・アックス）とR・シュトラウスの『英雄の生涯』というプログラムだった。その二日後にシェフは復帰する。ヤンソンスはそのあと東京、川崎、パース、ブリスベン、メルボルン、そしてツアー最終日となるシドニーのオペラハウスでも指揮をした。

すでにヤンソンスは健康とは言いがたい身体になっていたが、意志の力を振り絞り、体力も使い果たして、この特別なツアーの特別な状況をなんとか乗り切った——と思われた。十二月一日、シドニーの舞台で楽員たちはチューニングを終え、シェイクスピアの戯曲にちなんだヨハン・ワーヘナール**（一八六二—一九四二）の序曲『じゃじゃ馬ならし』に備えている。空白の時間だけがホールに流れ、ざわめきが拡がる。数分後、ようやくヤンソンスがゆっくりと姿を現したが、顔は青ざめ、表情にま

* 『ロイヤル・コンセルトヘボウ　オーケストラがやってくる』は、この年のツアーのドキュメント映画。

** ロマン主義の流れをくむ、オランダの作曲家。オルガニストとしても名高く、ベルリオーズやR・シュトラウスの影響を受けた序曲、交響詩などを残す。

ったく生気がない。やがて休憩時間に入り、このコンサートを最後まで指揮するのは無理だ、すぐホテルに帰ってもらおう、と話が決まる。ふたたびロリー・マクドナルドが代役をつとめ、チャイコフスキーの五番を指揮した。楽団側の発表では、特に心配はいらないという。しかし関係者の全員が知っていた。いまここでツアーを止めなければ、取り返しがつかなくなる。

そして結果はどうなったか？　もうこんな長期のツアーに挑もうとは思わないことを、ヤンソンスは認めた。他の理由もあったにせよ、時差ボケのつらさが一因でピッツバーグを去ったヤンソンスにとって、海外への演奏旅行でこんなに苦しい目に遭うのはもうこりごりだったし、身体もそれを許さなかった。どうしても二つのオケのシェフを兼務する必要があるのか？　どちらも世界中を旅して回るオーケストラだというのに？　この問いがヤンソンスにますます重くのしかかってゆく。

自分の今の地位がどれほどの重責か十分わかっているからこそ、ヤンソンスは働き方を根本から変えられない。仕事中毒をこれまではいつも自分の気性や、「若いときからのライフスタイル」のせいにしてきた。両親と三人でリーガからレニングラードへ移ってきたときから、自分は死に物狂いで勉強するしかなかった、そしてそういうやりかたに慣れてしまったんだ、とヤンソンスはよく口にしていた。さらには、自由な時間がほとんどなくなるほど、休みらしい休みもなく音楽に取り組み続けることが、自分にとっての充実感だとヤンソンスは思っていた。その良い面も悪い面もふくめて——自分なりの言いわけでもあっただろうが——自嘲するようにこう語っていた。

「それは意図的なものじゃなく、つねに存在する感覚なんです。たとえばあるとき、『もうこんなに食べ過ぎちゃだめだな』と思った。すると、たまたま夕食に招待されて、ちょっとならいいかと自分を許し、たっぷり飲み食いしてしまう。そして結局は、『ちくしょう、また同じ間違いをしちまったじゃないか』と後悔する。そういう感じとそっくりです」

新ホール――生涯をかけたプロジェクト

バイエルン放送交響楽団での任期中、マリス・ヤンソンスの仕事にはまったく違う二つの側面があった。まずミュンヘンやツアー先でのコンサートだが、その人気は高まる一方であり、このオーケストラは世界のクラシック市場でもっとも重要な楽団のひとつに数えられるまでになった。その一方でヤンソンスは、みずからすすんでロビイストとしての活動を行い、自分のオーケストラに新たな本拠地を獲得するために闘い、人と話す機会があればかならずと言っていいほど新ホールのことを話題にした。こちらは彼にとってまさに喫緊の課題だったが、新たな提案や作業部会の設置、専門家による評価といったことが延々と繰り返されるばかりで、プロジェクトは永遠の輪廻の中に沈んでゆくかに思われた。それらのどこまでが引き延ばし戦術の一環で、どこからが国や州の決定プロセスにおいて本当に必要なものだったのかは、これから長い年月を経なければ完全には解明されないのかもしれない。

二〇一〇年ごろから新ホールの議論がふたたび活発化する。検討が始まって八年、建設予定地はいまだに決まっていない。ＦＤＰ所属のバイエルン州芸術科学大臣、ヴォルフガング・ホイビッシュの指揮監督のもと、作業部会が議論の対象としていたのはオデオン広場に近い通称フィナンツガルテン、サーカス劇場ツィルクス・クローネ脇の駐車場エリア、さらには三つのピナコテーク（絵画館）付近の土地、そしてレジデンツのアポテーケンホーフ（もと王室薬局跡）の四つである。ただし最後のアポテーケンホーフは王宮の中庭の一部で、ホール建設となれば大規模な改築工事が不可避だった。

相当な時間をかけてあれこれ議論を重ね、一年後に候補は二つに絞られる。ツィルクス・クローネ付近の地域と、新たに提案された五番目の候補地であり、そこをホイビッシュは強く推していた。ミュンヘン旧市街の東、イーザル川の中州にドイツ博物館がある。この博物館のコングレスザール（大会議場の意。かつては演奏会場にも使われた）が、当時は「技術フォーラム」という複合文化施設になっていたのを活用しようという話なのだ。しかし、独自の改築案を持っていた博物館側の拒否にあい、この案は立ち消えになる。

ここに至って、同じ市内の競争相手がヤンソンスと彼のオーケストラにとって大きな脅威となり始めた。ミュンヘン・フィルハーモニー管弦楽団に対して、彼らの本拠地、つまりあの評判の悪いガスタイクの改築を認めるという話が持ち上がったのだ。この計画が進み、改装が成ったあかつきには、フィルハーモニー・ホールの音響も面目を一新するものと期待されていた。さらにこのプランは、二つの楽団が平等にホールを利用することを認めるとうたっていた。これまではミュンヘン・フィルのスケジュールが優先されていたのに対し、ホールの使用にかかわる権利のあり方を改め、演奏会の日取りも見直してもらう、というのだ。

一見うまく行きそうなこの案は、特に政治家たちに評判が良かったが、バイエルン放送交響楽団にとっては寝耳に水だった。ヤンソンスとしては、この提案に対して公然と反対するのはどうしても難しい。ミュンヘン・フィルのシェフ、クリスティアン・ティーレマンとは良い関係を保ってきたからだ。これで事態はまたややこしくなってしまった。ヤンソンスが生涯をかけたプロジェクトは、ふたたび足止めの危機に瀕する。ひとつのホールで一挙両得をめざしたこの案には、現実問題として無理が多すぎた。これだけの規模の二つのオーケストラが、練習のスケジュール、本番の日程、その他活動について調整しろと言われても無理なのだ。また、ミュンヘンでコンサートのプロモーションをしているある企業は、自分たちが主催する演奏会にこれまで通りガスタイクが使えると思っていたのに、断りもなくいきなりビジネスの場から締め出されたと受けとめていた。これだけの問題点があるのをヤンソンスと彼の楽団員たちは知っているが、オーケストラの舞台裏やクラシック音楽市場の事情にくわしくない大多数の人々には、それがわかってもらえない。

二〇一〇年七月のあるインタビューで、ヤンソンスは語気を強めた。もはやこれまでのように外交用の美辞麗句で怒りといら立ちを包み隠すのはやめたのだ。

「ちゃんとしたホールのために、最後の血の一滴まで闘う覚悟です。たいだい、おかしいじゃないですか。州首相のエドムント・シュトイバーのところへ新ホールの件を頼みに行くと、『やります』と彼は言った——そしていなくなった。後継者のギュンター・ベックシュタインも『やります』と言った——そしていなくなった。そしてホルスト・ゼーホーファーも『やります』と言った——そのあとは音沙汰なしです。まったく、自分が森の中にひとり置き去りにされたような気分にもなりますよ！」

政治家の「やる」という言葉と、プランの実行・実現との間に遥かな距離があることは、オスロでシェフを務めたときに経験済みだ。ヤンソンスはあらためてこのことを噛みしめ、辛抱せざるを得ない。さらにバイエルン政界の有力者の中には、新ホールのプロジェクトを不要不急の贅沢とみなす向きもあった。

そうした中でバイエルン科学芸術省の作業部会が、建設候補地の問題と再び取り組み始めた。議論が始まって十年がたつというのに、いったいどこにコンサートホールが建てられるのかさえいまだにはっきりしない。二〇一四年四月、バイエルン放送響の来シーズンのプランを発表するにあたって、ヤンソンスはこれまでの十年あまりと同じく慎重な言葉遣いに戻る。そして、ホール建設計画の具体化と自分の契約延長をセットにするつもりはない、それは「プリマドンナ気取りのわがまま」であり、自分はそういうやり方はしない、と明言した。

しかしながらこの午前中の会見では、ほんの短い間ながら、彼が本当は何を考えているか、ぐっとこらえて丁寧な話し方をしている裏に、どれほどの思いを押し殺しているかが明らかになった。

「もしホールが建たなければ、それはわたしの負けです。負ければ、人はどうしますか？　韓国では、客船の転覆事故*がもとで首相が辞任したというではないですか」

ヤンソンスがミュンヘンを去るという選択肢が、ここでおおやけのものとなったのだ。

二〇一五年一月末、ホールの問題に決着をつけようとする大きな動きがあった。ＣＳＵのバイエル

＊　二〇一四年四月十六日のセウォル号沈没事故をさす。政府の対応への批判を受け、当時の鄭烘原首相は辞任に追い込まれた。

ン州首相ホルスト・ゼーホーファーは、ＳＰＤ所属のミュンヘン市長ディーター・ライターとの間で「抱き合わせ案」と呼ばれるものについて合意したと表明したのだ。これは以前のプランにもう一つホールを加える案だ。ガスタイクの大規模改修工事ののち、ミュンヘン・フィルとバイエルン放送響は対等の立場でフィルハーモニー・ホールを使用する。それと合わせて二つのオーケストラは、編成の小さい曲目の演奏会には座席数が約一二〇〇のヘルクレスザールを活用していただきたい、というのだ。ゼーホーファーがヤンソンスにこの決定について知らせたのは記者会見の直前であり、彼にとってはまさに青天の霹靂だった。

「世界に恥ずかしくないホールがひとつ、ミュンヘンにできる。これが目標です」

会見でゼーホーファーはそう語った。ここでバイエルンの首相が――この政治家お得意の、小細工たっぷりの言い方で――言わんとしているのは、新しいホールではなく、改修されたガスタイクのことだった。

もはやヤンソンスにとって外交のときは終わった。彼の言葉はいっそう激しさを増す。

「人を馬鹿するにもほどがあるでしょう」

ある記者会見で彼は声を荒らげた。今回のこの決定についてオーケストラの代表も、例のミュンヘンのプロモーターも、事前にひと言の相談も受けていないことに対し、

「恐ろしいほどの衝撃を受けました」

とヤンソンスは続ける。そしてミュンヘン・フィルに対しても、

「同じ音楽に携わる仲間として、このやり方はあまりにも情けないとはっきり言ってほしかった」

と率直に訴えている。

それから数年がたってもヤンソンスは、このときの政治的決定に対する怒りと不信の念を口にしていた。

「ひどいショックですよ、ミュージシャンたちにとってもね。もうだめだ、終わったんだ、と思いました。しかしあとになってこう思い直しました。『違う、こんなことがあっていいわけがない』と」

首席指揮者は楽団員たちにあてて手紙を書く。ホールのためにわれわれは、さらに闘い続けなければならない。互いに協力し合い、演奏の質がこれほどの高みに達した今こそ、この闘いをやめてはならないとヤンソンスは説いた。そして、いつの日かわれわれは、自分たちにふさわしいホールを勝ち取ることができる、と述べている。

「そう書くことで彼らを心理的に支え、負けない心を持ち続けてほしかった」

のちにヤンソンスはそう説明している。

「それと同時に、状況がこうなったからといって、自分はミュンヘンを去る気などまったくないことを暗に伝えたのです」

「抱き合わせ案」の決定は、二〇一五年五月、つまり発表からわずか四か月で白紙に戻された。各界の文化人からの激しい抗議を受けて——その間不思議にもミュンヘン・フィルはまったく表面に出てこない——ゼーホーファー州首相とライター市長は、このプランから距離を置き始めた。二つのオーケストラがさまざまな日程や楽団員の働き方はもちろん、定期会員制度の内容を根本から変える必要に迫られる。こんな計画はまったくもって非現実的だという批判が、ふたりの政治家に繰り返し浴びせられたためだ。市と州は、再びそれぞれ別の解決策を模索する。ミュンヘン市がやはりガスタイクの改装案にこだわる一方で、バイエルン州は新コンサートホールを認める方向に舵を切った。そして実際にこの案は、最後の決定的な段階を迎える。

強い存在感のある文化のシンボルとして、新しいホールの建物はミュンヘンの中心部に建てられなければならない、というのがマリス・ヤンソンスの一貫した考えだ。そんな彼にとって一番の候補地は、レジデンツのそばのフィナンツガルテンだった。だが、その案に対する反発が強いのを見てとると、ついに現実路線に転換をはかる。場所はさておき、まずホールが建つほうが大事だと考えたのだ。

やがて議論の対象は、都心から離れた二つの場所に絞られる。中心部から西に外れた郵便貨物センターのある土地と、そしてミュンヘン東駅そばの「ヴェアクスフィアテル」と呼ばれる場所だ。ここはもともと工業地域で、かつては有名な食品メーカー「プファンニ」の工場がクネーデル（ジャガイモやパンから作る団子で、肉料理の付け合わせなどに使う）を製造していた。この会社の後継者は工場移転後の跡地を再開発し、将来性豊かでクリエイティブなエリアに変える計画を進めていた。ベンチャー企業やさまざまなアトリエの入るスペース、レストラン街、住宅にホテル、ロック・コンサート会場――そこにクラシック音楽のためのホールも加えようというのだ。

数々の調査、専門家による評価、審議、政治上の決定をへて、二〇一五年十二月、バイエルン放送交響楽団の新しい本拠地がヴェアクスフィアテルに建てられることがついに正式に決まった。それからほぼ二年後の二〇一七年十月二八日、ブレゲンツのククロヴィッツ・ナーハバウアー建築事務所が設計を受注すると決定された。建物の外観はそれほど斬新ではない。建設計画の責任者たちによれば、ハンブルクのエルプフィルハーモニーの向こうを張るような豪壮華麗な建築は目指さない。それよりも計画の柔軟性と開放感を重視した、という。模型で見る限り、たしかに壮大な外観だが、どこかクラシカルな雰囲気の、総ガラス張りの建物となっている。この新コンサートホール・ミュンヘンには「音楽倉庫」から「白雪姫の棺」、さらには「クネーデル・フィルハーモニー」にいたるまで、さまざまなあだ名がつけられた。大ホールが客席数一八〇〇、小ホールが八〇〇という構想で、そのほかにバイエルン放送交響楽団のリハーサル室と事務局、そして飲食施設が入る予定だった。さらにはミュンヘン音楽・演劇大学も、ここに活動の場所を得られることになっていた。

『南ドイツ新聞』との二〇一七年十月二十九日のインタビューで、ヤンソンスはこの建物についてうまくまとめている。

「この構想には大いに期待が持てますし、いろんな可能性が詰まっていると思います。とにかく重要なのは、コンサートホールの中でどんなことが起こるかです。それに、ガラス張りのファサードから中が見えるでしょう。あれはすばらしい。スケッチだとそう華やかには見えませんが、けっして不格好ではありません。それに、とにかく大事なのは音楽なので、次にクリアすべき課題はホールのアコースティックです」

ヤンソンスとバイエルン放送交響楽団は、いちばんの難所を乗り越えたように思われた——最初の案が出てから、ちょうど十五年の月日が流れている。今回の決定で、バイエルン州はもう後戻りができないと誰もが知っている。いまや議論の中心は建設費用と、いつ着工できるかという問題に移った。設計案のコンペティションのすぐ後で、すべては再度延期される。焦る必要はない、無理に急いで、いい加減な決定を下してはならない、ということだった——エルプフィルハーモニーという恐るべき実例を、誰もが思い浮かべていた。*

ヤンソンスにとって何より重要なのは、ホールの音の響き具合だった。ＥＵには公共事業の発注に関するガイドラインがあり、音響設計者は公募に出願し、選ばれねばならない。しかしヤンソンスの希望が日本の豊田泰久なのはすぐ明らかになった。このころ、豊田が担当したエルプフィルハーモニーの音の聞こえ方について、ちょうど激しい議論が巻き起こっているところだった。** けれどもヤンソンスは、日本や中部ヨーロッパのあちこちのホールで豊田ならではの素晴らしいアコースティックを体験し、高く評価していた。澄み切って分離が良く、クリスタルのように曇りのない音を好む指揮者は他にもいる——ホールを楽器のように使いこなしたい音楽家にとっては、音響特性の個性が強いところよりも、あまりクセのない「ニュートラルな」空間のほうが自分の音のイメージをはっきり打ち出せるためだ。

「暖かみのある音は、ホールではなくオーケストラが作るべきものです」

ホールの音響に関する質問に対して、ヤンソンスはこのように慎重に答えている。もしミュンヘンの新しいホールが満足度の高いコンサート体験を提供できなければ、それを建てた意味がなくなってしまうし、その結果として音楽家はもちろん——さらに恐ろしいことに——市民からの支持が失われてしまう。

「建築よりもアコースティックのほうが重要です」

とヤンソンスは言った。

「このホールが完成して、音響が完璧でなかったら、みんなが批判するでしょう。『なんのためにこれだけのものを建てたんだ？　こんなカネを出す必要がどこにあったんだ？』とね。長年にわたってこれだけ議論を重ね、闘いを繰り広げてきたんですから、ミュンヘンでは『そこそこ音のいいホール』程度では勘弁してもらえないのです」

着工は二〇二一年に先延ばしされた。現実への追認と運命に対する諦めの入り混じった気持ちで、ヤンソンスはこれをやむなく受け入れる。バイエルン放送響との契約は二〇二四年まで延長されるが、新コンサートホールの完成は二〇二五年か二六年まで待たねばならない見込みだ。その時点でヤンソンスがもはやシェフでなくとも、名誉指揮者として落成記念コンサートを振ってもらおうではないか――関係者全員の考えは一致している。ヤンソンスが夢の実現をその眼で見ることができないとは、このときまだ誰ひとり予想していない。

ところが二〇一九年四月、想定外の出来事が起こる。あらゆる事前の予想に反して、豊田は新ホールの音響設計コンペで、これまで最大の競争相手だった人物に敗れてしまったのだ。審議の結果――ヤンソンスはその審査委員会のメンバーではない――選ばれたのは日系カナダ人で、指揮者としての経験もあるタテオ・ナカジマである。彼が所属する国際総合エンジニアリング会社アラップが手がけ

*　事前の見積もりが甘く、具体的な計画の策定を急ぎ過ぎたため、さまざまな混乱が生じ、完成は七年おくれ、建築費用は当初の見積もりの十倍に膨れあがった。

**　二〇一九年一月、ステージ後側席の聴衆が「歌手の声が聞こえない」と騒ぎを起こした、いわゆる「カウフマン事件」。このホールの音響については、演奏家の間でも意見は分かれている。

てきたホールは、どちらかといえば暖かく、まろやかで、ボディのある響きを備えている。ロンドンとベルリンを拠点に活動するナカジマがこれまで音響設計を担当したコンサートホールは、モントリオール、ヴロツワフ（ポーランド）、サンパウロなどにあり、その構想が高く評価されているルツェルンのホールの設計にも参加している。

はじめヤンソンスはがっかりした。かならず豊田が選ばれると思っていたからだ。だが、やがてヴロツワフやモントリオールで公演を行なったときの、ポジティブな印象が心に浮かんでくる。さらに彼は――建設候補地問題のときのように――自分の思いはともかく、現実を優先する姿勢を貫くつもりになっている。

「ここであれこれ注文を付け始めたら、せっかくのプロジェクト全体がおじゃんになりかねない。それはぼくにもわかりました」

と述べている。首席指揮者ヤンソンスはいさぎよく負けを認め、次のような公式見解を発表させた。

「ご承知の通り私は、前段階で他の候補者を推しておりました。しかし現在は、最善の決定がなされたと確信しております」

こうしてミュンヘンの新ホールの響きは、寒色系でなく暖色系に決まった。

ホールをめぐる闘いにほぼ決着がつき、さらに月日が経ってから、「思うように事が運ばず、バイエルン放送交響楽団を辞めようと思ったこともあった」とヤンソンスは認めている。そして「自分が結局は単なるゲームの対象だったのだと気づいた時は、どうにも腹の虫がおさまらなかった」と語った。当時を振り返って、ヤンソンスはこう述べている。

「どうせなら、あのとき正直に言ってくれればよかったんですよ。自分たちにはお金がない、このプロジェクトは実現不可能だ、CSUの党内でも支持が得られない、とね。そうしたらぼくは納得して、いっそ諦めたかもしれない。けれど次から次と一時しのぎの約束をして、実現するはずのない希望を持たせるなんて、あんまり人を馬鹿にしてますよ。ミュンヘンの新しいホールが実現して、いまは本当にうれしく思っています。完成するころには、ぼくはもう首席指揮者ではないでしょう。それでもぼくにとっては、自分の人生でなにか大きな価値のあることを成し遂げたという事実が大切なのです。本来なら、どんな首席指揮者でも自分のオーケストラのためにしてあげるべきことでしょう。それがこういう形で実現できて、本当に感謝しています」

アムステルダムでのフィナーレ

みずからの名声と交渉力を頼みに、新ホール実現のためミュンヘンで最後のひと押しに奮闘していたとき、ヤンソンスの立場は以前と比べ、はるかに強くなっていた。このプロジェクトとこの町に集中しようと決めていたからだ。二つのポストを兼務していたのは、もはや過去のことだ——いまやバイエルン放送交響楽団だけが彼のオーケストラだった。だからといって彼がより自由で、ストレスのない、穏やかな、余裕のある、あるいはのんびりした日々を送れるようになっていたかは疑わしい。ともかくヤンソンスのスケジュール表には、それほど大きな空きが増えてはいない。

この重大な決断をヤンソンスがコンセルトヘボウ管弦楽団に伝える踏ん切りをつけたとき、次の演奏予定が未完に終わったブルックナーの交響曲第九番だったのは、たまたまの偶然だろうか。場所はロンドンのバービカン・センターで、ちょっとしたブルックナー・フェスティバルともいえる企画だった。交響曲第四番、第七番とならんで、ブルックナーの遺作である第九番も演奏することになっていた。

ロンドンでのある晩、演奏会が終わった後に、オーケストラ・マネージャーのヤン・ラースにむかってヤンソンスは、二〇一四／一五シーズンの終了をもってアムステルダムを去るつもりだと告げた。このニュースは楽団員の間にもすぐ伝わる。それを聞いて愕然とした者もいれば、早くからこの日を予感していた者もいた。どんな楽団と首席指揮者の間でもそうだが、アムステルダムでもリハーサルで両者の意見が食い違うことはあった。だが、そういった力関係から生ずる軋轢や目指す音楽の違いが、この大転換の引き金となったのではない。このときミュンヘンでは新ホールの問題にまだ決着がついておらず、向こうに力を注がねばならないとヤンソンスは考えたのだ。やがて彼は、クラリネット奏者でバイエルン放送交響楽団の楽団代表のひとりでもあるヴェルナー・ミッテルバッハにも自分の決断を伝える。ミュンヘンでは歓喜の声が沸き起こった。

「ほかにもいろいろ事情はありました」

のちにヤンソンスはこう語っている。

「しかしまずコンセルトヘボウ管弦楽団に対しては、『ホールのためにミュンヘンはぼくを必要としている、それがぼくにはわかる』と話しました。もしミュンヘンを見捨てれば、バイエルン放送交響楽団にとって最悪の裏切り行為になったでしょう。『ははあ、あいつはもう自分でも、ホールが建つなんて信じちゃいないんだな』と誰もが言ったはずです。何らかの意味でミュンヘンをだましていたかのように思われても仕方がない。ぼくにはあのプロジェクトのゆくえを最後まで見守る道義的責任がある。こうするほかはない、と伝えました」

さらにヤンソンスは、以下のことも認めている。

「自分はミュンヘンのオケとのほうが、より有機的に、ともに成長して来られたと感じています。

アムステルダムのオケが培ってきた演奏のスタイルは、ノーブルで、エレガントで、とにかく素晴らしいというほかない。それでもバイエルン放送響のほうが自分にはもう一段しっくりくるのです。このオーケストラを振るのは、競走馬に乗るのと同じです。レースでゲートがガシャンとあくと、馬はそのまま一気に走ってゆく。そんな自発性がたまらないのです」

アムステルダムを離れれば、二つの楽団のプログラムを並行してこなす必要もなくなる。二つのオーケストラのサウンドはずいぶん違っているが、レパートリーはかなり似ている。アムステルダムとミュンヘンで、曲目の組み合わせがまったく同じ演奏会も多かった。二つの町の聴衆にとっては、さほど気にならなかったかもしれない。しかし国際的な視点から見たとき、ひとりのシェフを分け合うことで独自性が薄れるのは問題だった——マリス・ヤンソンスが本当に力を入れているオーケストラはどこなのか？　特に録音に関しては、この問題がはっきりと浮かび上がる。ブルックナーの交響曲第七番と第九番、ドヴォルザークの『レクイエム』と第九番、マーラーでは第一・第二・第五・第七番、モーツァルトの『レクイエム』、ショスタコーヴィチの交響曲第七番と第十番、R・シュトラウスの『英雄の生涯』——これらの作品はすべて、コンセルトヘボウ管とバイエルン放送響、両方の録音がある。さらにこの中のいくつかの曲は、オスロ・フィルとの録音も存在している。コンセルトヘボウ管弦楽団からの退任は、マリス・ヤンソンスという名前が今後はただ一つのオーケストラと結びつくことをも意味していた。バイエルン放送交響楽団にとって、真の意味でのブランド作りはここから始まる。

くやしさを胸に収めて、コンセルトヘボウ管弦楽団はこの重大な決定を受け入れた——チェロのヨハン・ファン・イェルセルのように、なにかを予感していたメンバーも多かったためだ。

「とても残念でした。ホールの件が理由だというのはわれわれも納得できます。ドイツとオランダのメンタリティの違いも一因じゃないかな。伝統的にドイツのオケのほうが、はるかに規律重視ですから。マリスはそういうのが好きなんです。こちらでは、なにかにつけてとにかく話し合いが多い。彼はあの通り、コントロール・フリークでしょう。議論よりも音楽にエネルギーを注ぎたいんだと思います」

いっぽうハープ奏者のペトラ・ファン・デル・ハイデにとって、この展開はやや予想外だった。

「なぜミュンヘンは残すのか、いまひとつ納得できなかったです。健康上の理由から、二つのオケをひとりで見るわけにはいかなくなるだろうと予想はしていましたけどね。どっちも辞めるというシナリオもあるんじゃないかな、と思っていました」

オスロのときとは違い、ヤンソンスはアムステルダムと縁を切るつもりはない。今後も客演指揮者として、このオーケストラとつながっていたいと考えている。アムステルダム音楽劇場でのチャイコフスキーのオペラ『スペードの女王』のプレミエは特別な企画であり、このまま進めることで合意ができている。これはせめてもの慰めと言えなくもない。

コンセルトヘボウ管弦楽団首席指揮者としてのマリス・ヤンソンスにとって、最後のシーズンはまず海外ツアーで始まる。エディンバラ、ケルン、リュブリアナ、ザルツブルク、グラーツ、ルツェルン、そしてベルリン。どの町のプログラムにも、ヤンソンスお得意のリヒャルト・シュトラウスが演目に含まれている。そのほかの作品としてはラヴェル『ダフニスとクロエ』、ショスタコーヴィチの交響曲第一番など。ブラームスのヴァイオリン協奏曲ではレオニダス・カヴァコス、ラヴェルのピアノ協奏曲ではジャン＝イヴ・ティボーデがソロをつとめた。ヴォルフガング・リーム*の『リヒテス・シュピール**』は独奏ヴァイオリンと小オーケストラのための十八分ほどの作品だが、こうした現代曲さえも含まれていた。

アムステルダムに戻ると、指揮者と楽団の双方にとって目新しい演目が待っている。二〇一四年秋、ヤンソンスは初めてプロコフィエフの交響曲第五番を演奏した――これまでの彼のレパートリーの傾向から考えれば、じつに意外な選曲だ。第一番の『古典交響曲』と並んで、この作品はプロコフィエフの交響曲の中でももっとも演奏の頻度が高い。ショスタコーヴィチの交響曲第七番『レニングラード』と同じように、プロコフィエフの五番も、現状肯定的な曲の性格やヒロイズム、愛国心を鼓舞するように聞こえる点が批判されてきた。この作品は「人類の精神の勝利」に捧げられているが、それを祖国礼賛ととるか、あるいは一九四四年という戦争の混乱のさなかに生まれたユートピア的瞬間ととるかは、見方の分かれるところだ。

ヤンソンスはチャイコフスキーの壮麗な交響曲や、あるいはショスタコーヴィチの『レニングラード』でもそうだったように、力まかせの荒っぽい演奏とは無縁のコンセルトヘボウ管弦楽団と独自の表現を展開してゆく。構えの大きい、のびやかな演奏ではある。だが、空疎な悲愴感や興奮で覆い尽くされてはいない。流れはくっきりと明確で、曲の構造が手に取るようにわかる。音が重なってもそれぞれの粒立ちがよく、引き締まった力強さがある。こうした美点のすべてを兼ね備えた演奏は、ヤンソンス最後の年のコンサートの中でもっとも素晴らしいものの一つとなった。

そもそもこの年は――それまでの数シーズンが、ともすれば型通りの選曲になりがちだったのと比べて――普通ならあり得ないような組み合わせのプログラムが目白押しだった。あるコンサートではマルティヌーにルトスワフスキ、シャブリエ、ラヴェルにリスト、さらにはデニス・マツーエフの独奏でガーシュウィンの『ラプソディ・イン・ブルー』まで演奏されている。ヤンソンスらしからぬもう一つの組み合わせとして、ドビュッシーの『イベリア』にファリャの『三角帽子』、マスネの組曲第五番『ナポリの風景』、そしてレスピーギの『ローマの松』というのもあった。このプログラムはヨーロッパ・ツアーの一環でマドリードとウィーンを訪れた際にも演奏されている。その後、一行はフランクフルトとパリへ足を延ばしたが、この二つの都市ではR・シュトラウスの組曲『町人貴族』とマーラーの交響曲第四番という取り合わせだった――そしてこれが、ヤンソンスとコンセルトヘボウ管弦楽団がともに出かけた最後の旅となる。

二〇一五年三月十九日とその翌日。ついにその時がやってきた。ヤンソンスが首席指揮者として振る最後のコンサートである。この演奏会の予定が立てられた時点では、そんなめぐり合わせになろうとは誰も予想していなかった。そのため、こうした特別な機会に誰もが期待するであろうR・シュトラウスやショスタコーヴィチ、ベートーヴェンといった、いかにもヤンソンス好みの作品は演目に入っていない。お気に入りの歌手のひとりであるバリトンのトーマス・ハンプソンが、マーラーの『少

* 現代ドイツを代表する作曲家のひとり（一九五二―）。伝統的な手法にこだわり、「新ロマン主義」の立場をとる。オペラ『レンツ』や管弦楽のための『出発』など。

** 「軽やかな遊び」、「光の戯れ」など複数の意味がある。

年の魔法の角笛』やコープランドの『古いアメリカの歌』などから数曲を歌う。休憩後のバルトークの『管弦楽のための協奏曲』は、オーケストラにとって腕の見せどころが多い人気曲だ。

委嘱作品として特別に演目に加えられたのが、オランダの現代作曲家マルティン・パディング*の『さらばと言おう（Ick seg Adieu)』である。演奏時間五分ほどのこの作品は、十六世紀オランダの歌謡を下敷きにしている。弦楽器のピツィカートと管楽器のグリッサンドがノイズのように瞬間的にきらめいては消え、そこから民謡らしきものの断片が、さまざまに形を変えて何度となく浮かび上がってくる。マクシマ王妃をはじめとする聴衆は興味深げに、しかも心から楽しんだ様子で、この別れの贈り物を受けとめていた。

演奏がすべて終わると、期待されたとおり場内は総立ちで拍手を送り、聴衆はもちろん、楽員の中にも涙を浮かべている者が多かった。ヤンソンスにはさらに特別な記念の品が贈られる。合図に応じて彼が覆いをはずすと、巨大な肖像画が現れた。ヤンソンスの指揮姿を——ややデフォルメして——描いたものだった。ごく一部の親しい人しか知らないが、ヤンソンスはこんなふうに満場の注目を浴びて栄誉を受けるのが実は苦手だった。

こういう場につきものの別れの言葉がいくつか述べられたあと、ヤンソンス自身も演壇に立ち、聴衆の心にじかに語りかけた。

「みなさんはほんとうに最高のお客様です。どうかこれからも、このオーケストラにご支援をよろしくお願い申し上げます」

やがてヤンソンスも、彼なりの形でこの約束を果たすだろう——二年後、チャイコフスキーの『スペードの女王』とマーラーの交響曲第七番を指揮するために、このオーケストラの前に戻って来る。首席指揮者の重責から解放され、より自由な立場となったヤンソンスは、この再会を心から喜ぶ。ハープ奏者ペトラ・ファン・デル・ハイデの言葉は、多くの楽団員の気持ちを代弁するものだったに違いない。

「とにかくわたしたちは、お互いを嫌いになって別れたんじゃない、と信じていましたから」

＊　一九五六年生まれ。個々の楽器の特性を生かした、意外な音作りの『ワン・トランペット』、『ハーモニウム協奏曲』などがある。

ベルリンからの誘い

　もしマリス・ヤンソンスの尽力がなかったら、ミュンヘンの新ホール・プロジェクトをめぐる議論はいったいどんな展開をたどったことだろう。ご存じのとおり、彼が本気でミュンヘンを去ろうと思ったことは一度もない。だが、まだ盛んに議論が行われているさなか、彼がアムステルダムを去った直後の、ミュンヘンがヤンソンスの残留は堅いと確信したまさにそのとき、突然セイレーンの甘い誘いの声が彼方から聞こえてくる。バイエルン放送交響楽団にとっては、ゆゆしき事態だ。ベルリン・フィルハーモニー管弦楽団が新しいシェフ探しに乗り出したのだ。

　二〇一五年五月に行われたこの首席指揮者選びに比べれば、ローマ教皇の選挙でさえ穏やかなものだ。ヴァチカンと同じようにベルリンでも選出作業は非公開で、ダーレム地区にある福音派のイエス・キリスト教会で行われる。有権者の数もほぼ同じで、一二三名の団員が閉ざされたドアの奥で激論を戦わせる。

　このコンクラーベ（教皇選挙）の日取りはきわめて重要な日程として、派手なＰＲとともに楽団から発表された。ベルリン・フィルならではの民主的なやり方は彼らの誇りなのだ。世間もまたこのお祭り騒ぎに参加して、新教皇決定を知らせる白い煙を待ち構えている。カメラマン、テレビの撮影クルー、新聞記者、テレビやラジオのレポーターたちが教会の前に陣取っている。だが、記者会見の時刻は再三にわたって繰り下げになる。十一時間に及ぶ協議の末、二〇一五年五月十一日の夜遅くになって、疲れ切った表情のオーケストラ代表たちが記者たちの前に姿を現した。結果を聞いて、誰もが肩をすくめる。新しい首席指揮者はまだ決まっていない。現時点では。

うまく行かなかった原因は、全員で話し合いと投票を繰り返す彼ら独自のやり方にある。さらには、事前の目論見が外れたことを受け入れ、対策を練り直す必要があった。楽団側はマリス・ヤンソンスをベルリンに呼ぼうと画策していた。中長期的な展望を開いてくれそうな若いスター指揮者を探し出すには、とにかく時間がかかる。それまでの移行期間をヤンソンスに任せようというのだ。多くの人々から敬愛され、理想的なオーケストラ・ビルダーであり、ベルリン・フィルの団員たちがひそかに「生まれながらのシェフ」と呼んでいるマリス・ヤンソンスならば、従来からの継続性を大切にしてくれるだろうし、国際的な評価の点でも心配ない。このオーケストラを新しい時代にうまく橋渡ししてくれると踏んだのだ。ところがこの運命のコンクラーベのわずか数日前になって、ヤンソンスはベルリン・フィルに大きな痛手を与えた。バイエルン放送交響楽団との契約を延長したのだ。

ベルリン・フィルにとっては、突然すべてが白紙に戻った。二〇一三年一月、首席指揮者サー・サイモン・ラトルは、二〇一八年で切れる契約を更新するつもりはないと表明した。ラトルとオーケストラとの考え方の違いがあまりに大きく、前回の契約更新の交渉に時間がかかり過ぎた。それに加えて、ひそかにプライドを傷つけられるような大小さまざまの出来事が相次ぐ。ラトルの支持者と反対者の間に亀裂が生じたことも、きちんとした手順を踏んで後任探しを進める妨げになった。これからのベルリン・フィルハーモニー管弦楽団は、急激に変化しつつあるクラシック音楽市場のなかでどうすれば確固たる地位を保っていけるのだろう？　伝統への回帰を強く打ち出すべきか？　それともクラウディオ・アバドが着手し、サイモン・ラトルが継続した、あの新たな領域への挑戦を続けるべきか？　若きスターと契約する危険を冒して？

こうした状況の中、マリス・ヤンソンスはまさに理想的な候補者と思われた。このオーケストラとは長年にわたって親密な関係を築いている。毎シーズンのように行われるフィルハーモニー・ホールでの客演は、ヤンソンスにとって年中行事のひとつとなっている。それに、彼が一九七一年に——カラヤン・コンクールの入賞者として——このオーケストラにデビューを果たしたことは、格別の意味を持っている。ヤンソンスの指揮するコンサートには定期的に通っているラトルや、あるいは他の同業者の口からも、「マリスがわれわれの中では最高だ」という言葉がたびたび聞こえてくる。ベルリンの地元紙『ターゲスシュピーゲル』は、オーケストラ内部から得た情報も踏まえて、暫定的な解決案を提示する。

ベルリン・フィルハーモニー管弦楽団のメンバーとしては、オットー・ロイターふうの解決策を試してみるのも一案ではないだろうか？

「若くて元気な男だけを

選り好みしちゃいけません

おじさまになさい、おじさまに！

実績も経験もある、おじさまは最高」

戦間期の一九二六年、ベルリンの演芸場で一番人気のコメディアンだったロイターは、そう歌ったではないか。

ベテランによる暫定政権こそ、ベルリン・フィルが抱えるジレンマを解決するもっともスマートな方法だというわけだ。

誰もが高く評価する経験豊かなマエストロに頼んでみてはどうだろう？　腕の立つ指揮者なら、オーケストラ側も得るものは多いし、数年間は指揮者の市場をゆっくり観察する余裕ができるというものだ。マリス・ヤンソンス——あるいはダニエル・バレンボイムはいかが？

ベルリンで首席指揮者の選挙が近づくころ、ちょうどヤンソンスはこの町に滞在している。ベルリン・フィルを相手に、まもなくバルトークの『弦楽器、打楽器とチェレスタのための音楽』のリハーサルが始まる予定だ。かつてウィーン・フィルにデビューの際、不完全燃焼に終わったあの曲だ。そのほかにフランク・ペーター・ツィンマーマンをソリストに迎えてバルトークのヴァイオリン協奏曲第二番、そしてラヴェルの『ダフニスとクロエ』第二組曲というプログラムだ——こちらは一九七一年に、カラヤン・コンクールの決勝で指揮を許された作品である。

バイエルン放送交響楽団は大いにあわてた。ベルリン・フィルのメンバーとの個人的なつながりに物を言わせて、向こうでどんな話が進行中か、それが自分たちにとってどれほどの脅威かを、ミュンヘンのミュージシャンたちは正確につかんだ。こちらではただちに楽団員の緊急総会が召集される。票決が行われ、圧倒的多数の賛成でヤンソンスに留任を求めると決まった。深い敬愛の念と友情の証であるとともに、これは一種の圧力でもあった。オーケストラの代表たちがバイエルン放送協会のウルリヒ・ヴィルヘルム会長とともに、ベルリンのヤンソンスのもとへ急ぐ。ベルリン・フィルとの最初のリハーサルに入る前に一行はヤンソンスと面会し、契約延長を申し出た。それと同時にオーケストラが行なった票決と、その結果についても伝える。

ヤンソンスは心を打たれ、責任の重さをかみしめた。またイリーナ夫人が「あの町の水は、あなたには合わないわ」と、ベルリン・フィルへの就任を見送るよう勧めたという噂も、バイエルン放送響のメンバーの間でささやかれた。ともかくヤンソンスは、二〇一八年まで有効なバイエルン放送交響楽団との契約を、さらに三年延長することに同意する。それともう一つ、ミュンヘン側からヤンソンスへの頼みがあった。今回の件について、ベルリン・フィルとの最初のリハーサルではいっさい口外しないでいただきたい、というのだ。これからプレス・リリースを準備する都合があるという理由だったが、これはベルリンの同業者たちへのささやかなしっぺ返しとも受け取れる。

彼らの希望はすべてかなえられた。ベルリン側の計画はご破算になる。それでもなお、ミュンヘンの楽団員たちは安心しきれない。五月十一日のコンクラーべが長引き、やがて夕方から夜になるにつれ、次第に不安が大きくなる。ひょっとしてヤンソンスのもとにベルリン・フィルから緊急の電話が入って、さんざん口説かれたあげく、最後には「行く」と言ってしまったんじゃないだろうか? ここ数日の彼の態度を見れば、それはあり得ないとわかっている。それでも恐怖はつのるばかりだ。やがて夜も更け、ベルリン・フィルハーモニー管弦楽団の代表が万策尽きた面持ちで取材団の前に姿を現すと、ミュンヘンは大はしゃぎの雰囲気に包まれた。そこにはベルリンの鼻を明かしてやったという、意地悪な喜びもあったに違いない。

のちに明らかになったところでは、選挙当日の夜、すでにキリル・ペトレンコと電話会談が行われている。だが、ペトレンコは断った。クリスティアン・ティーレマンやアンドリス・ネルソンス、ダニエル・バレンボイム、あるいはグスターボ・ドゥダメルも、新しい首席指揮者には選ばれなかった。団員の投票で過半数に達しなかったか、やはり本人が就任を断ったためだ。結果が出せなかった選挙の六週間後、再びベルリン・フィルハーモニー管弦楽団の団員たちが集まる。こんどはメディア向けの華々しい宣伝は一切ない。過半数の票を集めたのはペトレンコである。ためらいを捨てて、最終的に彼は就任を承諾した。

ペトレンコに決まった直後、ヤンソンスは『ミュンヒナー・メルクーア』のインタビューで、ベルリン・フィルとの良好な関係は今後も変わらない、バイエルン放送響との契約延長はベルリンに対する拒絶を意味するものではない、と発言した。またミュンヘンの楽団員総会で過半数の信任を得たことで、「ここで自分のなすべき仕事を続けていかねばならないという確信を得ました。ミュンヘンにはまだいくつか、実現すべき課題があるのです。私はこのオーケストラが本当に大好きです。と同時に、ベルリン・フィルの人たちの気持ちもわかります。彼らは長い年月、ひとりのシェフと向き合っていかなくてはならない。不満が残る結果になるよりは、決定のプロセスにじっくり時間をかけるほうがいい」と述べている。

数年後、ヤンソンスはもう少しくわしい事情を教えてくれた。自慢するみたいで嫌だから、あまりこの話はしたくないんだけど、と前置きしたうえで、こう語っている。

「もしぼくが『いいよ』とひと言いえば、ベルリンの人たちはすぐ受け入れてくれたんじゃないかな。ほかの候補の人たちについては、そこまで一本化できていなかったようだから。でも、そのとき思ったんです。バイエルン放送交響楽団を見捨てるなんてできるものか。それじゃ後ろからナイフで刺すのと同じだろう、とね。オーケストラは専用のホールを永遠に手に入れられないかもしれない。そんなリスクを冒すことは許されなかったんです。最終的には、こういう成り行きになってよかったんですよ。生きていれば、難しい状況に陥ることはある。でも神様は、ぼくを正しい方向へ導いてくださった。あれでよかったのです。一年後にはホール建設に向けた最終決定が下されたんですから」

これらすべてに対して、ベルリン・フィルも理解を示した――ペトレンコの次期首席指揮者就任が決まり、一連の騒動がハッピーエンドを迎えたせいもあるだろう。ヤンソンスはその後も引き続き毎年ベルリンに戻ってくる。そして彼自身が自分の仕事と役割、つまり首席指揮者としての責務を理解しているように、やはり経験豊かなキリル・ペトレンコを次のシェフに選んだことで、ベルリン・フィルはすべてをうまく解決したようにヤンソンスには思えた。指揮者のマーケットが巨大化し、誤った方向へ発展するなかで、繰り返される一時の熱狂と忘却。あらゆる面で改革の担い手と嘱望される若き指揮台のスターを誰もが追い求め、しかもその年齢はますます下がってゆく。こうした現象すべてを、ヤンソンスは深い懐疑のまなざしで見ていた。

「十五年、あるいは二十年前ぐらいからおかしな方向に進みだしましたね。指揮者という職業が突然、これまでになく大人気になったんです。楽器のソロで食べていた人たちまで、指揮に手を染めました」

それが彼らの音楽にとってかならずしも良かったとは言えない、とヤンソンスはほのめかしている。そしてさらにこう続ける。

「若い指揮者が名門オーケストラのシェフに就任するのは、もはや普通のことになりました。その原因の一つは、常に話題作りが求められていることでしょう。ぼくの考え方は古いかもしれない。でも、あんまり早く重要なポジションを任されるのは危険だと思います」

若い芸術家には、成長するための時間が必要だ。まず幅広いレパートリーを勉強し、さらにはその成果をオーケストラの前で示し、自分の考えを相手が納得できるように、技術的に可能な形で伝えられるようになるためだ、とヤンソンスは言う。

「あるコンサートの演目をリハーサルして、実際に指揮する。それだけなら、すぐできるようになりますよ。けれども首席指揮者はオーケストラを育て、トレーニングするのも仕事のうちです。ぼくはゆっくりキャリアを積むほうに賛成です、自分がそうでしたから。無理に先へ進もうとしたことは一度もありません」

首席指揮者としての契約こそ結ばれなかったが、ヤンソンスとベルリン・フィルとの関係は深まってゆく。三年後の二〇一八年一月、オーケストラはマリス・ヤンソンスに名誉団員の称号を贈った。

リハーサルの前にささやかなセレモニーが行われ、表彰状が手渡される。そのほかにヴィルヘルム・フルトヴェングラーが使っていた『トリスタン』のスコアのファクシミリ版も贈られた。感無量といった面持ちのヤンソンスは、感謝の言葉もはじめは口ごもりがちで、目頭をそっとおさえる瞬間さえあった。

「生涯でこれほどの栄誉を受けようとは、思ってもみませんでした」

なにもかもが自分などにはもったいない、と彼は続けた。このときヤンソンスの心には、指揮者の道を歩み出したころの記憶や、大きな影響を受け、その後の進路を決定づけたカラヤンとの出会い、カラヤン・コンクールでの入賞、そして一九七六年ベルリン・フィルに「正式に」デビューして以来、ともに積み重ねてきた数々の演奏会のことが浮かび、胸がいっぱいになったに違いない。

「これは、どんなダイヤモンドや黄金にもまさる宝です」

彼は自分の思いをそう伝える。団員たちにむかって頭を下げ、そしてヤンソンスは、このオーケストラの比類ない質の高さと、組織としての独自性を称えた。

「あなたがたはお手本なのです。蒸気機関車のように先頭を走ってゆく。われわれはみんなその後ろの、二両目、三両目、四両目、五両目の車両に座っているのです」

あちこちへの旅、そして現代曲

マリス・ヤンソンスのキャリアにおける重大な決断の多くが、二〇一五年前後に重なっている。コンセルトヘボウ管弦楽団を円満な形で辞め、ベルリン・フィルへの就任は見送られた。その結果バイエルン放送交響楽団に集中できるようになったのは、健康面でも仕事の上でも、大きなプラスだった。それはヤンソンス本人も意識している。ミュンヘンでは互いに対する信頼と愛情が一段と深まり、良い意味で「ある程度好きにさせても大丈夫だ」と思えるまでになった――そしてヤンソンスは、それを実行に移している。むろんこれまで通り練習は綿密で、ときには楽団のメンバーもぐったり疲れるほどだが、両者が奏でる音楽はより自由に、より自然に流れてゆく。

「いまや収穫の時が来た、ということです」

当時のコンサートマスターのひとり、フローリアン・ゾンライトナーはそう表現している。

それでもマリス・ヤンソンスは、ときおりちょっとした「浮気」も楽しんだ。二〇一〇年、週末にバイエルン州立ユース・オーケストラの練習を指導しに行ったことがある。このときはムソルグスキーの『展覧会の絵』をやっていた。技術上のヒントを与えたのはもちろんだが、若者たちに全力を出させるのにヤンソンスはずいぶんと骨を折った。若い子たちがあそこでやってる音楽はあまりにもお上品すぎる、と当時の彼はこぼしたものだ。それから四年、ヤンソンスは再びこのオーケストラの前に立っている。いまではバイエルン放送交響楽団がこの団体の指導を引き継いでいた。今回の曲はドヴォルザークの交響曲第九番だ。そして今度もまた、ソロを受け持つメンバーたちを励まさなくてはならない。ヤンソンスを尊敬するあまり、ヘルクレスザールの舞台の上の若い演奏者たちは硬くなってしまっている。

「みなさん、どうかバイエルン放送交響楽団の演奏会に来てください。彼らがどれほど本気か、どれほど情熱をこめて演奏しているかを見てほしい。みなさんだって、あれと同じだけのエネルギーはあるんです。でも、それを出して見せなきゃ意味がない。音楽は熱い魂で奏でるものです」

練習が終わった直後、「若い世代の指導はあなた個人にとってどういう意味を持ちますか？」という問いに、

「まさにひと仕事です。でも、素晴らしい仕事です」

と彼は答えている。

二〇一四年十一月、ヤンソンスは特別な思いを胸に手兵バイエルン放送交響楽団と旅に出る。みずからの本拠地サンクトペテルブルクでは、すでに二度このオーケストラを指揮している。だが今回は、生まれ故郷リーガから招かれていた。一九八四年に亡くなった父、アルヴィーツ・ヤンソンスの生誕百周年を機会に、ごく短いツアーを行うことになった。ラトビア国立歌劇場の狭い廊下に、小さな真鍮製のプレートが飾られ、そこに父の名前が刻まれるのだ。その突き当りが指揮者控室で、かつてア

ルヴィーツ・ヤンソンスが数々の上演の準備に励んだこの部屋を息子マリスが訪れたのは、演奏会の始まる二時間前だった。

緊張で青ざめたヤンソンスの表情からは、この日が彼にとってどれほど重要だったかがうかがえる。カメラが彼をとらえ、歌劇場の総裁が手短に挨拶をして、写真のためにみんなでポーズをとる。それに先立って、この町が生んだ偉大な息子マリス・ヤンソンスは空港でテレビ取材班の出迎えを受け、インタビューに答えていた。こうした準備にはお構いなしに、古都リーガは霧と雨の灰色の衣に身を包んでいる——祝典日和とはお世辞にも言いがたい。歌劇場前の大きな看板がこの来演を宣伝し、テレビはコンサートをライヴ中継する予定だ。多くの著名人が演奏会に出席を予告していたが、その中にはラトビア出身のメゾ・ソプラノ、エリーナ・ガランチャの名前もある。

本番前の音出し練習を始めるにあたって、ヤンソンスはオーケストラを元気づけようと声をかけた。

「わが故郷へようこそ」

そのあとのコンサートでヤンソンスが歌劇場の舞台に姿を現したとき、最初の拍手はあくまでも儀礼上のものだった。しかし休憩前のドヴォルザークの交響曲第九番が終わると、観客は歓声をあげ、すぐに立ち上がって熱い拍手を送る。最後の曲であるショスタコーヴィチの交響曲第五番には、誰もが文字通り打ちのめされたようだった。花束が次々と投げられて山と積み重なり、リズミカルな手拍子が湧き起こる。二曲のアンコールのあとは、誰もが満面に笑みを浮かべていた。

狭い通路や楽屋のそこかしこで楽員たちがすでに着替えを始めても、汗びっしょりのヤンソンスはひとりで何度も舞台の縁に進み出て、カーテンコールに応えている。感じ入った表情で胸のあたりをおさえる仕草を見せていた。そして、そのあとのレセプションではこう認めている。

「年を取るほどに、ラトビアとの心のつながりをますます強く感じます」

むろんその夜は明け方まで宴が続いたが、翌朝ホテルの玄関先には三台のバスが待っていた――ありし日の思い出に存分に浸ったあとは、ミュンヘンでの日常に戻らねばならない。

すでにピッツバーグで効果が確認済みのアイデアを、ヤンソンスはミュンヘンのコンサートで復活させようと試みる。ミステリー・ピースの導入がそれだ。アメリカの聴衆に受けが良かったのならば、ミュンヘンでもそう悪い結果になりはすまい、とバイエルン放送協会の上層部も考えた。聴衆の手元のプログラムには、その日の最初の曲目についてひとことも書かれていない。演奏後にヤンソンスがごく短いアナウンスで種明かしをするという趣向だ。二〇一五年秋に始まったこのシリーズの第一弾は、エマニュエル・シャブリエの華やかな狂詩曲『スペイン』だった。その数週間後、噴き上がる溶岩のように強烈なエドガー・ヴァレーズの野心作『アメリカ』の前置きとして、ジャン・シベリウスの『フィンランディア』が演奏される――結局一シーズン限りでこのアイデアは取りやめとなった。

このシーズンには、ふたたびバイエルン放送交響楽団の北米ツアーが予定されていた。そのためにヤンソンスとオーケストラが準備したのは、ショスタコーヴィチの長大な交響曲第七番『レニングラード』で、普通こうした海外公演にはあまり選ばれない作品だ。二〇一六年二月、アメリカに出発する直前に行われたミュンヘンでの演奏は、二〇〇六年のショスタコーヴィチ・フェスティバルのときよりもさらに奔放で、思い切りが良く、攻撃的で、ドラムの皮も裂けそうなほどの激しさだった。

これら通常の演奏会と出発までのあいだを縫うようにして、さらにバイエルン放送合唱団の創立七〇周年記念演奏会も開かれている。バイエルン放送交響楽団の歴代の首席指揮者がそうだったように、ヤンソンスはこの合唱団の名目上の首席指揮者で、実際の指導に当たる芸術監督は、合唱指揮の専門家ペーター・ダイクストラだった。さまざまな歌劇の合唱名場面集ともいうべきプログラムで、ヤンソンスはふだんオペラを振れない憂さを存分に晴らした。ワーグナーの『さまよえるオランダ人』から「舵取りよ、見張りをやめろ」、ヴェルディ『アイーダ』より凱旋の合唱、ワーグナー『タンホイザー』の巡礼の合唱、ニコライ作曲『ウィンザーの陽気な女房たち』の「おお、やさしい月よ」、そして、なんとシューベルトの『アルフォンソとエストレッラ』から「狩りに、狩りに行きましょう」まで――ドラマ上の関連は薄いものの、さまざまなオペラの聴かせ所を大胆に集めた選曲であり、聴衆の多くはこの中のどれか一つでもヤンソンスが全曲をやってくれないものか、と願わずにはいられなかった。

北米ツアーに出かけて、ようやくバイエルン放送交響楽団はいつものレパートリーに戻った。最終公演がニューヨークのカーネギー・ホールなのはすばらしいが、それ以前にまずワシントンとモントリオール、そして――地方回りをしなくてはならない。チャペルヒル*やアナーバー**といった、州立の名門校がある大学町へおもむくのだ。世界のトップ・オーケストラがこうした学園都市を訪れるのは珍しいことではない。こうした土地では、公演にかかる経費と収入とのバランスが良い――現地のプロモーターや大学の後援者は、気前よく支払いをしてくれる。ニューヨークなどのように、オーケス

---

* 全米最古の州立大学である、ノースカロライナ大学チャペルヒル校がある。
** ミシガン大学本部キャンパスの所在地。

トラへの報酬が宿泊費や輸送コストなど、さまざまな経費に食われてしまうことがない。数日後のシカゴ公演の際には、ふたりのスター指揮者が顔を合わせる機会があった。シカゴ交響楽団の音楽監督であり、なにかとバイエルン放送交響楽団とは縁の深いリッカルド・ムーティが、本番前の直前練習に顔を見せたのだ。仲の良さげなふたりの様子を楽団員のほとんどが写真に収めるまで、ムーティはヤンソンスをしつこく何度も抱き締める。マリス・ヤンソンスは素晴らしい指揮者だ、私は彼が大好きだと述べた後で、この歓迎ぶりはいささか度が過ぎたと反省したのか、ムーティはわざと皮肉めかして言った。

「指揮者なんて、ひとりいれば十分だね。ふたりもいたら大混乱のもとだ」

北米ツアーの最後を飾るニューヨーク公演を前に、折あしくミュンヘンから問題発生の知らせがバイエルン放送交響楽団に届く。しばらく前から、バイエルン放送協会に経費節減を求める圧力が高まっていた。また局の側も公共放送である以上、みずから組織改革を行い、新しいメディアの世界の要請に応えようとしていた。バイエルン放送の総務部長は州議会で「あらゆるものが見直しの対象となる」と発言した――これまで予算の削減をほぼ免れてきた放送交響楽団にとっては、いよいよ自分たちが名指しされたように思われた。

ホールをめぐる論争に加えて、こんどは楽団にとってさらに重大な結果をもたらす新たな議論が始まるのか？　オスロやピッツバーグのときと同じように、シェフであるヤンソンスはオーケストラの存続と労働条件の確保を求めて行政側と戦い、ロビイストとして奮闘しなければならないのか？　これはまさに過去の亡霊の再来だった。

バイエルン放送協会の放送部長であり、この交響楽団を統括する立場のマルティン・ワーグナーもニューヨークへ飛んだ。ヤンソンスとオーケストラ内部の懸念を払拭するのがその目的だ。州議会での総務部長の発言は誤解されている、とのことだった。ヤンソンスはやれやれと言わんばかりの表情だった――とりあえず、今のところは。

まるで完璧なドラマの筋書きのように、ツアーはニューヨークでの最後の演奏会でその頂点に達する。カーネギー・ホールでは二回コンサートが行われ、最初の晩はレオニダス・カヴァコス独奏によるコルンゴルトのヴァイオリン協奏曲と、ドヴォルザークの交響曲第八番。ふた晩目がショスタコーヴィチの交響曲第七番だった。最後の和音が鳴りやむと、万雷の拍手と歓声がうねりとなって何度も押し寄せる。ヤンソンスは目に涙を浮かべていた、とオーケストラのメンバーが教えてくれた。そう言う彼らの中にも、目を潤ませていた者が少なくない。このオーケストラと仕事ができたことを誇りに思う、自分は幸せ者だ、とヤンソンスは終演後に語った。

「ツアーの途中で、お客さんからあんまりたくさんお褒めの言葉を頂いたので、恥ずかしいくらいです」

そう正直に述べたあと、ヤンソンスは好青年のようないつもの笑みを浮かべて、こう続けた。

「でも、ありがたいことです。励みになりますからね」

現代音楽に対する取り組みは、ミュンヘンに専念できるようになってからも、ヤンソンスの弱点のひとつだった。オスロやピッツバーグでは、同時代の作品を指揮することがそもそも稀だった。もし取り上げるとすれば、そのほとんどがノルウェーかアメリカの作曲家のものだった――オーケストラの伝統として、それは義務だったからだ。アムステルダムでも状況は同じだった。それに対しミュンヘンでは、基本的な役割分担が違っている。この町では一九四五年に、地元の作曲家カール・アマデウス・ハルトマンの発案により、同時代の音楽のためのコンサート・シリーズが作られた。これが一九四七年には『ムジカ・ヴィーヴァ』と名付けられ、一九四八年以降はバイエルン放送協会が運営を担っている。演奏の中心はバイエルン放送交響楽団であり、このシリーズは現代音楽の国際的にもっとも重要な演奏の場のひとつとして知られている——またこれによって楽団側は、通常の定期演奏会のプログラムから現代音楽だけをうまく切り離し、専門家向けの特別な演奏会という「別枠」に入れられるわけだった。

この『ムジカ・ヴィーヴァ』に、バイエルン放送交響楽団の首席指揮者はあまり登場しない。それだけに二〇一七年三月、マリス・ヤンソンスがヴォルフガング・リームの『レクイエム＝シュトローフェン』のような大作の世界初演に挑んだことは、大いに話題を呼んだ。コンサートではこの作品と、同じリームの『グルース・モメント2』が演奏された——こちらは亡きピエール・ブーレーズの思い出に捧げられた作品だ。

演奏時間八〇分に及ぶリームの『レクイエム＝シュトローフェン』では、ラテン語のミサの通常文と後期ロマン派風のオーケストラ歌曲とが交錯する。後者の歌詞はライナー・マリア・リルケの詩と、リルケが翻訳したミケランジェロの詩句によるものだ。ヴェルディやモーツァルトが書いた『死者のためのミサ曲』にみられる派手でドラマチックな要素は、リームのこの作品では影を潜め、むしろシューマンやフォーレのレクイエムに近いものとなっている。ヤンソンスは——作品を第一に考え——

慎重な水先案内人の役割に徹している。彼がこれだけ大きな規模の現代作品を初演することはめったにない。だからこそ伝統あるルツェルン・イースター音楽祭*に出演するにあたって、ヤンソンスがこのリームの新作を携えて行ったことはいっそう注目に値する。

『新チューリヒ新聞』はミュンヘンでの初演に合わせて、ヤンソンスと彼のオーケストラの基本的な傾向をこうまとめた。

「彼が首席指揮者としてミュンヘンに着任して以来、この楽団は信じがたいほど色彩豊かな柔軟さと、開放感のある響きを獲得した」

さらに「ヤンソンスはこのオーケストラを操って、素朴で目のつんだ響きも、透明で光り輝く音色も、自在に引き出せる。このコンビはひとつの音の理想に固執せず、絶え間ない進化を続けている」。そして、こうした柔軟さが「特に『レクイエム＝シュトローフェン』では大きな力を発揮する」と述べている。

これとはまったく別の意味での新しい体験もあった。二〇一七年五月、短期ツアーに出かけたヤンソンスとオーケストラは、開業後まだ四か月のエルプフィルハーモニーで初めて演奏する機会を得た。ミュンヘンで新ホールの建設を支援する財団の代表者たちも、自分たちのプロジェクトにハンブルクでの経験を生かそうと、この旅に同行する。他のオーケストラの多くがこうした国内公演にはブラームスやマーラーといった定番曲を持ってくるのに対し、バイエルン放送交響楽団はあえて会場の音の

＊　いわゆるルツェルン音楽祭は「イースター音楽祭」、「夏の音楽祭」、「ピアノ音楽祭」の三つからなる。

特性をテストするための材料を揃えた。まずショスタコーヴィチの交響曲第一番、つぎにトーマス・ラルヒャー*の『パドモア・サイクル』。これはオーストリアの現代作曲家がイギリスのテノール歌手マーク・パドモアのために書いた歌曲だ。そしてラヴェルの『ラ・ヴァルス』である。こけら落としの記念演奏会からすでに指摘されていたことが、今回のバイエルン放送響の来演でさらにはっきりした。第一級のオーケストラにとって、エルプフィルハーモニーは厳しい試練の場なのだ。何もかもが聴き取れる。すべてがクールにくっきりと分離され、あらわにされる――技術と経験が足りないアンサンブルにとっては、無残な結果を招きかねない。ヤンソンスとバイエルン放送交響楽団は、これを挑みがいのある課題と受け取った。

本番前の音出し練習で、ヤンソンスは慣れない環境に合わせようとする。ピアノの箇所はもっと小さく弾いて、と注文する。

「そして本当のピアニッシモでは、音にしっかり厚みを持たせるように」

こんなすごい建物は、ミュンヘンではやっぱり実現不可能でしょうね、と終演後にヤンソンスは漏らしている。使える土地に限りがある、ヴェアクスフィアテルと比べての言葉だった。エルプフィルハーモニーのアコースティックについては、「たいへん結構」とほめている――それも驚くにはあたらない。ずっと以前からヤンソンスは、豊田泰久の音響設計に惚れ込んでいたからだ。このあとミュンヘンでは、まったく違う設計案に対応しなければならなくなるのだが、このときのヤンソンスはそれを知るよしもない。彼の心は、すでに遠い別の町へ飛んでいたはずだ。国際的なクラシック業界の関心は、すでに次のザルツブルク祝祭に移っている――世界中の眼と耳が、そこでのヤンソンスのオペラ・デビューを待ち構えていた。

＊　一九六三年インスブルック生まれ。ピアノと室内オーケストラ、あるいは室内楽の作品が多く、メロディアスでシンプルな作風で人気がある。

祝祭でのオペラ、意外なシューベルト

もっとオペラを。何をやりたいかと問われると、マリス・ヤンソンスの答えはかならずそこへ戻ってしまう。アムステルダムでは彼のオーケストラが定期的に音楽劇場で公演に加わっていたから、この希望をかなえることができた。ミュンヘンでは演奏会形式の上演に限られる。ところがもう一つ別の、ヤンソンスとは二〇年以上も親しい関係にあるオーケストラとの話が舞い込む。ザルツブルク祝祭芸術監督、マルクス・ヒンターホイザーからの提案だった。ピアニスト兼音楽プロデューサーの彼は、二〇一六年秋から世界でもっとも重要なこのフェスティバルの実権を握っている。

ヒンターホイザーがヤンソンスに提示したいくつかのプランは、どれも魅力的なものだ。いずれにせよウィーン・フィルハーモニー管弦楽団に対しては、いまさらヤンソンスとの共演を承知してくれるよう説得する必要などない。だから事前の協議は、誰もが望むような結果に落ちついた。こうしてヒンターホイザー芸術監督の最初のシーズンである二〇一七年夏に、オペラ指揮者としてヤンソンスを招く計画がまとまる。出し物はショスタコーヴィチ作曲『ムツェンスク郡のマクベス夫人』の新演出と発表された。

ヤンソンスにとっての難題は、演出家探しだった。アムステルダムで『マクベス夫人』を一緒にやったマルティン・クシェイは、露骨なまでに強烈なシーン作りで知られている。また同じ劇場で『スペードの女王』と『エフゲニー・オネーギン』を上演したステファン・ヘルハイムも、元の筋書きに忠実なイメージを展開する伝統的な演出家とはまったく違うタイプだ。そのためザルツブルクでは、ヤンソンスもヒンターホイザー芸術監督も慎重にならざるを得なかった。祝祭都市ザルツブルクは伝統と格式を重んじる町であり、世界中から集まる選りすぐりの観客たちと相まって、そこが一種独特の自己完結した世界であることを、ふたりはよく心得ている。かつてはこの町でも、とくに現代オペラに熱心なジェラール・モルティエが芸術監督だったころは、独創性豊かで内容の濃い、大胆な公演が行われていた。しかし今回は、ヤンソンスにとってザルツブルク祝祭でのオペラ・デビューでもあり、ひとまず安全第一ということで各方面の意向はまとまっている。

最終的に演出はアンドレアス・クリーゲンブルクに決まった。演劇界でも評価の高いこの演出家と舞台装置家ハラルト・B・トーアのコンビは、陰影と屈折に富んだ壮大な様式を貫いてきた。アムステルダムでヤンソンスと仕事をした他の演出家たちと同じように、クリーゲンブルクもこれまで経験のない状況に直面する。ヤンソンスは、ザルツブルクでの最初の立ち稽古から参加した。しかも、黙って見学しているだけではない。質問をぶつけてくる。演出上のこまかい意図や、その他もろもろについて尋ね、またどんなときも音楽がそれにふさわしい権利を認められるよう、舞台上での出来事に最善の調整を求める。演出家は常に、自分の意図がいかなる根拠に基づくものかを説明せよという圧力にさらされる——そして、そこから良い結果が生まれる。ヤンソンスは歌い手たちを最初からずっと観察し、彼らの長所と短所を心に留めるのはもちろん、ちょっとした助言もした。

『ムツェンスク郡のマクベス夫人』の当初の形を再現するのは、複雑きわまる仕事だ。ショスタコーヴィチが早くから――あの苛烈で無慈悲で、一切のきれいごとを排した歌詞に関して――自主検閲をしてしまったためだ。プレミエの前にバイエルン放送に対して語ったところでは、ヤンソンスはもういちど一次資料を丹念に見直したという。

「フルスコアはすべての版を徹底的に調べましたし、ピアノ・スコアとも照合しました。今回の上演の台本は作曲に取りかかった当初の、いちばん最初のバージョンと同じになっているはずです」

観る者に多くを要求するこの強烈なオペラを前に、

「この上演をご覧になったあとは圧倒されて、しばらくの間は言葉も出ないでしょう」

とヤンソンスは述べている。

ことオペラに関しては、世界最高の指揮者たちのバトンに慣れているウィーン・フィルの面々も、彼のリハーサルにはすっかり感服してしまった。

「あの膨大なスコアの隅々まで、きっちり正確に頭に入ってるんだから、恐れ入りましたよ」

コントラバスのミヒャエル・ブラーデラーは語る。

「顔を伏せてスコアと首っ引きでタクトを振るなんて、マリス・ヤンソンスは絶対にやらない。つねに歌い手とオーケストラに寄り添っているんです。いったいどれだけ念を入れて準備してきたか、想像を絶するものがありましたよ。たとえばニコライ・レスコフの原作の検閲前のテキストと、オペラの台本のやはり最初の形とがどう違うか、そこまで調べていたんだから」

二〇一七年八月二日にプレミエの幕が上がる。そしてその三時間後、大成功を収めたヤンソンスは祝祭大劇場のオーケストラ・ピットを後にした。聴く者に畏怖の念を抱かせるほど磨きあげたみずからのショスタコーヴィチ解釈を、ヤンソンスはこの公演で存分に表現している。素材が素材だけに、猥雑さや汚辱の表現に重点が置かれがちだが、ヤンソンスの目指すところはそこではない。この点に関して、彼の方針とウィーン・フィルの音作りの方向性は一致している。おそろしく暴力的で妥協のない表現を楽譜が求め、音楽が最大限に荒れ狂う瞬間でさえ、ヤンソンスはみずからが美の表現者であることを忘れない。いわば、この音楽を弁証法的により高い次元へと引き上げているのだ。つねに音楽はより洗練とコントロールの行き届いた、俯瞰的な視点から表現されているのが伝わってくる。

それでもなお、エネルギーにあふれ、火を噴くように激しいヤンソンスの指揮ぶりに、祝祭大劇場全体が震えるように感じられる。

「ドラマの激しさと力強さに打ちのめされ、よろよろと立ち上がると、聴き手はすぐさま別の空間へといざなわれる。そこでは精緻をきわめた室内楽を思わせる響きが、聴く者を酔わせるのだ」と『ウィーナー・クーリエ』紙は称賛する。

圧制の下でこの作品の関係者すべてが感じていた不安がひしひしと伝わってくると同時に、体制に皮肉や嘲笑を浴びせ、戯画化しようとする数々の試みが細部にこらされているのに気付かされる。

『新チューリヒ新聞』は次のように書いている。

日頃そのエレガントな響きを称賛されているウィーン・フィルハーモニー管弦楽団が嬉々として全力を振り絞り、懸命に荒々しい響きを立てながらも、統率はけっして乱れない。こんな演奏を耳にする機会はめったにあるものではない。優雅と洗練を極めたこのオーケストラだけに、文字通りの「汚い」響きではない。だが、三日前にベルナルト・ハイティンクの指揮で演奏した、あのマーラーの交響曲第九番の繊細な描写にくらべれば、今回の演奏はまさに荒々しい力技のように聞こえる。

これほど一様にヤンソンスに対する評価が高かったのに対して、アンドレアス・クリーゲンブルクの演出には誰もが失望した。カテリーナ役のニーナ・ステンメは当代随一のワーグナー歌手で、いつもとは違う役どころへの挑戦だったが、やはり批判にさらされた。この日の歌唱は、体調不良の結果だったのかもしれない。その後の上演ではエフゲニア・ムラヴィエワと交代している。それに対し、カテリーナの愛人で夫殺しの共犯であるセルゲイ役のブランドン・ジョヴァノヴィッチは、高い評価を受けた。ヤンソンスがおさめた成功はじつに目覚ましく、このザルツブルクでのオペラ・シリーズはぜひ続けたい、翌二〇一八年の夏もお願いしたい、と首脳陣の意見はまとまった。

しかしその前にまず、ヤンソンスにとって大きな節目となる誕生日が控えていた。できることなら大がかりなパーティや、それに先立つ記念コンサートといった行事からは逃げたくて仕方がないだけに、その日を迎えるヤンソンスの気持ちは複雑だ。七十五歳の誕生日のちょうど前日である二〇一八年一月十八日、彼はバイエルン放送交響楽団とともに、ハンブルクのエルプフィルハーモニーでの公演に臨む。この日はR・シュトラウスの『ツァラトゥストラはかく語りき』のあとに休憩をはさみ、ショスタコーヴィチの交響曲第五番という大曲揃いのプログラムである。アンコールにはチャイコフスキーの『眠れる森の美女』から「パノラマ」を選んだ——かつてウィーン・フィルのニューイヤー・コンサートでしぶしぶプログラムに加えたところ、このときもっとも評判のよかった作品のひとつだ。

おそらくそのあとヤンソンスはゆっくりくつろいで、この日の余韻に浸るつもりでいたことだろう。そして明日の誕生日は身内だけで静かに迎えたいものだ、と思っていたに違いない。ところが彼のオーケストラは、そんな計画を許してはくれなかった。ヤンソンスには内緒で、エルプフィルハーモニーの小ホールを押さえてあった。地元のささやかな歓迎会があるので、ちょっと顔だけ出してくださいといわれ、まんまとそこへおびき出されたヤンソンスは、おもわず言葉を失った。オーケストラ内のいくつものグループが、音楽のかくし芸を準備していたのだ。打楽器の組はコックに扮装して、しゃもじ叩きの妙技を披露した――「こども音楽教室」のようなイベントでいつもやっている出し物だった。八人のコントラバス奏者はビゼーの『カルメン』のメドレーを演奏したが、ピツィカートがボンと響くたびにヤンソンスの犬がビクッと震えあがるので、笑い転げてなかなか先に弾き進めなかった。

バイエルン放送交響楽団友の会、そして新ホールの支援者団体の代表者たちも顔をそろえている。新しいコンサートホールをかたどった誕生日のケーキと、そして「マリス・ヤンソンス広場」と刻まれた真鍮のプレートが、ヤンソンスに手渡された。エルプフィルハーモニーでのパーティは、深夜一時ごろまで続いた。ヤンソンスは意外な心づくしに大いに驚き、すっかり参った様子だったが、こんどサンクトペテルブルクに行ったときにぜひこのお返しをさせてもらいたい、と礼を述べた。

この短い夜が明けると彼は飛行機に乗り込み、妻のイリーナといっしょにサンクトペテルブルクの住まいに戻った。家族と友人だけのほんの数人の集まりには、わが家で十分だったに違いない。しばらく前からこの家族はメンバーが増えていた。コントラバスが大嫌いな、あのちっちゃな新入り――愛犬ミキである。プチ・ブラバンソンという種類で、生きたぬいぐるみのように愛らしいこの雄犬は、ヤンソンス夫妻がサンクトペテルブルク近郊のブリーダーから譲り受けたものだ。犬を迎えようと言い出したのはイリーナのほうである。犬種もよく考えて選んだ。八キロまでの大きさならば、手荷物として機内に持ち込め、楽に旅行ができる。

こうした小さな家族の加入は、あえて書くほどのことでもないと思われるかもしれない。だがこの子が来て以降、ヤンソンスは変わった――彼と関係の近い人は、誰もが気づいたほどだ。

「かわいくてどうしようもないんです」

そう彼は語る。

「ほんとうに子供みたいでね。犬といると心が癒されます。この子はどんなときも、ぼくに前向きなエネルギーと心の弾みを与えてくれるんです」

七十五歳の誕生日を迎えたあとは、ヤンソンスにとってまずは平穏といえる数か月が続く。楽団の日々の業務の中では、いつも同じような作品の再演が繰り返される。それはメジャーなオーケストラのレパートリーが狭くなったためであり、またツアー先の要望によるものでもあるが、最終的には首席指揮者の好みがその要因だ。七十代も半ばを過ぎ、かつてはスタンダードとかけ離れたさまざまな領域の作品に冒険を求めたヤンソンスも、もはや手駒をむやみに増やす必要は感じておらず、自分でもそう公言していた。

だが、まさにこうした繰り返しの中から、新たな意識で既知のものを問い直し、新しい解釈のきっかけを発見することも少なくない。こうした名曲の再演は、かつては異質に感じていたはずの他の演奏様式から、じつはヤンソンスがどれほど大きな影響を受けていたかをはっきりと示している。オーケストラで日常よく演奏されるレパートリーのかなりの部分に関して、ヤンソンスの解釈になにか決まったレッテルを張ることはできず、また彼は特定の流派に属してもいない。それはヤンソンスが自分の解釈をつねに見直し続けていたからだ。

そのわかりやすい例としては、ロマン派や後期ロマン派の有名曲（これらに対するアプローチはヤンソンスの場合、数十年の時を経てもむしろ一定であるのが目立つ）よりも、ウィーン古典派、あるいは古典派とロマン派の境目あたりの作品がふさわしい。ここではシューベルトの交響曲第八番ハ長調『グレート』の演奏を例にとろう。ここにはいくつもの異なった演奏様式からの影響が集約されている。

二〇一八年一月、ヤンソンスはこの作品をバイエルン放送交響楽団とあらためて演奏する。場所はヘルクレスザールで、バイエルン放送協会はいつもどおりライヴ録音しただけでなく、のちにこれをCDとして発売までしている。ヤンソンスがこのシューベルトと組み合わせる作品として、イエルク・ヴィトマンの『ピアノと管弦楽のための葬送行進曲』を選んだのもやはり異例といえる。二十五分ほどのこの作品は、ベルリン・フィル、トロント交響楽団、サンフランシスコ交響楽団との共同委嘱作品で、二〇一四年十二月にサイモン・ラトルが初演している。このときピアノ・パートを受け持ったイエフィム・ブロンフマンが、ヤンソンスのこの日の演奏会にも独奏者として招かれた。

このシューベルトの第八番の演奏では、どの楽章にも注目すべき点がある。はっきりとわかるほどに音色が明るく、音の粒立ちがくっきりとしている。とくにフォルテのとき、和音が長々と引き延ばされて聴く者の耳に残ることがない。むしろアーノンクール流の「クラングレーデ（音による語り）」の理念に従って、強弱をつけてすぐに収められる。それに加えて中声部を浮かび上がらせる工夫も目立つ。楽器群同士の掛け合いがずっと聴き取りやすくなるため、この効果は多用されている。テンポは一貫して快速で、厳格なまでにそれを崩さないのがこの解釈の特色のひとつだ。第一楽章の導入部からすでに、ヤンソンスと彼のオーケストラの足取りは颯爽としている。そして主部に入っても、加速は最小限にとどめている。ヤンソンス自身も古楽の専門家ではない普通の指揮者でありながら、普通の演奏とは大きく違って、飾り気のない生のままの音作りがなされているのには驚きを禁じ得ない。そして室内楽にも似たしなやかな動きと、管楽器のソロの繊細な輝き。音楽の本質は保たれたまま、それを音化する際の振る舞いが従来の演奏とは逆なのだ。ひと言でいえばこの『グレート』は、シューベルトの初期交響曲と同じ精神で演奏することで、いかにもロマン派風の重々しい偉容をすべて捨て去っている。

第二楽章でもヤンソンスは同じように小宇宙の細密な表現に集中して進めるが、ここでの造形はまるで舞曲のように感覚を刺激する――そのためにアンダンテ・コン・モート（歩くような速さで、動きをともなって）と指示されたこの楽章のクライマックスは、いささか犠牲となっている。ヤンソンスはあまり遅くしないまま進めるので、この個所は——くっきりとアクセントは付けられているものの——一般の解釈ではありがちな、また聞く側も期待しがちな恐るべきカタストロフィにまで緊張が高まりはしない。そのため、直後に来る崩壊がそれほど虚無的には感じられず、さらにそのあと導入される主題は、楽章全体の構造におけるパラダイムの転換というよりも、いま起こったばかりのことに対するメランコリックなコメントとして作用する。

この演奏では、第三楽章のトリオも驚くほど繊細な造形がなされている。管楽器同士のごく小さな絡み合いに至るまで、すっきりと聞き取れる。ほかの指揮者ならば憂愁の影を色濃く表現したがる箇所だが、この解釈からそういったものはあまり聞こえてこない——それはおそらく、ヤンソンスがこの作品をあくまで音楽のみで完結したものとして捉え、ある種の交響詩のように音楽以外の要素を描写したものとは考えていないせいだろう。最終楽章でのオーケストラは、勢いに任せて押すのではなく、軽やかとさえ形容したくなるような足取りで進んでゆく。それでも第一楽章にくらべればエネルギーは増している。木管が歌うシンプルな第二主題に対してシューベルトは弾むような伴奏音型を添えているが、やがて後者がしだいに緊迫感を増してゆく。意外に難しいこの箇所で、ヤンソンスは絶妙に両者のバランスを保ちつつ、この二つの層のそれぞれを同じ価値あるものとして、性格をくっきりと際立たせるのに成功している。

それは作品を注意深く読み込み、デリケートなリズムの刻みと微妙な音色の重ね方に配慮した結果だ。しかしヤンソンスがこの曲を、フィナーレに向かってさまざまな要素が集約されてゆくタイプの交響曲と捉えていることは、はっきりと感じられる。終曲に向けての高まりは、荒ぶる魂の鼓動や荘厳な大伽藍の輝きとは異なるものとして表現される。ヤンソンスの演奏では、ここでのエネルギーの噴出は締めくくりの一音にいたるまで簡潔で、どこか爽やかですらある。そしてその最後の和音も――楽譜の指示がそうであるように――次第に弱まって終わるのではなく、スッと切られたように響く。

このように扱いが難しい作品（たとえば、かつてギュンター・ヴァントは「還暦を過ぎないとても手が出せない、手ごわい曲」と語った）だからこそ、同じようなレパートリーを指揮している同業者たちとヤンソンスとの、音楽への取り組み方の違いが浮き彫りになる。彼にとってロマン派の音楽は、かならずしも聴く者をひれ伏させるような圧力や、重量感あふれる激しさ、分厚い響きといったものを意味しない。いわゆる歴史考証型演奏に対する理解なしには、ヤンソンスがシューベルトの最後の交響曲（さらにはその他の作曲家のさまざまな作品）をこのように演奏できたとは考えられない。だからといって、彼がこの新たな流派の信奉者になったわけではない。むしろ彼はそうした演奏によって得られた知見を自由に生かし、解釈の方法論におけるあらゆるドグマと無関係な道を歩もうとしたのだ。その一方でヤンソンスは、つねに伝統を視野の中に置いていた。そうした態度は妥協とも呼べるだろう。だがそれは、まったく異なる演奏上の考え方を融和させる試みと見ることもできるのではないだろうか。

因縁のチャイコフスキー

豪華な宴に人を招いた——ところがその準備の最中に、突然明らかになる。それなりの席を設けるには、お金がまったく足りないのだ。ならばいたし方ない。相手がどんなに立派なお客でも、この話はなかったことにしてもらうのが一番だ。バイエルン放送交響楽団がそんな目にあったのは二〇一七年の末、ミュンヘンで新ホール建設の決定が下された、ちょうどあの頃だ。

本来なら二〇一八年の五月には、長らく訪れていない南米に向かう予定だった。アメリカかアジアかという例年のパターンとは、ひと味違うツアーになるはずだった。ところが南アメリカのプロモーターが、資金難からこの企画を中止せざるを得なくなったのだ。楽団側は頭を抱えた。二〇一八年五月は首席指揮者ヤンソンスを使い放題だというのに——なにをやってもらえばいい？　選ばれたのは北欧だった。豊かな文化を誇る都市、そして向こうの音楽事務所とこのオーケストラは、長年にわたって信頼関係を築いている。かわりのツアーの話はすぐにまとまり、ヤンソンスの生まれ故郷リーガ、そしてヘルシンキ、ヤンソンスの本拠地サンクトペテルブルクへ三度目の訪問をしたあとモスクワへ向かうことに決まる。

ヘルシンキのムジーッキタロ（ミュージックセンター）では、大ホールの音響設計をやはり豊田泰久が担当していたので、本番前の練習の間にヤンソンスはその中を歩き回り、響きの良さをじっくり楽しんだ。リーガではこの町が生んだ偉大な息子の短い帰郷のようすを、ラトビアの放送局が中継する。演奏のあとのレセプションでは文化大臣が英語で挨拶を述べ、ヤンソンスに手渡すものを「ディプロマ」と表現した。せっかくの表彰状が「卒業証書」になってしまい、ヤンソンスも思わず苦笑いする。もっとも身分の高い来賓であるラトビアの大統領ライモンツ・ヴェーヨニスが、最後にひとことラトビア訛りの英語で、

「ヒーイス・ア・グレット・コンダクトル（彼は偉大な指揮者です）」

と述べた。

サンクトペテルブルクでは、あの夢のようなパーティにヤンソンスは一同を再び招待する。フィルハーモニアでの演奏会の前日に彼が借り切ったモイカ宮殿は、かつてのユスポフ公爵家の城館で、ラスプーチンが殺された場所でもある。バロック時代の饗宴を思わせる、珍味佳肴を山盛りにしたディナーが供され、宮殿内の劇場ではマリインスキー劇場の打楽器奏者たちが演奏を行い、誰もがひと晩中踊りあかした。

「ぼくまで危うくダンスの相手に引っ張り出されそうになりましたよ」

とのちにヤンソンスは話している。

リヒャルト・シュトラウスの『ドン・ファン』は、先週あるいはその前に何度も演奏していたが、当日の音出し練習でヤンソンスは細かいところにずいぶんダメ出しをした。楽団員の多くが二日酔い

だったので、それを早く抜いてしまいたかったのもあるだろう。その日の演目は、この交響詩とベートーヴェンの交響曲第三番、そしてラヴェルの『ラ・ヴァルス』だった。ホールの中は舞台が見えにくい席まで満席で、立見席もぎゅう詰めだ。拍手のさなかに年配の婦人が何人も花束を手にして、舞台の下に駆け寄るのが目についた。そして、リズミカルな手拍子。ツアーの最後を飾るモスクワでは、ヤンソンスの指揮ぶりに熱狂した聴衆がさらに盛大な拍手を浴びせる。最後の最後にスズランの小さな花束を渡されて、ヤンソンスは目を丸くした。可憐な花の贈り主は——男性だったのだ。

この数週間のあいだにヤンソンスは、バイエルン放送交響楽団から契約をさらに延長したいという申し出を受け取っている。二〇二四年までの契約で、その時点での在任期間は二十一年間、ヤンソンス本人は八十一歳になる。新鮮な喜びにあふれるハネムーンの甘いひとときは、もはや過去の話だ。それはどちらも承知している。むしろヤンソンスとバイエルン放送交響楽団は、何も言わなくても心が通じあう夫婦に似ていて、いまさら愛の証にサプライズは必要ないのだ。たしかに倦怠期もあったに違いない。だが、他のもっと重要なものが、いまはこの結婚生活を支えている。

「もともとは二〇二一年にミュンヘンを辞める計画でした」

ヤンソンスはそう過去を振り返る。

「けれどもホールのこともあって、オーケストラにはぼくが必要だと納得したんです——とは言っても、実際にそれが完成するまで、そんなに長くはいられないし、いるつもりもないですよ」

いっぽう楽団側もこの契約延長によって、明確なサインを送った。このプロジェクトがひっくり返ることはもはやないとしても、新しいホールのあるじにヤンソンス以外は考えられない、と宣言したのだ。
この契約延長でヤンソンスは、三代前の首席指揮者ラファエル・クーベリックの在任十八年という記録を破ることになる。七十代で責任の重いポストを退き、客演「専門」の指揮者として、名門オーケストラを相手に音楽業界を渡り歩いてゆくなんて冗談じゃない――これはいかにもヤンソンスらしい考え方だ。彼にとって指揮することとシェフの地位とは不可分なのだ。オーケストラを思うように変え、作り上げる全権を与えられるのでなければ、この仕事は意味がない。それに、ちょうどこのころは体調も比較的安定していた――ならば、ミュンヘンでの任期を終わらせる必要がどこにある？

「基本的に、われわれとヤンソンスとの堅い結びつきは変わらなかったですね」

コントラバス奏者で、長年にわたり楽団員の代表を務めたハインリヒ・ブラウンは、こう話す。

「ときおり――最後の数年間はますます頻繁に――彼は体調を崩すことがありました。そのたびに、いつも悪いのは自分だと言っていました。まわりに対して申し訳ないと思っていたんでしょう。それでも練習は彼独特の頑固さで、みっちりとやるのが常でした」

ほかのメンバーも言うように、純粋に人間同士の関係として見たとき、感情の行き違いは一度もなかった。たとえヤンソンスのやり方のある部分をとらえて、楽団員の誰かがそれに強く異論を唱えても、ミュンヘンでは指揮者と楽団との関係が危機に瀕したことはない、とブラウンは言う。ヤンソンスはオーケストラのメンバーからのそうした批判をしっかり受け止めたうえで、これはあくまでもちょっとした言い合いで、互いの間に深い溝ができたわけではないと結論付けていた。

手兵に対する信頼を深め、彼らに任せる度合いが増すにつれ、それとは逆のことを求められる場合もでてきた。楽員の代表者たちとの話し合いの中で、以前と同じように厳しく、徹底的に練習をやってほしいと要望されたのだ。二〇〇四年、つまりヤンソンスが首席指揮者になった翌年、ショスタコーヴィチの交響曲第四番をCDに録音したときの大変さは、いまだに語り継がれている。録音会場はミュンヘンの西、ゲアメリングの市立ホールだった。楽団のスケジュールとホールの空きの都合上、仕方なくここまで出かけたのだ。誰もがひどく疲れ、ミスが続出する。それでも十六時きっかりに収録は終わっていた。翌日はまず修整用に短いテイクをいくつか録ったあと、こんどはブラームスのヴァイオリン協奏曲を録音するためにユリアン・ラクリンが加わった。

どうせこれまでさんざんやってきた曲だ――パッと弾いて、一丁上がり。誰もがそう思っていた。ソリストとオーケストラとヤンソンスは、一度通して演奏してみる。休憩中にその録音を聴いた首席指揮者は、がっくりとうなだれて戻って来た。これじゃ話にもならない、この曲でこのオーケストラができるはずの水準には程遠い、というのだ。

「みなさん、出だしからもう、この世界を抱きしめて、包み込むようにお願いしますよ!」

つまり互いの関係がここまで深まっても、ミュージシャンたちはかつてのように、クタクタになるまでしごかれる機会を求めたのだ。ヤンソンスはこの願いを真摯に受け止め、かつてリハーサルで徹底的に細かいところをつついたラヴェルの『ラ・ヴァルス』や、あるいはベートーヴェンの『エロイカ』で、楽員たちを望み通りみっちり鍛え直すことになる。こうした状況が生まれるのは、楽団のレパートリーの組み立て方によるところが大きい。長い月日を重ねるにつれ、どうしても同じ曲の繰り返しは生じてくる。それに加えて、ツアー先のプロモーターはなによりも安定した収益を重視して、再三同じ曲目を要求してくるのだ。そして労働効率の観点から、そうした作品は本拠地のミュンヘンでも演奏しないわけにはいかない。世界中から来演を求められる機会が増えれば増えるほど、逆にプログラムは型通りのものになってしまうというパラドックスがここにある。

ミュンヘンのごく一般的なコンサート客は、それをあまり気にしない。なじみのメニューを、ガイドブックで星を取ったシェフに料理してもらう。これが今も昔も、いちばんよく売れるのだ。だが、こうした状況についてもオーケストラのメンバーとヤンソンスは話し合った。マエストロはもう、どんな曲でも好きに選べるだけのステータスをお持ちなのだから、遠慮なさらないでください、とミュージシャンたちはヤンソンスを勇気づける。そして、彼らからのリクエストが寄せられた。その中で、ヤンソンスがこれまでやらずにいて、気になっていた作品、たとえば印象主義の作曲家たちや新ウィーン楽派、あるいはチャイコフスキーの初期のシンフォニーでツアーのプログラムを組んでみては、という話も出た。

最終的にバイエルン放送交響楽団との契約延長にサインが交わされると、ヤンソンスの意識はミュンヘン以外の場所での仕事に向けられる。チャイコフスキーの『スペードの女王』だ。かつてミュンヘンでは演奏会形式で、アムステルダムでは劇場の舞台でやったあのオペラを、今度はザルツブルク祝祭で上演することに決まっていた。むろんオーケストラは、またウィーン・フィルハーモニー管弦楽団だ。しかし演出家を誰にするか？　計画を練るための時間はわずかしか残されていない。それは芸術監督のマルクス・ヒンターホイザーが、判断を急いで失敗するのを恐れたせいでもある。また世界のオペラ界での演出事情についてヤンソンスがあまり詳しくなく、なかなか決心がつかなかったのもその理由だ。それに、本来ならばこの企画は数年先の予定だった。ザルツブルク側のよんどころない事情で、しかもギリギリになって、『スペードの女王』は前倒しされたのだ。

アムステルダムでのステファン・ヘルハイムのプロダクションは好評だったが、それを使うのは独占上演権にふれるため、問題外だった。マルクス・ヒンターホイザーはヤンソンスに何人かの演出家の名前を挙げて見せる。その中にはきわめてスタイリッシュで、謎めいた儀式風の情景作りで有名な、現代演劇の第一人者ロバート・ウィルソンの名前もあった。そして選考の最後には、意外な結果が待っていた。ハンス・ノイエンフェルス*が演出の担当に決まったのだ。かつては一世を風靡し、もっとも過激だった頃は観客から激しく嫌われもした、あの鬼才をわざわざ呼んでこようとは。ただ、しばらく不調だった時期を乗り越えた彼は、やはり細部にこだわり、分析を重視し、挑発と逆転の発想に満ちた舞台作りを貫きながらも、以前よりはやや穏やかな、円熟した様式を生み出している。ノイエンフェルスのほうがヤンソンスより年上だったが、二つしか違わなかったので、同世代の芸術家同士がタッグを組んだことになる。

「最初のうち、ノイエンフェルスという人のやり方はあまり信頼できませんでした」

ヤンソンスはのちにそう認めている。

「でも、ちょっとでも気に入らないことがあると、ぼくはすぐ口に出して言ったんです。仕事仲間

---

* 前衛的で過激な舞台作りで有名なドイツの演出家（一九四一―二〇二二）。暴力と麻薬とセックスに彩られたザルツブルク祝祭での『こうもり』、合唱団を実験室のネズミに見立てたバイロイトの『ローエングリン』は大スキャンダルとなった。

として、彼とはとてもやりやすかったですよ。大事なときにちゃんとコミュニケーションがとれる、そうするといろんな問題がすぐに片付く。これがなにより大事です」

二〇一八年八月五日、祝祭大劇場で初日の幕が開いた。ハンス・ノイエンフェルスは『スペードの女王』を精妙な性格劇に仕立て上げた。多くの登場人物は演技や衣装がシンボリックで、誇張されたシュールな印象を与える。激情は抑えられ、クールで余分な飾りのない、デリケートな雰囲気が特徴だ。ノイエンフェルスの人物描写は、その本質の最も深い所に焦点を当てている。人間心理の生々しい描写、奇抜なイメージ、対象から距離をおき様式化された動きが、舞台の上で交錯する。それによって逆に作品の本質がより鮮明に、首尾一貫したものとして描き出されてゆく。しかも芝居としての完成度は見事なものだ。場面同士のつながり、次々と舞台に持ち込まれる細かい仕掛け、人物間のやり取り、情景ごとのバランス、すべてに整合性がある。

こういった点がなによりもヤンソンスを納得させた。今回も彼はすべての稽古に立ち会う。ウィーン・フィルとはすでに彼らの地元でオーケストラだけの練習を済ませ、ヤンソンスはこの稽古のために数週間ザルツブルクに泊まり込んだ。ここでのリハーサルに参加した人々の話によれば、ヤンソンスがこの作品を知り尽くしていることに対して、ノイエンフェルスは初めから最大限の敬意を払い、何かにつけてこの指揮者の同意をとりつけながら仕事を進めたという。演出家と音楽面の最高責任者との対立は、ここでは起きようがなかった。どんな小さな疑問でもすぐに質問が飛び、打ち合わせが行われ、最終的には協力して舞台が作られていったからだ。

前回の『スペードの女王』にくらべると、ザルツブルクでのプレミエではさらに表現が細やかになっているのがわかる。内面的で、人物たちの微妙な心の屈折をたどり、細部の描写に最大限の注意を払ったこの演出の成功には、それにどこまでも柔軟に対応するウィーン・フィルハーモニー管弦楽団の表現力が大いに貢献している。数々の聞かせどころでもけっして力で圧倒するのではなく、深い共感のこもった、説得力あふれる心理ドラマが展開されていた。

ゲルマン役のブランドン・ジョヴァノヴィッチ、リーザを歌ったエフゲニア・ムラヴィエワ、老いてなお愛欲に身を焦がす伯爵夫人を演じたハンナ・シュヴァルツ——歌手たちはいずれもこの祝祭の舞台にふさわしい、高いレベルの歌唱を聞かせた。

「この作品は雰囲気の転換が多く、多彩な形式が盛り込まれているが、こうした音楽上の出来事をすべて予知しているかのようにさばいてゆく才能が、ヤンソンスには間違いなく備わっている」と『ヴェルト』は書く。

コントラストのつけ方はよく計算され、ここぞという場所で実行されている。華麗だが繊細で、グロテスクでありながら優美なこの長大なオペラは、ドラマとしての起伏に富み、色彩も豊かだ。今回の上演以上にこの作品を音楽として素晴らしく、意味深く、生き生きと感覚に訴えるものとして表現するのは不可能だろう。

同じくドイツの新聞『フランクフルター・ルントシャウ』は、この音楽に対するヤンソンスの集中ぶりを、師であったムラヴィンスキーの衣鉢を継ぐものと評した。

生粋のロマン主義者であるチャイコフスキーは、さまざまに相矛盾する、作品全体の一貫性をも破壊しかねない要素を内に抱えていた。ムラヴィンスキーは鋭敏な感覚と、即物主義的で理性重視の態度によって、こうした要素をはっきりと浮き彫りにしていた。ヤンソンスも同じことを成し遂げているが、強烈な響きや冷徹な表現は使わず、悲愴感や唐突にはじける激情、あるいはひそかに芽吹く思いといったさまざまな感情のトーンを、決してなおざりにしていない。

ザルツブルクでの『スペードの女王』は、六回上演された。初日、あるいは二回目のあとのヤンソンスの様子は、まさに華やいでいた。やっとオペラができる、それも、このように完璧というほかない条件のもとで。その喜びが、たとえ口には出さずとも、まわりに伝わっていた。さらには次の作品を何にするか、つぎつぎとアイデアがあふれ出す。ムソルグスキーの『ボリス・ゴドゥノフ』をやろうと話がまとまる。まだヤンソンスが一度も振っておらず、ずっと以前からやりたかった演目であり、そもそも彼があらゆるオペラの中で最高傑作と位置付けている作品だ。

ところが三回目の『スペードの女王』の上演中、指揮者ヤンソンスをよく知る人々の胸に不安がよぎる。音楽にいつものような正確さがなく、流れが妙に不自然なのだ。細かいズレがどんどん増えてゆく。この日の公演、そしてもちろん初日を見た観客は、いまここでヤンソンスの健康に重大な状況が起こりつつあるのを誰ひとり知らない。そこから彼が回復するまでには、長い苦闘の日々が続く。このザルツブルク祝祭での『スペードの女王』は、二十一年前オスロでの『ラ・ボエーム』と同じように、ヤンソンスの人生に大きな転機をもたらすのである。

最後の舞台

「ザルツブルクで指揮しているうち、日に日に具合が悪くなりましてね」

ヤンソンスはそう振り返っている。

「最後の公演の休憩のときに、もうこれは無理だ、と思いました。祝祭の代表者と、ミュンヘンからの知人もぼくのところへ来て、言いました。『マリス、あんたは病院に行かなきゃだめだ』ってね。心の中で自分自身と闘った末に、休憩のあとは座って振り続けようと決めました」

二〇一八年八月二十五日、祝祭大劇場での六回目の『スペードの女王』のさなかだった。オペラの第二部が始まるまで、観客はずっと待たされている——この公演が中止の瀬戸際に立たされているとは夢にも思わずに。ようやくヤンソンスはオーケストラ・ピットに姿をあらわすが、医療スタッフが付き添っている。数日前までは、いずれこの体調の悪さも収まるだろうとたかをくくっていた。キャンセルだけはしたくなかった。ザルツブルク祝祭のこの舞台で、ウィーン・フィルを前に、めったにできないオペラの企画をどうしても諦めきれなかったのだ。

そうは言っても、状態はどんどん悪くなる。途中で打ち切りになりかけた最後の『スペードの女王』の公演が終わると、そのままヤンソンスはザルツブルクのある病院のICUに搬送された。その間ずっと彼の頭の中をぐるぐる回っていたのは、「歌手やオケのみんなにひとこと礼を言うことができなかった。どうしたらいいんだ」という思いだったらしい。そのあと数日間、さらに数週間が過ぎても、別の病院へ動かすことすら不可能な状態が続く。今回は心臓ではなく、珍しいウイルスによる感染症だった。この夏、ザルツブルクではこれにやられた人が多かった。この病気は筋肉組織を侵し、腎臓にもダメージを与えた。さらにヤンソンスは両肺に肺炎を起こしている。きわめて重篤な状態だった。

このさき数か月の出演はすべてキャンセルせざるを得ない。バイエルン放送交響楽団との通常の演奏会はシモーネ・ヤング、クリスティアン・マチェラル、そしてマンフレート・ホーネックが代役を務める。だがもっとも打撃を受けたのは、韓国、日本、台湾での長期海外公演だった。ヤンソンスにかわってこの大役を果たしてくれる指揮者がひとり見つかったが、この人物はほんの数か月前、身内とごく親しい友人をロサンジェルスに呼びよせ、最後の別れをしたばかりだった。八十二歳のズービン・メータは肺癌にかかったが、数回の手術と化学療法によって奇跡の回復をとげたのだ。ヤンソンスから電話でこの件を頼まれると、メータはふたつ返事で引き受けた。

ところがこの代演の契約も、急に雲行きが怪しくなる。ツアーが始まる三日前、メータは腰に強い痛みを感じる――亀裂骨折だった。医師からは、指揮は椅子に座ったままするように命じられる。ところがある公演で、音楽に興が乗ってわれを忘れたメータは、指揮者用の椅子からスッと立ち上がってしまう。バイエルン放送の幹部たちは、これを見て肝をつぶした。しかしなにごとも起こらず、アジア各地の演奏会場をめぐる旅は無事に続いた。そればかりか、メータが振った一連のコンサートは好評で、中でもR・シュトラウスの『英雄の生涯』の解釈は絶賛された。

その間もヤンソンスはベッドを離れられない。半年後にようやく彼はバイエルン放送交響楽団に戻ってくる。しかもそれは彼の地位にふさわしい、重要な機会だった。ヤンソンスは初めてミュンヘンのヘルクレスザールでジルヴェスター（大みそか）・コンサートを指揮したのだ。しかもテレビのライヴ中継付きである。* そこに至るまでには、いろいろないきさつがあった。もともとARD（ドイツ公共放送連盟）はこの企画のためにベルリン・フィルハーモニー管弦楽団と契約を結んでいた。ARD加盟の公共放送協会が運営する各地の放送交響楽団や、その責任者たちの多くはこれに対して強い不満を抱く。そしてついには公然と非難の声を上げた。われわれ公共放送に所属するオーケストラがいくらでもあるのに、なぜよその楽団と手を結ぶ必要があるのか？

ARDの首脳陣はこうした要求を容れ、大みそかの人気番組であるジルヴェスター・コンサートは、今後ARD内部の企画として行うと明言した。その第一陣がヤンソンスとバイエルン放送交響楽団だったのだ。九〇分に及ぶコンサートの司会は、人気タレントのトーマス・ゴットシャルクに任された。小品や名曲の聴きどころが次々と演奏される。ブラームスのハンガリー舞曲第五番、ドヴォルザークのスラヴ舞曲第十五番、シベリウス『悲しきワルツ』、そしてリゲティの『コンチェルト・ロマネスク』など――そのほとんどが、ツアーのアンコールでヤンソンスがよく指揮した曲である。特に注目を集めたのはピアノ界のスター、ラン・ランの登場だ。モーツァルトのピアノ協奏曲第二十一番の第二楽章だけを演奏したが、彼も体調がすぐれず、ベスト・コンディションとは言えなかった。

ヤンソンスの健康は、本人がバイエルン放送交響楽団とヨーロッパ・ツアーに出かけられそうだと思うまでに回復した。二〇一九年三月、ブダペスト、ルクセンブルク、アムステルダムを回るこのツアーのスタートとして、まずウィーンで二つの演奏会が行われる。そのうちのひとつはドヴォルザークの交響曲第九番とストラヴィンスキーの『春の祭典』という、ごくスタンダードなプログラムだが、もうひとつはプーランクのオルガン協奏曲とサン゠サーンスの交響曲第三番『オルガン付き』で、ツアーの演目としてもいささか異例の組み合わせだった。ハンブルクのエルプフィルハーモニー首席オルガニストの称号を持つ、ラトビア出身のイヴェタ・アプカルナがソリストとして同行していたためだ。

ヤンソンスはツアーを楽しんでいるように見えた。日程が進むにつれてますます上機嫌で、のびのびと振舞うようになってゆく。それから一か月とたたぬうちに、つまりミュンヘンで新しいホールの音響設計者が予想外の候補に決まる直前、ヤンソンスはまだ――ほとんど――知らないオーケストラにも客演する。シュターツカペレ・ドレスデンを彼が最後に指揮したのは一九八一年のことで、ザルツブルク・イースター音楽祭での顔合わせは久しぶりの再会となった。知らないミュージシャンたちとの仕事には時間が必要であり、その負担だけでも断る理由になる。それでも出かけたのは、この音楽祭で授与されるヘルベルト・フォン・カラヤン賞を受け取るためだった。これは未亡人のエリエッ

＊　ウィーン・フィルのニューイヤー・コンサートと並ぶ人気番組で、もともとはベルリン・フィルが年末三回実施していたもの。ＡＲＤのライバルであるＺＤＦ（第二ドイツ放送）が中継していたが、契約交渉の不調から二〇〇九年以降はＡＲＤが放映権を獲得した。ベルリン・フィルのジルヴェスター・コンサート自体はその後も続いている。

テ・フォン・カラヤンが創設したもので、五万ユーロの賞金がついていた。

ヤンソンスにとっては、かつてあの尊敬する大スターのアシスタントを務めることを許されたザルツブルクの地で、人生の環がひとつにつながったように思えた。演奏会のプログラムに選んだのはまずハイドンの交響曲第一〇〇番『軍隊』で、終楽章の最後のにぎやかな軍楽調の部分では、打楽器奏者たちがシェレンバウム*を捧げ持って客席を練り歩く——これはヤンソンスが他の場所でもよく披露した、茶目っ気たっぷりの演出だった。休憩のあとはレグラ・ミューレマンの独唱で、マーラーの交響曲第四番である。シュターツカペレ・ドレスデンの演奏は、素朴で自然な美しさのうちにマーラーの音楽をほのかに輝かせていた。このオーケストラのシェフであるクリスティアン・ティーレマンは、ヤンソンスに深々と頭を下げ、

「われわれ若い世代は、あなたから学ぶことがまだまだたくさんあります」

と言葉をかけた。

やはりヤンソンスは完全には健康を取り戻せていない。むしろその逆だった。ウィーン・フィルと短いツアーを行ったとき、エルプフィルハーモニーでは念のために椅子が準備された。別の晩には身のこなしがもはや思うようにならず、バトンを振りながらどんどん身体が傾いていってしまう。

「べつに痛くもなんともなかったんですが、妙なものですね。とにかく自分でも、まっすぐ立っていられないのだけはわかりました」

後日彼はこう話している。そもそもこのころのヤンソンスは、以前よりずっと抑えた身ぶりで指揮するようになっていたので、大事には至らなかった。それでも舞台から下がるときは係が付き添った。

こうしてウイルス感染から復帰はしたものの、活動は数か月しか続かなかった。医師たちはヤンソンスに、とにかく身体を完全に治してしまいなさい、と忠告する。またもや演奏会をキャンセルしなければならない。ミュンヘンでの通常のコンサート、そして――彼にとっては一層つらく腹立たしいことに――バイエルン放送交響楽団とのツアーも断念を余儀なくされる。

ミュンヘンとインゴルシュタットの演奏会はダニエル・ハーディングが代わりを務め、北ドイツのレーデフィンと、ヤンソンスの生まれ故郷リーガでの音楽祭は、スザンナ・マルッキが指揮した。ロンドンのプロムスとザルツブルク祝祭での演奏会は、うまい具合にヤニック・ネゼ゠セガンに頼むことができた。こうした一連の流れをヤンソンスがどれほど侘しい思いで眺めていたかは、知るすべもない。八月の初め、私用でしばらくミュンヘンに滞在したときのヤンソンスは、すっかり痩せてしまっていた――だが、仕事への意欲はますます盛んだった。秋にはまたいっしょに仕事ができると思ってくれて大丈夫だ、そうヤンソンスは約束した。

その言葉どおり二〇一九年十月、ヤンソンスはバイエルン放送交響楽団のもとへ戻ってくる。このシーズンは大がかりな、そしてこれまで経験のないプロジェクトがいくつも彼を待っていた。

たとえばシーズンの開幕早々、バイエルン放送の自主制作レーベルであるBRクラシックの創立十周年を記念して、パネル・ディスカッションが行われる。本来ならこうした場に引っ張り出されるのが苦手なはずのヤンソンスがやけに上機嫌で、いつになく洒落っ気に富んだ受け答えを見せた。トー

＊　ターキッシュ・クレセントとも。火消しの「まとい」に鈴をつけたような、トルコ風の楽器。

ンマイスター（録音主任）たちとの根競べのような作業の大変さについて語ったあと、かつてカラヤンがワーグナーの『神々の黄昏』を録音した際に助手として立ち会った思い出を話して、会場を爆笑させた。

「ねえ先生」そのときテノール歌手が生意気にも言ったそうだ。

「この曲を振れる指揮者は百人ぐらいいますよ。でもね、この役を歌いこなせるテノールは、たった三人しかいないんだなあ」

カラヤンは即座にこう切り返したという。

「そのとおり。そして、君はその三人には入っていない」

再びミュンヘンでは、これまでどおりツアー向けの曲目の練習が行われ、出発前に地元の定期演奏会で演奏される。ピアノのソロはルドルフ・ブーフビンダーで、ソプラノ独唱はツアーではディアナ・ダムラウの予定だったが、ミュンヘンでは病気で出演できず、サラ・ヴェーゲナーがかわりに舞台に立つ。ミュンヘンでの最初のふた晩に演奏されたブラームスの交響曲第四番では、ヤンソンスはあまり動かず、身ぶりも控えめで、オーケストラにかなりの部分を委ねているように見受けられた。二週間後のショスタコーヴィチの交響曲第十番ではより決然と、アグレッシブに振舞ってみせる。

いずれにしてもヤンソンスの指揮する演奏会は、もはやそのひとつひとつが伝説のような、この世ならぬ雰囲気をまとい始めていた。それを感じていたのは、聴衆だけではない。すっかり身体が小さくなり、弱々しくなったヤンソンスが舞台に現れると、特別なオーラが彼のまわりを包む。それはさまざまな意味において理解や分析を超えた、名状しがたいものだった。オーケストラのメンバーたちに伝わった何かが、彼らを鼓舞する。

ショスタコーヴィチでのバイエルン放送交響楽団は、あたかも究極の演奏を残そうと決意したかのようだった。それは、ようやく戻って来たヤンソンスへの贈り物であったかもしれない――あるいは自分たちの音楽家としての力量や、培ってきた演奏のスタイル、経験によって学んだこと、それらすべてを遥かに超えた何かを、この一連の演奏会で示さずにはいられなかったのだろう。クラウディオ・アバドが最晩年にベルリン・フィルハーモニー管弦楽団を振ったコンサートを、誰もがひそかに思い出さずにはいられなかった。ショスタコーヴィチの第十番は、これまでのヤンソンス自身の演奏と比べても、緊密さと正確さ、そして集中力において際立っていた。ショスタコーヴィチの作品におけるあからさまな感情の高まり、祖国との一体感、そして強烈な力の誇示といったものは――それがショスタコーヴィチ自身の見事なたくらみでもあったが――世間を欺くための手段だった。それをヤンソンスは再び明らかにして見せる。この交響曲第十番が内包するすべてのもの、強烈な響きで描かれたカリカチュアとしてのスターリン像をはじめとする、音楽以外のものの暗喩が、あいまいな感覚としてではなく、卓越した演出によって明確に描き出されていた。

あるリハーサルの途中で、ヤンソンスはオーケストラに向かって少し話をした。そこで感慨深げに語ったのは、いまこの特別な瞬間に、家族のように一体となれたことの素晴らしさだった。そしてヤンソンス自身は口にしなかったが、彼がこのコンサートからどれだけエネルギーをもらっているか、ともに演奏することでどれほど心慰められ、力づけられているかは、誰もが感じていた。リヒャルト・シュトラウスのオペラ『インテルメッツォ』の交響的間奏曲を指揮しながら、目に涙を浮かべていることもあった。

こうしてふたたびツアーが始まるが、やはりすべての演奏会を指揮するのは無理だった。ウィーン、パリ、ハンブルクでは、聴衆からスタンディング・オベーションで喝采を送られたヤンソンスとバイエルン放送交響楽団だが、アントワープ、ルクセンブルク、そしてエッセンではダニエル・ハーディングに代役を頼まざるをえない。その間にヤンソンスは身体を休め、予定より早めにニューヨーク入りしたものの、状態はあまり改善しない。同地での最初の演奏会に向けた本番前の練習では、まだとてもしっかりしていた。ところがそのわずか数分後、ヤンソンスは血行障害を訴える。プログラムの前半はR・シュトラウスで、オペラ『インテルメッツォ』から四つの交響的間奏曲と、ディアナ・ダムラウ独唱の『四つの最後の歌』だったが、ヤンソンスは身体を引きずるようにしてなんとか指揮台にのぼった。その後の休憩が伸びに伸びて、客席に不安が広がる。ブラームスの交響曲第四番では、とにかくシェフがこの曲の最後まで乗り切れるよう、オーケストラが全力で支えた。精も魂も尽き果てたヤンソンスは、それでもアンコールのために舞台に戻ると言い張った。そのブラームスのハンガリー舞曲第五番が、マリス・ヤンソンスにとって生涯最後に指揮した作品となった。翌日の演奏会は、ちょうどこの町に滞在中だったヴァシリー・ペトレンコが代わりに指揮を務めた。

そのあとヤンソンスは多少回復し、自分自身に怒り、失望しながらサンクトペテルブルクへと帰る。彼にはまだやり残したプランがたくさんあった。たとえばベートーヴェンの生誕二五〇周年である二〇二〇年には、あえて交響曲ではなく、数々の序曲や三重協奏曲、それに、かつてニコラウス・アーノンクールが引退前の最後の演奏会で指揮した、あの『ミサ・ソレムニス』などの作品をミュンヘンで演奏するつもりだった。

だがそれと同時に、ヤンソンスははっきりと現実を突きつけられた。コンサートのキャンセルがたび重なり、しかも健康状態はほとんど良くならない——もはやこれ以上、自分のオーケストラの期待を裏切りたくなかった。首席指揮者の座を退くことに関して、何度か話し合いが持たれる。双方の合意の上で、この協議はとてもオープンな形で行われた。いずれの側も誠実な態度を貫いた——ヤンソンスとバイエルン放送交響楽団との関係が、他に類をみない特別なものだったことの証である。ところが二〇一九年十二月一日早朝、音楽の世界の誰もが衝撃に言葉を失った。マリス・ヤンソンスは、最後の闘いに敗れたのだ。

コーダ

二〇二〇年八月二〇日、ザルツブルク祝祭大劇場で予定されていたプレミエは、彼のキャリアにおけるもっとも輝かしい栄冠となったかもしれない。しかもそのオペラはよりによって、権力の座から転落するロシア皇帝の姿を描いていたから、彼自身がこの取り合わせをいちばんおもしろがって、笑ったことだろう。こうした洒落の効いた小話が、ヤンソンスはいつでも大好きだった。だが、ウィーン・フィルハーモニー管弦楽団とのムソルグスキー作曲『ボリス・ゴドゥノフ』の上演は、そのほかは十分に満たされていた彼の生涯において、かなわぬ夢のまま終わったもののひとつだ。

「そのときからもう、指揮以外のことは一切眼中になくなりました」

合唱指揮を学び始めて、はじめて実際にタクトを振ったときを思い出しながら、彼はかつてこう語った。それ以前に、父アルヴィーツの指揮姿も目に焼き付いていたのは間違いない。

真似をしてみたかった、印象が強かったというだけでは、ヤンソンスがそこまで固い決心をして、あれだけのキャリアを築き上げたわけが説明できない。天賦の才能があったのか、あるいはどうしても指揮台に立ちたい、さらに言えば、オーケストラの首席指揮者という仕事をやりたいという強い衝動を、父から受け継いでいたのだろうか？　ヤンソンスの指揮者人生がきわめて早い時期から、つねにどこかの楽団と緊密に結びついていることは注目に値する。客演指揮を繰り返し、あちこちのオーケストラを渡り歩いて腕試しをする、そんな修業時代は彼にはなかった。またクラシック音楽業界の文字通りフリー・ラジカルとして、あくまでもひと時だけの存在として、何者にも縛られず、運営や企画などシェフとしての仕事からも解放されることを、ヤンソンスはみずから拒否した。

さまざまな楽団や歌劇場のポストを歴任したヴォルフガング・サヴァリッシュは、亡くなる少し前に「もう一度まったく同じ人生を送りたいですか？」と問われて、指揮はやりたいが、首席指揮者のような常任のポストにはこだわらない、と答えている。音楽をやるには、作品に集中し、じっくり考え、出来上がった解釈をしばらく寝かせて、またそれに磨きをかけねばならないが、これらすべてが音楽以外の仕事から大きな影響を受けるからだ、というのがその理由だった。マリス・ヤンソンスとは真っ向から対立する考え方だ。この問題に関してヤンソンスは、軍隊風のモットーを信奉していた（「優秀な兵士なら、自分が将軍になりたいと思うのが当然でしょう」）だけでなく、一見芸術とは関係なさそうに見えるシェフのさまざまな仕事こそ、芸術上の優れた結果を生む第一の条件だとみていた。

「ぼくにとってはごく自然なことです。ただ指揮者であるだけじゃいやなんです。すばらしいオーケストラとすばらしい音楽をやるだけでは満足できない。変えて、より良くしていくためには、オーケストラのすべてを知らなきゃならない。それが責任であり、そうせずにはいられないのです。天国のオーケストラのように完璧な楽団なんて、結局存在しないんですよ」

すでに述べたように、こうした考え方もヤンソンスがコントロール重視のシェフとなった一因だ。音楽に直接かかわる領域では、締め付けもやや緩かった。同じ仕事に携わる仲間としてオーケストラのメンバーを尊重していたから、たとえきわめて明確に線引きされた領域内ではあっても、自由にふるまう余地をそれなりに認めていた。指揮台以外の場所での仕事となると、多少話は違う。楽団内部のデリケートな人事の問題から、さまざまな事務手続きはもちろん、報道向けの文書の確認に至るまでおろそかにしない。プレス・リリースは、いつも自分に見せるよう求めていた――それを見なくても記者たちの質問によどみなく答えられるよう、準備するためだった。リハーサルが組まれた週は、彼にとって他のことをする余裕などない。まして自由時間など無きに等しかった。そしてサンクトペテルブルクの自宅からも、なにか起これぱまめに電話をかけて、自分が指示しようとした。まさに究極の苦労性である。

「円熟」という表現は、やや美化し過ぎかもしれない。年齢とともにヤンソンスは、譲歩することが増えた。彼にとってコントロールすることが以前ほど重要でなくなったからではない。むしろそれは、信頼の深まりを意味した――特にバイエルン放送交響楽団に関してはそうだった。機能的なアンサンブル作りの理想と考えていたものの大部分が、二十年近くに及ぶ任期のなかで実現できたからだ。最後のポストとなったバイエルン放送交響楽団での首席指揮者を長年務めるうちに、彼のキャリアはさまざまな意味において充実の度合いを深めていった。音楽家としても人間としても満たされ、コンサートホールの計画も実現した――生涯をかけたこのプロジェクトの完成を、もはやその眼で見ることはかなわなかったが。

シェフはとても「わかりやすい」人だった、とミュージシャンたちは口をそろえて言う。よい意味でヤンソンスの考え方はわかりやすく、まっすぐだった——そのため彼が下した決定に、まわりは納得しやすかった。ヤンソンスにとって指揮者に一番大切なものは、指揮法のうまさでも知識でもなく、作品の構造や音に対するセンスでもない。それは誠実さだった。ヤンソンスは駆け引き上手だった。人当たりがよく、経験豊富で、抜け目なく、粘り強かった。けれども陰謀をめぐらしたことはない。いかにも芸術家らしい気取りもなければ、巨匠《マエストロ》という仮面の陰に真実の自分を隠すこともなかった。

「これがぼくという人間なんですよ——裏も表もない」

見方を変えれば、この「わかりやすさ」はある種の無防備さでもあった。ヤンソンスはうわべを取り繕うのが嫌いで、たとえばメディアへの対応やPR戦略においても、みずからのイメージを演出したり、求められている姿に自分を合わせたりはしなかった。指揮者人生を歩むうえでこういった配慮も必要なのはよくわかっていて、これらの雑務もだいたいはきっちりと片付けた。しかし中にはどうにも気乗りがしない、面倒だがやらざるをえない仕事もあった。SNSのためにちょっとした動画を録ったり、広い層にアピールする、宣伝効果のあるコメントをスピーディに出したりといった作業に、ヤンソンスは喜びを感じなかった。

こうした点を見ても、マリス・ヤンソンスのキャリアが指揮者という仕事そのものの変化を反映しているのがわかる。彼がこの道を歩み始めたころは、指揮台の専制君主、崇められ、恐れられ、誰も逆らえない権力者、自己愛型のマエストロたちの全盛時代だった。エフゲニー・ムラヴィンスキーとヘルベルト・フォン・カラヤンは、まさにその典型と言えるだろう。ヤンソンスはこのふたりと直接関係があったにもかかわらず、性格の面で彼らとの共通点はほとんどない。彼の場合、ウィーンに留学し、指揮法の名教師ハンス・スワロフスキーの薫陶を受けたことに大きな意味があるにちがいない。同じスワロフスキー門下のクラウディオ・アバド、ズービン・メータ、アダムとイヴァンのフィッシャー兄弟などは、指揮棒を持った独裁者という昔ながらのイメージとはまさに対極にある。

「オーケストラに対しては、ありのままの自分でいるよりほかないんです」

ヤンソンスはこう表現している。

「自分をよく見せようなんてしないほうがいい。偉そうな態度を取ったところで、そんなのは偽物だとたちまちオーケストラに見抜かれて、もっとまずいことになる。指揮者が自分のことしか考えていないと、オケのミュージシャンはすぐそれに気がつきますよ」

ヤンソンスが組織内の秩序を重んじていたのは間違いない。だが彼は、誰の意見にも耳を貸さない絶対君主ではなかったし、自分自身を偶像化しようとも思わなかった。ヤンソンスにとって音楽をやるうえでの上下関係はあっても、それは人としての上下とは無関係だった。

規則は守るべきものであり、人間同士がともに暮らしていくにはしっかりした枠組みが必要だ。そういう意識がヤンソンスの中には深く根付いていた。これは幼い頃に両親や学校から受けた教育によるものだろう。

「人間には礼儀作法のしつけが必要だという意見に大賛成です。どういうことならしてもよいか、どういうときに気をつけねばならないかを学ぶのが大事です。近ごろは何をしても許されるとみんなが思っている。だからこそ、厳しい規則を設けることにぼくは賛成するんです。四歳の子供にはまだ物事の分別がつかない。だから、まず決まりに従ってもらう――なんのために自分がそういうルールを教わったかは、あとで理解すればいい」

こうした考え方を時代遅れと取る人もいるのは、ヤンソンス自身もわかっていた。

「だけど、誰もが人と一緒に暮らしていくんですから。こういう教育がなかったら、ぼくたちは野蛮人に戻ってしまいますよ」

枠組みを重視するこうした考え方は、音楽をやるときにも受け継がれたが、もうすこし別の穏やかなやりかたをとっていた。ヤンソンスにはじっくりと練り上げ、ときには何十年も追い求めた解釈上のコンセプトや基本原則がある。それでも彼の音楽はつねにオープンであり、変わってゆく可能性を持っていた。その源は、つねに満足することなく、新しいものを生み出そうという姿勢だ。だが言葉を変えれば、それはより良いものを作るために、執拗なまでに、ときには恐ろしいほど徹底的に疑ってみるということでもあった。

「こういう立場になったとき、傲慢に振るまうことで自分を守ろうとする人はいます。自分の仲間にもいましたよ。なぜそんなふうに、他人を寄せ付けないような仮面をかぶろうとするのか、ぼくにはわからない――たぶんなにかコンプレックスがあって、不安なのを隠したいんでしょうね」

懐疑と自己批判がモットーというのは、使い古された決まり文句かもしれない――とくに、芸術に携わる者の心構えとしては。たとえばヤンソンスのように、それによって自分に過度のプレッシャーをかけ、ときには健康を損なうほどの結果をもたらしたとなると、この決意もまた別の意味を帯びてくる。まずまずの出来、あるいはなんとか及第点だった演奏を、ヤンソンスが「満足」や「成功」と評価することはない。

「質を担保することは、道義的責任なのです」

もう一度選択の機会を与えられても、やはり指揮者になりたいか？　ヤンソンスにはきくまでもない質問だ。ただし、二十一世紀にキャリアをスタートするのだけは勘弁してくれ、という条件がついていた。自分が学び始めた当時のレニングラードは、あらゆる条件が最高だと思われた。音楽院の設備はもちろん、教授陣の質も素晴らしかった。

「これから指揮を勉強しようという若者にとっては、まさに黄金時代でしたね。あの教育、あの雰囲気、あの水準の高さ！　もう一度同じ道を歩みたいに決まってるじゃないですか。ただし、あのころと同じ環境であるのが条件です」

彼がかつてレニングラードで歩み始めた指揮者への道は、他に類を見ないほどまっすぐな、輝かしい経歴へとつながってゆく。それはあたかも人智を超えた大いなる存在が、ヤンソンスのために首尾一貫した、整然たる筋書きのドラマを準備してくれたかのようだった。とにかく指揮をしたい、「自分の」オーケストラと共にありたい、それ以外のことはもはや眼中にない――それは同時に、自分の楽団を指揮せずには生きてゆけない、ということでもある。だからこそ彼はあれだけ何度も健康上の危機に見舞われながらも、それを克服できたのであり、ひとたびオーケストラから発せられるエネルギーを浴び、コンサートという磁場のなかに身を置けば、まったく別の自分に変容したのだ。

「ぼくの場合、拍手でなにかが変わりはしません。拍手は麻薬ではないし、中毒にもならない。ある種の充実感は湧いてきますけどね。もし誰かが『これで終わりだ。もうお前は指揮ができない』と言ったらどうでしょうね。一年間はまあ、楽しく暮らすでしょう。でも、そのあとは……」

生涯最後の一連のコンサートからは、まさにそのことが伝わってきた。ところどころでもはやマリス・ヤンソンスの力は尽きかけていたが、それによって逆にバイエルン放送交響楽団は、自分たちこそ力を発揮しなければならないと励まされているように感じていた。受け取るだけではなく、与えようと努力し、それを果たしたことによって、ヤンソンスはあれほどの高みに到達した。それと同時に自分が持てる以上のものを与え続けたことが、彼にとって大いなる悲劇を招いた。二〇一九年十一月八日、ニューヨークのカーネギー・ホールでの最後の演奏会に、ほかの作品と並んでリヒャルト・シュトラウスの『四つの最後の歌』をあえて選んだのは、けっして偶然ではあるまい。

「わたしたちはさすらうことに疲れた」

そこにはさらにこう歌われている。

「これが死というものなのか?」

謝辞

「マリス・ヤンソンスのことをききたいって?」ときにはこの名前を出しただけで、すべての扉が開かれるようにさえ思えた。彼について熱心に語ってくれた人がこれだけ多かったのは、この芸術家が誰からも愛されていたことの証でもある。そのおかげで、さまざまなデジタル上の手段を使って多くの人々とコンタクトを取り、すばらしい話を聞かせてもらうことができ、有益な情報や、疑問に対する答えを得ることができた。こうした協力がなければ、本書は完成に至らなかっただろう。オスロ・フィルハーモニー管弦楽団に関して話してくれたのはエリーゼ・ボートネス、ハンス・ヨーゼフ・グロー、スヴェイン・ハウゲン、そしてスティグ・ニルソンである。ピッツバーグ交響楽団についてはアンドレス・カルデネス、ロバート・モイア、そしてポール・シルヴァー。ロイヤル・コンセルトヘボウ管弦楽団についてはペトラ・ファン・デル・ハイデ、ヨハン・ファン・イエルセル、ヘルマン・リーケン。バイエルン放送交響楽団に関してはフィリップ・ブークリー、ハインリヒ・ブラウン、アンドレアス・マルシク、ペーター・マイゼル(印象深い写真の多くは彼の手になるものである)、ニコラウス・ポント、ペーター・プリスリン、そしてフランツ・ショイアラー。ウィーン・フィルハーモニー管弦楽団についてはミヒャエル・ブラーデラー、ヴァルター・ブロフスキー(バイエルン放送交響楽団のオーケストラ・マネージャーとしても)、クレメンス・ヘルスベルクが語ってくれた。

そのほかにも多くの方々から重要な記録や見解、エピソードなどを提供していただいた。たとえば、長年ウィーン楽友協会の総裁を務めたトーマス・アンギャン、リーガのラトビア国立歌劇場文芸顧問ミクス・チェジエ、ルクセンブルク・フィルハーモニー管弦楽団会長で、元バイエルン放送交響楽団オーケストラ・マネージャーのシュテファン・ゲーマッハー、そして、若き日のマリス・ヤンソンスのマネージャーだったスティーヴン・ライトといった人々である。さらに多くの人々との出会いから本書はさまざまな恩恵を受けているが、その数はあまりに多く、ここにすべての名前を挙げることはかなわない。その大半は、数々のツアーに同行を許してくれたバイエルン放送交響楽団の関係者である。ミュージシャンたちが示してくれた限りない好意と理解に対しては、どれだけ賛辞を述べても足りないほどだ。

有能この上ないクラウディア・クライレには、特別な感謝を贈りたい。彼女はまさにマリス・ヤンソンスの手となり足となって働いていた――再三にわたりヤンソンスに取材を申し込んだ際の忍耐強い対応には、とくにお礼申し上げる。また、一時彼女の代理を務めたクラーラ・クローアーにも大いにお世話になった。そしてピーパー出版のカタリーナ・シュトールドライアーには、この企画の完成に至るまで、貴重な助言と建設的かつ的確な批評を頂いたことに感謝する。

とはいえ、最大限の謝辞を捧げられてしかるべきなのはもちろん、当初はこの本になかなか協力しようとしてくれなかった、あの人物である。それでも数年の月日を経て、すべての懸念が払拭されると、執筆に取りかかることを認めてくれた。マリス・ヤンソンスとの語らい、そこで彼が示した率直さ、少しでも相手の役に立ちたいという思い、数多くの問いに逐一ていねいに答えてくれたことに対して、限りない感謝を捧げたいと思う。特に、彼にとって何よりも大切な二つのものを与えてくれたことに心からお礼を言いたい。それは時間と、信頼である。

訳者あとがき

本書はMarkus Thiel, *Mariss Jansons. Ein leidenschaftliches Leben für die Musik.* Piper Verlag 2020の全訳である。著者マルクス・ティールは一九六五年バイエルン州バート・テルツに生まれ、ミュンヘン大学を卒業後、地元紙『ミュンヒナー・メルクーア』で音楽欄の編集を担当するジャーナリストである。パイプ・オルガンとクラリネットを演奏するほか声楽を学んだ経験もあり、オペラ専門誌『オーパーンヴェルト』にも寄稿している。またドイツ・レコード批評家賞の歌曲・リサイタル部門の審査員をつとめている。

まえがきにもあるように、最初は出版に乗り気でなかったヤンソンスを著者ティールは辛抱強く口説き落とし、彼が語った過去の記憶を丹念に整理して書き記しただけでなく、バイエルン放送交響楽団とのツアーに何度も同行して、この指揮者の日々の思いを親しく聴き取っている。ヤンソンスについて書かれた本はほかにもあるが（Julia Spinora, *Mariss Jansons : Der Klang des Unbedingten.* Schott, Neuaufl. 2012）、本書はその生涯を最後まで描いた唯一の評伝であり、またヤンソンス本人が内容に目を通し、ＯＫを出していたこともあって、まずは決定版と呼ぶにふさわしい内容となっている。

マリスの父アルヴィーツ・ヤンソンスは一九五八年レニングラード・フィルとの初来日以降、たびたび日本を訪れ、六〇年代にかけては東京交響楽団を指揮してエネルギッシュな演奏を聴かせた。そんな父が持ち帰った日本の聴衆からの贈り物や、楽しい土産話に触れて育ったマリスが、やはり大の親日家になったのは当然といえるかもしれない。親子二代にわたって、これほど日本の聴衆から愛された指揮者はいない。

一九七七年、三十三歳でレニングラード・フィルの副指揮者として初来日して以来、マリス・ヤンソンスはシェフを務めたすべてのオーケストラと共に、合計二十一回にわたって日本を訪れている。緻密な造形と端正な響きによって作品そのものに語らせようとするマリス・ヤンソンスの音楽作りは、その演奏に接した聴衆を魅了し続けた。

本書を手にとって下さったみなさんの多くが、あの日、あの時のヤンソンスの思い出をいまでも大切にしておられることと思う。本書がその思い出をいま一度鮮やかによみがえらせるよすがとなれば、訳者としてこれにまさる喜びはない。

バイエルン放送響でのアシスタントだったクラウディア・クライレによれば、ヤンソンスは日本のあるメーカーの指揮棒（木とコルクで作られたもの）を使っていて、特定のモデルにこだわりがあり、来日のたびに自分で買いに行っていたという。最後に棺の中におさめられたのも、その中の一本であったと聞く。

その日、サンクトペテルブルクのトルストイ館にある自宅で、ヤンソンスは親しい友人たちとお茶とケーキを楽しみ、「明日は明日の風が吹くよ」といった言葉をかけて、彼らを送り出した。容体が急変したのは、そのわずか数時間後のことだった。

彼があれほど力を注いだミュンヘンの新ホール建設は、あれからどうなっただろうか。まず新型コロナ・ウイルス感染症の世界的流行により、着工は二〇二五年に先送りされた。そしてバイエルン州首相のマルクス・ゼーダーは、二〇二二年三月、新型コロナ対策とロシアのウクライナ侵攻による資材や人件費の高騰を理由に、「新ホールの建設計画を再検討したい」と表明した。今回のゼーダー首相の発言に対しては、音楽家や州議会の他の政党、地元ミュンヘンの市民たちからも反発があり、議論の行方はきわめて不透明となっている。

バイエルン放送響のコンサートマスター、アントン・バラコフスキーは語っている。

「練習の中でどんな困難にぶち当たっても、ヤンソンスは落ち着き払っていました。そしてこう言うんです。『できます』って」

ヤンソンスのこの言葉をわれわれも信じて、すべてが再びより良い方向に向かって動き出す日が来ることを祈りたい。

本書の翻訳にあたっては、京都大学の堀口大樹先生にラトビア語の人名・地名の表記を丁寧にご指導いただいた。貴重なお時間を割いて下さったことにお礼を申し上げる。

春秋社編集部の中川航さんには、オンライン授業の対応に追われて訳業がストップした間も忍耐強く待って下さっただけでなく、ディスコグラフィの増補や本文の体裁変更など、訳者のわがままにどこまでも付き合っていただいたことを心から感謝する。

最後に、同社の高梨公明さんには、若く有能な中川さんと引き合わせて下さったことと、かつての企画での楽しい思い出に、この場を借りてお礼申し上げたい。

二〇二二年六月　　　　訳者

マリス・ヤンソンス略歴

1943年　1月14日　マリス・イヴァルス・ゲオルグス・ヤンソンスとしてリーガに生まれる
1956年　レニングラード（現在のサンクトペテルブルク）に移住
1957年　レニングラード音楽院入学
1966年　イーラ・ヤンソンスと結婚
1967年　長女イローナが誕生
1968年　レニングラード・フィルハーモニー管弦楽団に指揮者としてデビュー。ヘルベルト・フォン・カラヤンと出会う
1969年　ウィーン留学
1970年　ザルツブルク・イースター音楽祭でカラヤンのアシスタントをつとめる
1971年　ベルリンのカラヤン指揮者コンクールで第2位に入賞
1971年　レニングラード音楽院指揮科講師となる
1973年　エフゲニー・ムラヴィンスキーの助手兼レニングラード・フィルハーモニー管弦楽団副指揮者となる
1979年　オスロ・フィルハーモニー管弦楽団の首席指揮者に就任
1988年　ロサンジェルス・フィルハーモニー管弦楽団を指揮してアメリカ・デビュー
1990年　ザルツブルク祝祭に初出演
1992年　ロンドン・フィルハーモニー管弦楽団首席客演指揮者となる
1992年　ウィーン・フィルハーモニー管弦楽団の演奏会にデビュー
1996年　オスロで『ラ・ボエーム』上演中に心筋梗塞で倒れる
1997年　ピッツバーグ交響楽団首席指揮者に就任
1998年　イリーナ・ヤンソンスと結婚

2003年　バイエルン放送交響楽団首席指揮者に就任
2004年　ロイヤル・コンセルトヘボウ管弦楽団首席指揮者に就任
2006年　ウィーン・フィルのニューイヤー・コンサートに初出演（生涯で合計3回出演）
2006年　アムステルダムで初めてオペラを指揮（『ムツェンスク郡のマクベス夫人』）
2013年　エルンスト・フォン・ジーメンス音楽賞受賞
2017年　ザルツブルク祝祭で初めてオペラを指揮（『ムツェンスク郡のマクベス夫人』）。ロンドンのロイヤル・フィルハーモニック協会より金メダル受賞
2018年　ベルリン・フィルハーモニー管弦楽団およびウィーン・フィルハーモニー管弦楽団の名誉団員となる
2019年　ザルツブルク・イースター音楽祭においてカラヤン賞受賞
2019年　12月1日　サンクトペテルブルクの自宅にて死去

ディスコグラフィ

マリス・ヤンソンスの録音すべてを網羅したものではない。DVD または BD（ブルーレイ・ディスク）との表示がない限り、基本的には CD である。

【訳者註】

・原書の刊行後に発売された録音を補い、共演者名もなるべく加えた。また音源が探しやすいよう手を加えてある。旧 EMI 録音はすべてレーベル名が Warner、旧 Virgin 録音は Erato となっている。

・海賊盤や雑誌の付録、市場に流通していない一部の自主制作盤（楽団の定期会員向けなど）は除外した。

・データの補足にあたっては、「たつひと」氏がライブドア・ブログで公開されているディスコグラフィを参考にさせて頂いた。ここに記してお礼を申し上げたい。（https://dpddpi.ldblog.jp/archives/2008926.html）

・略語　O：管弦楽団／ SO：交響楽団／ PO：フィルハーモニー管弦楽団／ Chor：合唱団
BRSO：バイエルン放送交響楽団／ BRChor：バイエルン放送合唱団／ BPh：ベルリン・フィルハーモニー管弦楽団／ LPO：ロンドン・フィルハーモニー管弦楽団／ LSO：ロンドン交響楽団／ RCO：ロイヤル・コンセルトヘボウ管弦楽団／ WPh：ウィーン・フィルハーモニー管弦楽団

・旧ソ連時代の録音について
1970 年代半ばから 80 年代にかけてヤンソンスはソ連国内のオーケストラを指揮し、おもに協奏曲の伴奏の録音を行っている。トレチャコフやシャフランとの共演が残され、Yedang などのレーベルから CD 化されていた。いずれもメロディア原盤と思われるが、現在では一部を除き入手が難しく、録音データもはっきりしないため割愛した。

ルイ・アンドリーセン Louis Andriessen（1939–2021 オランダ）

◎**『ミステリエン』（第 1 稿）** ●2013 年 11 月 3 日■RCO▶RCO Live（DVD）〔RCO の現代音楽シリーズ CD「ホライズン」第 6 集の付録 DVD。RCO 創立 125 周年記念演奏会での初演の映像。14 枚組 CD「ライヴ放送録音集 1990—2014」のものと同じ音源〕

オーリック Georges Auric（1889–1983 フランス）

◎**『序曲』** ●1981 年■全ソビエト連邦ラジオ・中央テレビ放送交響楽団（現モスクワ交響楽団）▶Melodiya（LP）〔ソ連国際音楽祭のライヴ。他の演奏家による併録曲あり〕

バッハ J. S. Bach

◎**シンフォニア・ニ長調 BWV1045 ／ヴァイオリン協奏曲第 2 番 BWV1042 ／ヴァイオリン・ソナタ第 2 番 BWV1021（管弦楽伴奏版）**／ヴィヴァルディ：**ヴァイオリンとチェロのための協奏曲**／ケルビーニ：**イングリッシュホルンと弦楽のためのソナタ**●バッハは 1975 年、そのほかは 1981 年■クレーメル（vn・バッハ），ネラー（vn・ヴィヴァルディ）ほか，レニングラード PO▶Melodiya

バルトーク Bartók

◎**管弦楽のための協奏曲／弦楽器、打楽器とチェレスタのための音楽**●1990 年 1 月■オスロ PO▶Warner
◎**管弦楽のための協奏曲／『中国の不思議な役人』組曲**／ラヴェル：**『ダフニスとクロエ』第 2 組曲**■BRSO（2004 年 10 月，2007 年 4 月▶Sony

ベートーヴェン Beethoven

◎交響曲全集（旧盤）■BRSO▶BR Klassik
交響曲第 1 番●2012 年 2 月 9・10 日／**第 3 番**●同年 10 月 18・19 日
交響曲第 2 番●2007 年 3 月 1・2 日／**第 6 番**●2012 年 11 月 8・9 日
交響曲第 4 番●2012 年 5 月 17・18 日／**第 5 番**●同年 5 月 17・18 日
交響曲第 7 番●2008 年 9 月 25・26 日／**第 8 番**●同年 9 月 25・26 日
交響曲第 9 番●2007 年 10 月 27 日ヴァチカン■ストヤノヴァ（S），ブラウ

ン（Ms），シャーデ（T），フォレ（Br），BRChor
〔2012 年日本での交響曲ツィクルスに合わせた企画で、第 1 〜 8 番がミュンヘンでの録音、ヴァチカンでの第 9 番のみ分売あり〕

◎交響曲全集（新盤）＋現代作曲家による作品集■BRSO▶BR Klassik
交響曲第 1 番／第 2 番●2012 年 11 月 27 日・東京／シュタウト：**『マニアイ』**●2012 年 2 月 19 日／望月京：**『ニライ』**●2012 年 11 月 8・9 日・ミュンヘン
交響曲第 3 番●2012 年 10 月 18・19 日・ミュンヘン／シチェドリン：**『ベートーヴェンのハイリゲンシュタットの遺書』**●2008 年 12 月 18・19 日
交響曲第 4 番●2012 年 11 月 26 日・東京／**交響曲第 5 番**●2012 年 11 月 27 日・東京／シェルクシュニーテ：**『炎』**●2012 年 5 月 17・18 日
交響曲第 6 番●2012 年 11 月 8・9 日・ミュンヘン／カンチェリ：**混声合唱と管弦楽のための『Dixi』**●2009 年 10 月 29・30 日■BRChor
交響曲第 7 番●2012 年 11 月 30 日・東京／**交響曲第 8 番**●2012 年 12 月 1 日・東京／ヴィトマン：**『コン・ブリオ』**●2008 年 9 月 25・26 日
交響曲第 9 番●2012 年 12 月 1 日・東京■カルク（S），藤村美穂子（Ms），シャーデ（T），フォレ（Br），BRChor
〔東京での演奏がメインだが、第 3・第 6 番は旧全集のミュンヘンでの録音を使用。現代曲はすべてミュンヘンでの録音。分売あり〕

◎**交響曲第 2 番**／ブラームス：**交響曲第 2 番**●2004 年 10 月 27・28 日■RCO▶RCO Live
◎**交響曲第 5 番**●2008 年 5 月 29 日■RCO▶RCO Live〔同楽団の 9 人の指揮者によるライヴ録音ベートーヴェン交響曲全集からの分売〕
◎**交響曲第 9 番**●2006 年 12 月 25 日■ストヤノヴァ（S），コルネッティ（Ms），R.D. スミス（T），ゼーリヒ（Bs），オランダ放送 Chor，RCO▶RCO Live〔「RCO アンソロジー第 7 集・2000–2010」所収〕
◎**交響曲第 9 番**●2007 年 10 月 27 日■ストヤノヴァ（S），ブラウン（Ms），シャーデ（T），フォレ（Br），BRChor，BRSO▶BR Klassik〔旧全集に収録されたのと同じヴァチカンでのライヴ〕
◎**ピアノ協奏曲第 2 番**●2019 年 10 月■ブーフビンダー（p），BRSO▶DG
◎**ピアノ協奏曲第 3 番**／ R. シュトラウス：**『英雄の生涯』**●2011 年■内田光子（p），BRSO▶Arthaus（DVD ／ BD）
◎**ミサ曲ハ長調／『レオノーレ』序曲第 3 番**●2018 年 1 月 11・12 日，序曲は 2004 年 6 月 29・30 日■キューマイアー（S），ロンベルガー（A），M. シュミット（T），ピサローニ（Bs-Br），BRChor，BRSO▶BR Klassik

ベルリオーズ Berlioz

◎**幻想交響曲／序曲『ローマの謝肉祭』**●1991年6月■RCO▶Warner
◎**幻想交響曲**●2013年3月7・8日／ヴァレーズ：**『イオニザシオン』**●2010年7月1・2日■BRSO▶BR Klassik

ブラームス Brahms

◎**交響曲第1番**●1999年10月21・22日／ヨアヒム：**『ハムレット』序曲**●2000年2月6日■オスロPO▶Simax
◎**交響曲第2番／第3番**●1999年4月6～8日■オスロPO▶Simax
◎**交響曲第4番**●1999年1月14・15日／ヨアヒム：**『ヘンリー四世』序曲**●2000年3月5日■オスロPO▶Simax
◎交響曲全集（分売あり）■BRSO▶BR Klassik
交響曲第1番●2007年10月30・31日／**第4番**●2012年2月6～10日
交響曲第2番●2006年3月16・17日／**第3番**●2010年1月16日
◎**ヴァイオリン協奏曲**／モーツァルト：**ヴァイオリン協奏曲第3番**●2004年2月12～14日■ラクリン（vn），BRSO▶Warner
◎**『ドイツ・レクイエム』**●2012年9月20・21日■キューマイアー（S），フィンリー（Br），オランダ放送Chor，RCO▶RCO Live

ブリテン Britten

◎**『戦争レクイエム』**●2013年3月13～15日■マギー（S），パドモア（T），ゲルハーエル（Br），テルツ少年Chor，BRChor，BRSO▶BR Klassik

ブルックナー Bruckner

◎**交響曲第3番**（ノーヴァク版第3稿）●2005年1月20・21日■BRSO▶BR Klassik
◎**交響曲第3番**（ノーヴァク版第3稿）●2007年2月7・8日，2008年8月28日／**第4番**（ノーヴァク版第2稿）●2008年9月17～19・21日■RCO▶RCO Live
◎**交響曲第4番**（ノーヴァク版第2稿）●2008年11月26～28日■BRSO▶BR Klassik
◎**交響曲第6番**●2012年3月7～9日／**第7番**（ノーヴァク版）●2012年

12 月 23・25 日■RCO▶RCO Live
◎**交響曲第 6 番**●2015 年 1 月 22・23 日■BRSO▶BR Klassik
◎**交響曲第 6 番**●2018 年 1 月 25 ～ 27 日■BPh▶BPh Recordings
〔BPh と複数の指揮者によるブルックナー全集の一枚。映像の BD も付属〕
◎**交響曲第 7 番**（ノーヴァク版）●2007 年 11 月 4 日■BRSO▶BR Klassik
◎**交響曲第 8 番**（1890 年稿）●2017 年 11 月 13 ～ 18 日■BRSO▶BR Klassik
◎**交響曲第 9 番**●2014 年 1 月 13 ～ 17 日■BRSO▶BR Klassik
◎**交響曲第 9 番**●2014 年 3 月 19・21・23 日■RCO▶RCO Live
◎**ミサ曲第 3 番**●2019 年 1 月 21 ～ 25 日■マシューズ（S），カーギル（Ms），アルジャユレク（T），トロフィモフ（Bs），BRChor，BRSO▶BR Klassik〔70 枚組エディション所収。デジタル配信あり〕

ドビュッシー Debussy

◎**交響詩『海』**／デュティユー：**ヴァイオリン協奏曲『夢の樹』**／ラヴェル：**『ラ・ヴァルス』**●2007 年 2 月 1・2・4 日，デュティユーのみ 2007 年 6 月 7・8 日■D. シトコヴェツキー（vn），RCO▶RCO Live

ドヴォルザーク Dvořák

◎**交響曲第 5 番／スケルツォ・カプリチオーソ／序曲『オテロ』**●1989 年 8 ～ 9 月■オスロ PO▶Warner
◎**交響曲第 7 番／第 8 番**●1992 年 1 月■オスロ PO▶Warner
◎**交響曲第 8 番**／ R. シュトラウス：**『ドン・キホーテ』**●2016 年 1 月 29・30 日■ヨーヨー・マ（vc），ツェン（va），BRSO▶Belvedere（DVD ／ BD）
〔ドヴォルザークは BR Klassik の CD と同一音源〕
◎**交響曲第 8 番／序曲『謝肉祭』**●2016 年 1 月 29・30 日／スーク：**弦楽オーケストラのためのセレナード**●2016 年 1 月 25 日■BRSO▶BR Klassik
◎**交響曲第 9 番**●2003 年 6 月 6 日■RCO▶RCO Live
◎**交響曲第 9 番**／スメタナ：**『モルダウ』**●1988 年 11 月■オスロ PO▶Warner
◎**交響曲第 9 番**／ムソルグスキー：**『展覧会の絵』**●2014 年 11 月 14 日■BRSO▶Belvedere（DVD ／ BD）
◎**チェロ協奏曲**／チャイコフスキー：**『ロココの主題による変奏曲』**●1992 年 5 月■モルク（vc），オスロ PO▶Erato
◎**『レクイエム』**●2009 年 2 月 5・6 日／**交響曲第 8 番**●2007 年 12 月 19 ～ 21・23・25 日，2008 年 10 月 23 日■ストヤノヴァ（S），藤村美穂子（Ms），

フォークト（T），クヴァストホフ（Bs-Br），ウィーン楽友協会合唱団，RCO ▶ RCO Live

◎**『スターバト・マーテル』**●2015年3月24～26日・ミュンヘン■ウォール（S），藤村美穂子（Ms），エルスナー（T），リー・リャン（Bs），BRChor，BRSO ▶ BR Klassik（Belvedereより発売のDVD／BDは同じ歌手陣だが、2015年3月28日ルツェルンでのライヴ）

エリング Catharinus Elling（1852–1942 ノルウェー）

◎**ヴァイオリン協奏曲**●1985年1月8・9日■テレフセン（vn），オスロPO ▶ NKF

グリーグ Grieg

◎**交響的舞曲** Op.64／**組曲『ホルベアの時代から』** Op.40／**古いノルウェーの歌と変奏曲** Op.51●録音年不詳・1980年代前半？■オスロPO ▶ NKF

◎**ピアノ協奏曲** Op.16／**序曲『秋に』** Op.11／**弦楽のための2つの悲しい旋律** Op.34／**弦楽のための2つのノルウェーの旋律** Op.63／**弦楽のための2つの旋律** Op.53●録音年不詳・1980年代前半？■ブラトリ（pf），オスロPO ▶ NKF

◎**4つのノルウェー舞曲** Op.35／**抒情組曲** Op.54／**2つの抒情的小品**（管弦楽版）Op.68／**リカール・ノールロークのための葬送行進曲** EG107●録音年不詳・1980年代前半？　葬送行進曲のみ1993年■オスロPO ▶ NKF

◎**ピアノ協奏曲**／シューマン：**ピアノ協奏曲**●2002年12月■アンスネス（p），BPh ▶ Warner

ヤナーチェク Janáček

◎**『グラゴル・ミサ』**／ブラームス：**交響曲第2番**●2012年4月■モノガロワ（S），プルデンスカヤ（Ms），ルーダ（T），ミクラーシュ（Bs），BRChor，BRSO ▶ Arthaus（DVD／BD）

ハイドン Haydn

◎**交響曲第100番『軍隊』**／**協奏交響曲**●2003年10月30日／**交響曲第104番**『ロンドン』●2007年9月28日■BRSO ▶ Sony

◎**ミサ曲第14番『ハルモニー・ミサ』**／**交響曲第88番**／**シンフォニア・ニ**

長調●2008年10月■ハルテリウス（S），J. シュミット（A），エルスナー（T），ゼーリヒ（Bs）ほか，BRChor，BRSO▶BR Klassik（DVDもあり）

オネゲル Honegger

◎**交響曲第2番／第3番『典礼風』／『パシフィック231』**●1993年11～12月■オスロPO▶Warner

クヴァンダール Johan Kvandal（1919–99 ノルウェー）

◎**オーボエ協奏曲**●1983年ごろ■ラーシェン（ob），オスロPO▶Aurora（Philips原盤）

ルトスワフスキ Witold Lutosławski（1913–94 ポーランド）

◎**管弦楽のための協奏曲**●2009年10月8・9日／シマノフスキ：**交響曲第3番『夜の歌』**●2008年12月18・19日／アレクサンドル・チャイコフスキー：**交響曲第4番**●2009年1月14～16日■BRChor，BRSO▶BR Klassik

マーラー Mahler

◎**交響曲第1番**●1999年10月27・28日／**第9番**●2000年12月13・14日■オスロPO▶Simax
◎**交響曲第1番**●2006年8月28日・11月17日■RCO▶RCO Live
◎**交響曲第1番**●2007年3月1・2日■BRSO▶BR Klassik
◎**交響曲第2番**●1989年11月10～15日■ロット（S），ハマリ（A），ラトビア国立アカデミーChor，オスロPhChor，オスロPO▶Chandos
◎**交響曲第2番**●2009年12月3・4・6日■メルヴェート（S），フィンク（Ms），オランダ放送Chor，RCO▶RCO Live（DVD付き。CmajorよりBDも発売）〔付属DVDは12月3日の映像。CmajorのBDはR. ノイミュラー監督のドキュメンタリー『音楽は心と魂のことば―マリス・ヤンソンス』を併録〕
◎**交響曲第2番**●2011年5月13～15日■ハルテロス（S），フィンク（Ms），BRChor，BRSO▶BR Klassik（ArthausよりDVD／BDあり）
◎**交響曲第3番**●2001年8月■ステーネ（A），ソルヴグッテネ少年Chor，オスロPhChor，オスロPO▶Simax
◎**交響曲第3番**●2010年2月3～5日■フィンク（Ms），ブレダ・サクラメントChor少年団員，ラインモント少年Chor，オランダ放送Chor，RCO▶

RCO Live
◎**交響曲第 3 番**●2010 年 12 月 8 ～ 10 日■シュトゥッツマン（A），テルツ少年 Chor，BRChor 女声団員，BRSO ▶ BR Klassik〔70 枚組エディション所収。デジタル配信あり〕
◎**交響曲第 4 番**●2015 年 2 月 11・12 日■レシュマン（S），RCO ▶ RCO Live
◎**交響曲第 5 番**●2007 年 10 月 18・21 日，2008 年 1 月 16・17 日■RCO ▶ RCO Live
◎**交響曲第 5 番**●2016 年 3 月 10・11 日■BRSO ▶ BR Klassik
◎**交響曲第 6 番**●2002 年 11 月■LSO ▶ LSO Live
◎**交響曲第 6 番**●2005 年 8 月 22 日，9 月 7・8 日／ヘンツェ：**『夢の中のセバスティアン』**●2005 年 12 月 22・23 日■RCO ▶ RCO Live
◎**交響曲第 7 番**●2000 年 3 月 23・24 日■オスロ PO ▶ Simax
◎**交響曲第 7 番**●2007 年 3 月■BRSO ▶ BR Klassik
◎**交響曲第 7 番**●2016 年 9 月 28 ～ 30 日■RCO ▶ RCO Live
◎**交響曲第 8 番**●2011 年 3 月 4・6 日■ブルワー（S），ブライス（A），藤村美穂子（Ms），R.D. スミス（T），ハカラ（Br）ほか，BRChor，ラトビア国立アカデミー Chor，オランダ放送 Chor，オランダ国立少年 Chor，オランダ国立児童 Chor，RCO ▶ RCO Live
◎**交響曲第 9 番**●2016 年 10 月 20・21 日■BRSO ▶ BR Klassik

マルティヌー Martinů

◎**オーボエ協奏曲**●2008 年 11 月 24 日／ B.A. ツィンマーマン：**オーボエ協奏曲**●2006 年 9 月 30 日／ R. シュトラウス：**オーボエ協奏曲**●2006 年 3 月 13 日■シリ（ob），BRSO ▶ Oehms〔独奏のシリは BRSO の首席奏者〕

メンデルスゾーン Mendelssohn

◎**ヴァイオリン協奏曲ホ短調**／シベリウス：**ヴァイオリン協奏曲**●1996 年 11 月■サラ・チャン（vn），BPh ▶ Warner
◎**ヴァイオリン協奏曲ホ短調**●2003 年 1 月 11 ～ 13 日／ブルッフ：**ヴァイオリン協奏曲第 1 番**●2002 年 6 月 18 ～ 20 日■五嶋みどり（vn），BPh ▶ Sony

モッテンセン Finn Mortensen（1922–83 ノルウェー）

◎**交響曲第 1 番**●1982 年ごろ■オスロ PO ▶ Aurora（Philips 原盤）

モーツァルト Mozart

◎**『レクイエム』**●2011年9月14～16日■キューマイアー（S），フィンク（Ms），パドモア（T），フィンリー（Br），オランダ放送合唱団，RCO▶RCO Live

◎**『レクイエム』**●2017年5月11・12日■キューマイアー（S），クルマン（Ms），パドモア（T），プラヘトカ（Bs-Br），BRChor，BRSO▶Belvedere（DVD／BD）〔70枚組エディションでCD化。デジタル配信あり〕

ムソルグスキー Mussorgsky

◎**『展覧会の絵』／『禿山の一夜』／『ホヴァンシチナ』前奏曲**●1988年8月■オスロPO▶Warner

◎**『展覧会の絵』**●2008年5月22・23日，8月29日■RCO▶RCO Live

ニールセン Nielsen

◎**ヴァイオリン協奏曲**●1978年1月24日■ラウアセン（vn），南ユラン交響楽団▶Danacord〔モノラルのライヴ録音。他の演奏者による併録曲あり〕

ペルト Arvo Pärt（1935– エストニア）

◎**『ベルリン・ミサ』**●2005年6月2・3日／プーランク：**『スターバト・マーテル』**●2007年11月8・9日／ストラヴィンスキー：**『詩篇交響曲』**●2009年3月5・6日■キューマイアー（S），BRChor，BRSO▶BR Klassik〔『詩篇交響曲』は既出〕

プーランク Poulenc

◎**『グローリア』**●2005年12月22・23・25日／オネゲル：**交響曲第3番『典礼風』**●2004年9月4・6日■オルゴナソヴァ（S），オランダ放送合唱団，RCO▶RCO Live

プロコフィエフ Prokofiev

◎**交響曲第5番**●1987年10月15日■レニングラードPO▶Chandos

◎**交響曲第5番**●2014年9月17～19日，21日■RCO▶RCO Live

◎**ヴァイオリン協奏曲第 2 番**／グラズノフ：**ヴァイオリン協奏曲**／チャイコフスキー：**『懐かしい土地の思い出』より瞑想曲**●2001 年 10 月 4 ～ 6 日■ズナイダー（vn），BRSO▶RCA
◎**『ロメオとジュリエット』第 1 組曲・第 2 組曲**●1988 年 1 月■オスロ PO▶Warner

ラフマニノフ Rachmaninov

◎**交響曲第 1 番／『死の島』**●1998 年 1 月■サンクトペテルブルク PO▶Warner
◎**交響曲第 2 番／スケルツォ・ニ短調／ヴォカリーズ**（管弦楽版）●1993 年 9 月■サンクトペテルブルク PO▶Warner
◎**交響曲第 3 番／交響的舞曲**●1992 年 9 月■サンクトペテルブルク PO▶Warner
◎**交響曲第 2 番**●1986 年 11 月 19・20 日■フィルハーモニア O▶Chandos
◎**交響曲第 2 番**●2010 年 1 月 28・29・31 日■RCO▶RCO Live
◎**ピアノ協奏曲第 1 番／第 4 番**●1993 年 9 月■ルディ（pf），サンクトペテルブルク PO▶Warner
◎**ピアノ協奏曲第 2 番**／チャイコフスキー：**ピアノ協奏曲第 1 番**●1990 年 12 月 16 ～ 19 日■ルディ（pf），サンクトペテルブルク PO▶Warner
◎**ピアノ協奏曲第 3 番／パガニーニの主題による狂詩曲**●1992 年 9 月■ルディ（pf），サンクトペテルブルク PO▶Warner〔旧 EMI のラフマニノフの録音をまとめた廉価盤 BOX あり〕
◎**パガニーニの主題による狂詩曲**●1982 年 2 月 19 日■エヴァ・クナルダール，オスロ PO▶Simax〔「ノルウェーの偉大な音楽家 1945—2000」第 2 集。他の作曲家のソロ曲も併録〕
◎**合唱交響曲『鐘』**●2016 年 1 月 14・15 日／**交響的舞曲**●2017 年 1 月 26・27 日■パヴロフスカヤ（S），ドルゴフ（T），マルコフ（Br），BRChor，BRSO▶BR Klassik

ラヴェル Ravel

◎**『ダフニスとクロエ』第 2 組曲**●2002 年 4 月 11 日■RCO▶RCO Live〔「RCO アンソロジー第 7 集・2000—2010」所収〕

レスピーギ Respighi

◎**『ローマの祭り』**／ラヴェル：**『ダフニスとクロエ』第2組曲**／デュカス：**『魔法使いの弟子』**●1989年1月■オスロPO▶Warner

◎**『ローマの噴水』／『ローマの松』／『ローマの祭』**●1995年10月，「祭」は既出■オスロPO▶Warner

リーム Wolfgang Rihm（1952– ドイツ）

◎**『レクイエム＝シュトローフェン』**●2017年3月31日■エルトマン（S），プロハスカ（S），ミュラー＝ブラッハマン（Br），BRChor，BRSO▶Neos

リムスキー＝コルサコフ Rimsky-Korsakov

◎**『シェヘラザード』／『スペイン奇想曲』**●1994年4月20・21日■LPO▶Warner

セーヴェルー Harald Sæverud（1897–1992 ノルウェー）

◎**オーボエ協奏曲**●1983年ごろ■ラーシェン（ob），オスロPO▶Aurora（Philips原盤）

サン＝サーンス Saint-Saëns

◎**交響曲第3番『オルガン付き』／ヴァイオリン協奏曲第3番**●1994年1月，オルガンのみ1994年3月に別録音■マーシャル（org），ツィンマーマン（vn），オスロPO▶Warner

◎**交響曲第3番『オルガン付き』**／プーランク：**オルガン協奏曲**●2019年3月11～15日■アプカルナ（org），BRSO▶BR Klassik

シェーンベルク Schönberg

◎**管弦楽のための5つの小品**●1995年11月24日■RCO▶RCO Live〔「RCOアンソロジー第6集・1990—2000」に収録〕

◎**『グレの歌』**●2009年9月22・23日■ヴォイト（S），藤村美穂子（Ms），アンデルセン（T），フォレ（Br）ほか，北ドイツ放送合唱団，ライプツィヒ中部ドイツ放送合唱団，BRChor，BRSO▶BR Klassik（DVD）〔楽団創立60

周年記念演奏会の録画〕

シチェドリン Rodion Shchedrin（1932– ロシア）

◎**カルメン組曲**／レスピーギ：**『ローマの松』**●2017 年 11 月 13 ～ 17 日■BRSO▶BR Klassik

シューベルト Schubert

◎**交響曲第 8 番『グレート（大ハ長調）』**●2018 年 2 月 1・2 日■BRSO▶BR Klassik

◎**ミサ曲第 2 番ト長調**／グノー：**『聖チェチーリア祝日のための荘厳ミサ曲』**●2007 年 3 月 27 ～ 29 日■オルゴナソヴァ（S），エルスナー（T），ベラチェク（S），BRChor，BRSO▶BR Klassik

シューマン Schumann

◎**交響曲第 1 番『春』**●2018 年 3 月 21・22 日／シューベルト：**交響曲第 3 番**●2015 年 1 月 26 ～ 30 日■BRSO▶BR Klassik

ショスタコーヴィチ Shostakovich

◎交響曲全集▶Warner〔10CD 廉価盤 BOX あり（ピアノ協奏曲とムソルグスキーはカット）〕

第 1 番／ピアノ協奏曲第 1 番●1994 年 6 月 15 ～ 20 日■ルディ（pf），BPh
第 2 番『十月革命に捧ぐ』●2005 年 6 月 29・30 日／**第 12 番『1917 年』**●2004 年 6 月 26 ～ 28 日■BRSO
第 3 番『メーデー』●2005 年 1 月 10 ～ 12 日／第 14 番●2005 年 11 月 11・12 日■ゴゴレフスカヤ（S），アレクサーシキン（Bs），BRSO
第 4 番●2004 年 2 月 9 ～ 12 日■BRSO
第 5 番／室内交響曲 Op.110b●1997 年 1 月 7 ～ 14 日■WPh
第 6 番／第 9 番●1991 年 1 月 25 ～ 30 日■オスロ PO
第 7 番『レニングラード』●1988 年 4 月 22・23 日■レニングラード PO
第 8 番●2001 年 2 月 9 ～ 11 日■ピッツバーグ SO〔リハーサル風景付き〕
第 10 番／ムソルグスキー：**歌曲集『死の歌と踊り』**（ショスタコーヴィチ編）●1994 年 3 月 5・7 日■ロイド（Bs），フィラデルフィア O
第 11 番『1905 年』／ジャズ組曲第 1 番／ジャズ組曲第 2 番よりワルツ，

タヒチ・トロット●1996年12月8日■フィラデルフィアO
第13番『バビ・ヤール』●2005年1月■アレクサーシキン（Bs），BRChor, BRSO▶BR Klassik
第15番／ピアノ協奏曲第2番／組曲『馬あぶ』より抜粋（第8曲・第2曲）●1997年4月14～16日■LPO

◎**交響曲第1番／祝典序曲**●1986年11月■BBCウェールズSO▶BBC
◎**交響曲第5番**●1987年4月■オスロPO▶Warner
◎**交響曲第5番**●2014年4月30日～5月2日■BRSO▶BR Klassik
◎**交響曲第7番『レニングラード』**●2006年1月19・22日■RCO▶RCO Live
◎**交響曲第7番『レニングラード』**●2016年2月9～12日■BRSO▶BR Klassik
◎**交響曲第9番**●2011年3月21日／**ピアノ協奏曲第1番**●2012年10月15～19日■ブロンフマン（pf），BRSO▶BR Klassik
◎**交響曲第10番**●2009年1月29日，2月1日・4日■RCO▶RCO Live
◎**交響曲第10番**●2010年3月4日■BRSO▶BR Klassik
◎**チェロ協奏曲第1番／第2番**●1995年3月10・11日■モルク（vc），LSO▶Virgin
◎**『ムツェンスク郡のマクベス夫人』**●2006年6月25・28日■ウェストブロック（S），ヴェントリス（T）ほか，ネーデルラント・オペラChor，RCO▶Opus Arte（DVD）

シベリウス Sibelius

◎**交響曲第1番／カレリア組曲／『フィンランディア』**●1990年9月18～22日■オスロPO▶Warner
◎**交響曲第1番**●2004年4月22・23日／ブリテン：**『青少年のための管弦楽入門』**●2003年10月22～24日／ヴェーベルン：**『夏風の中で』**●2004年6月23～25日■BRSO▶Sony
◎**交響曲第2番／『トゥオネラの白鳥』／『悲しきワルツ』／『アンダンテ・フェスティーヴォ』**●1992年■オスロPO▶Warner
◎**交響曲第2番**●2005年6月・8月■RCO▶RCO Live
◎**交響曲第2番**●2015年11月12・13日／**『フィンランディア』／『カレリア組曲』**●2015年10月15・16日■BRSO▶BR Klassik
◎**交響曲第3番／第5番**●1994年8月14・15・19・20日■オスロPO▶Warner

◎**ヴァイオリン協奏曲**／プロコフィエフ：**ヴァイオリン協奏曲第2番**●1991年8月■ツィンマーマン（vn），フィルハーモニアO▶Warner

ソンメルフェルト Øistein Sommerfeldt（1919–94 ノルウェー）

◎**ピアノ協奏曲『憧れに向かって』／スタイン・メーレンの詩による2つの歌曲**／ほか室内楽曲●1985年ごろ■クナルダール（pf），スクラム（Br），オスロPO▶Aurora（Norwegian Composers原盤）

リヒャルト・シュトラウス Richard Strauss

◎**アルプス交響曲**●2007年9月19～21日・23日／**『ドン・ファン』**●2007年10月18日・21日，2008年1月16・17日■RCO▶RCO Live
◎**アルプス交響曲**●2016年10月13～15日／**『死と変容』**●2014年2月24～28日■BRSO▶BR Klassik
◎**『英雄の生涯』**●2004年9月4～6日■RCO▶RCO Live（DVDもあり）〔DVD版は首席指揮者就任記念演奏会（同年9月4日）の映像で、ドキュメンタリー「6人目の首席指揮者ヤンソンス」も併録〕
◎**『英雄の生涯』**●2011年3月14～18日／**『ドン・ファン』**●2014年5月24～28日■BRSO▶BR Klassik
◎**『ツァラトゥストラはかく語りき』／ブルレスケ**●2017年10月10～13日■トリフォノフ（pf），BRSO▶BR Klassik
◎**『ばらの騎士』組曲**●2006年10月19・20日／**『ティル・オイレンシュピーゲルの愉快ないたずら』**●2009年3月5・6日／**『四つの最後の歌』**●2009年3月25・27日■ハルテロス（S），BRSO▶BR Klassik
◎**『ばらの騎士』組曲**●2011年2月4日■RCO▶RCO Live〔「RCOアンソロジー第7集・2000―2010」所収〕
◎**『四つの最後の歌』／四つの歌曲Op.27より『明日！』**●2019年1月21～25日，10月7～11日■ダムラウ（S），BRSO▶Erato〔ダムラウとドイチュ（pf）によるシュトラウスの歌曲を併録〕

ストラヴィンスキー Stravinsky

◎**『春の祭典』／『ペトルーシュカ』1947年版**●1992年11月■オスロPO▶Warner
◎**『春の祭典』**●2009年11月14～16日／**『火の鳥』組曲1945年版**●2016年11月14～17日■BRSO▶BR Klassik

◎**『火の鳥』全曲版**●1988年10月22・23日／R. シュトラウス：**『ティル・オイレンシュピーゲルの愉快ないたずら』**●1988年8月20・21日■オスロPO▶Simax

◎**『火の鳥』組曲1919年版**／シチェドリン：**ピアノ協奏曲第5番**●2004年12月9・10日■マツーエフ（pf），BRSO▶Sony

◎**『火の鳥』組曲1919年版**●2007年6・12月／**『春の祭典』**●2006年6・11月■RCO▶RCO Live

◎**『火の鳥』組曲1919年版**◆2013年3月18～21日■BRSO▶BR Klassik〔70枚組エディション所収。デジタル配信あり〕

◎**『ペトルーシュカ』1947年版**●2004年10月29・31日／ラフマニノフ：**交響的舞曲**●2004年12月22・23・25日■RCO▶RCO Live

◎**『ペトルーシュカ』1947年版**●2015年4月14～17日／ムソルグスキー：**『展覧会の絵』**●2014年11月13・14日■BRSO▶BR Klassik

スヴェンセン Johan Svendsen（1840–1911 ノルウェー）

◎**交響曲第1番／第2番**●1987年8月■オスロPO▶Warner

アレクサンドル・チャイコフスキー Alexander Tchaikovsky（1946– ロシア）

◎**ヴィオラ、独奏ピアノと管弦楽のための協奏曲第2番『シンプル・トーンによるエチュード』／2台のピアノと管弦楽のための協奏曲／交響曲第4番——オーケストラ、合唱と独奏ヴィオラのための／ティホン・フレンニコフの思い出のためのエレジー／ワルツ**●2016年3月29日■バシュメット（va），ベレゾフスキー（pf）ほか，モスクワPO▶Melodiya〔既出の前半2曲に残りの曲を加え、「マリス・ヤンソンス／モスクワ・ラスト・コンサート」として再発売。アレクサンドルはやはり作曲家であるボリス・チャイコフスキーの甥で、両名ともピョートルとの血縁関係はない〕

ピョートル・チャイコフスキー Pyotr Tchaikovsky

◎交響曲全集■オスロPO▶Chandos（6CD BOX あり）
交響曲第1番『冬の日の幻想』●1989年4月25日～30日
交響曲第2番／イタリア奇想曲●1985年4月
交響曲第3番●1986年1月31日・2月1日
交響曲第4番●1984年11月2日・3日
交響曲第5番●1984年1月25日・27日

交響曲第6番『悲愴』●1986年8月11〜13日
マンフレッド交響曲●1986年11月26〜29日・12月5日

◎**交響曲第5番**●2009年10月9日／**『フランチェスカ・ダ・リミニ』**●2010年7月1・2日■BRSO▶BR Klassik
◎**交響曲第6番『悲愴』**／シェーンベルク：**『浄められた夜』**●2004年6月23〜25日■BRSO▶Sony
◎**交響曲第6番『悲愴』**●2013年6月4〜7日／ショスタコーヴィチ：**交響曲第6番**●2013年3月18〜21日■BRSO▶BR Klassik
◎**ピアノ協奏曲第1番**●2005年10月／**交響曲第4番**●2005年11月■ブロンフマン（pf），BRSO▶Sony
◎**バレエ音楽『くるみ割り人形』全曲**●1991年10月■LPO▶Warner
◎**『1812年』**／**『フランチェスカ・ダ・リミニ』**／**『ロメオとジュリエット』**●1987年9月■オスロPO▶Warner
◎**『ロメオとジュリエット』**●2015年10月13〜16日■BRSO▶BR Klassik〔70枚組エディション収録。デジタル配信あり〕
◎**合唱曲『ナイチンゲール』**●2016年1月12〜15日■BRChor▶BR Klassik〔「音で聴く伝記」チャイコフスキー編（4CD）に上記の交響曲第6番と合わせて収録〕
◎**『エフゲニー・オネーギン』**●2011年6〜7月■スコウフス（Br），ストヤノヴァ（S），ドゥナエフ（T）ほか，ネーデルラント・オペラ合唱団，RCO▶Opus Arte（DVD／BD）
◎**『スペードの女王』**●2014年10月■ディディク（T），セルジャン（S），ディアドコワ（Ms），マルコフ（Br）ほか，バイエルン国立歌劇場児童合唱団，BRChor，BRSO▶BR Klassik
◎**『スペードの女王』**●2016年6月9日〜7月3日■ディディク（T），アクショーノワ（S），ディアドコワ（Ms），ストヤノフ（Br）ほか，オランダ国立オペラ合唱団，新アムステルダム児童Chor，RCO▶CMajor（DVD／BD）
◎**『スペードの女王』**●2018年8月2・10・13日■ジョヴァノヴィッチ（T），ムラヴィエワ（S），シュヴァルツ（Ms），ゴロヴァテンコ（Br），ウィーン国立歌劇場Chor，ザルツブルク祝祭および劇場児童Chor，WPh▶Unitel（DVD／BD）

ヴァレーズ Varèse

◎**『アメリカ』**●2015年10月13〜15日／ショスタコーヴィチ：**交響曲第6**

番●2013年3月18～21日／ストラヴィンスキー：**『詩篇交響曲』**●2009年3月5・6日■BRChor，BRSO▶BR Klassik〔ショスタコーヴィチはチャイコフスキーの交響曲第6番との組み合わせで既出〕

ヴェルディ Verdi

◎**『レクイエム』**●2013年10月10・11日ミュンヘン■ストヤノヴァ（S），プルデンスカヤ（Ms），ピルグ（T），アナスタソフ（Bs），BRChor，BRSO▶BR Klassik

◎**『レクイエム』**●2013年■ストヤノヴァ（S），プルデンスカヤ（Ms），ピルグ（T），アナスタソフ（Bs），BRChor，BRSO▶Arthaus（DVD／BD）〔上記CDと同じ時期だが、こちらはウィーン楽友協会での演奏〕

ワーグナー Wagner

◎**『マイスタージンガー』前奏曲／『トリスタンとイゾルデ』前奏曲と愛の死／『タンホイザー』序曲／『神々の黄昏』より葬送行進曲／『ワルキューレの騎行』／『ローエングリン』第3幕前奏曲／『リエンツィ』序曲**●1991年8月■オスロPO▶Warner

◎**『タンホイザー』序曲とバッカナール／『ローエングリン』第1・第3幕への前奏曲／『ワルキューレの騎行』／『神々の黄昏』よりジークフリートのラインへの旅、葬送行進曲**●2008年3月■BRSO▶Sony

◎**『トリスタンとイゾルデ』前奏曲と愛の死**●2007年4月26・27日■BRSO▶BR Klassik〔「音で聴く伝記」ワーグナー編（4CD）に収録〕

◎**『リエンツィ序曲』**●1993年12月9日■RCO▶RCO Live〔「RCOアンソロジー第6集・1990—2000」所収〕

ヴェーバー Weber

◎**クラリネット協奏曲第1番**●2017年4月■オッテンザマー（cl），BPh▶DG〔BPh首席奏者オッテンザマーのロマンティック作品集『ブルー・アワー』に収録〕

ワイル Weil

◎**交響曲第2番／ヴァイオリン協奏曲／『マハゴニー市の興亡』組曲**●1997年2月・3月■ツィンマーマン（vn），BPh

コンピレーション・アルバム

◎ヤンソンス／レニングラード・フィル86年来日ライヴ
ショスタコーヴィチ：**交響曲第5番**／チャイコフスキー：**交響曲第4番**●1986年10月19日サントリーホール■レニングラードPO▶Altus〔ムラヴィンスキーのキャンセルによりヤンソンスが代役を務めた来日公演〕

◎ヤンソンス／レニングラード・フィル89年来日ライヴ
ワーグナー：**『マイスタージンガー』前奏曲**／ベルリオーズ：**幻想交響曲**／シベリウス：**『悲しきワルツ』**／ワーグナー：**『ローエングリン』第3幕への前奏曲**●1989年10月25日オーチャードホール■レニングラードPO▶Altus〔この演奏会の映像が東芝EMIよりLDとして発売されていた（DVD・BDなし）〕

◎ヤンソンス・ラスト・コンサート
R. シュトラウス：**歌劇『インテルメッツォ』より4つの交響的間奏曲**／ブラームス：**交響曲第4番、ハンガリー舞曲第5番**●2019年11月8日ニューヨーク，カーネギー・ホール■BRSO▶BR Klassik〔この日のプログラムのうちR. シュトラウスの『四つの最後の歌』（ディアナ・ダムラウ独唱）は収録されていない〕

◎『ラプソディ』
シャブリエ：**狂詩曲『スペイン』**／ガーシュウィン：**ラプソディ・イン・ブルー**／エネスコ：**ルーマニア狂詩曲第1番**／ラヴェル：**スペイン狂詩曲**／リスト：**ハンガリー狂詩曲第2番**（ミュラー＝ベルクハウス編）●2015年10月8・9日■マツーエフ（pf），BRSO▶BR Klassik

◎『ワールド・アンコールズ』
バーンスタイン：**『キャンディード』序曲**／シベリウス：**『悲しきワルツ』**／外山雄三：**『幽玄』より天人の踊り**／コダーイ：**組曲『ハーリ・ヤーノシュ』より間奏曲**／テオドラキス：**『その男ゾルバ』組曲よりフィナーレ** ほか全20曲●1997年5月，シベリウスのみ1992年5月録音の既出音源■オスロPO▶Warner

セット（既発売盤をボックス化しただけのものは除く）

◎ヤンソンス＆ RCO ／ライヴ放送録音集 1990―2014▶RCO Live
13CD+1DVD（2014 年 12 月 25 日プロハスカ（S）とのマーラー 4 番の映像）。R. シュトラウス、チャイコフスキーなどの得意曲のほかシェーンベルク『ワルシャワの生き残り』、グバイドゥーリナ『ペスト流行時の酒宴』、アンドリーセン『ミステリエン』など収録曲多数。詳細は https://www.kinginternational.co.jp/genre/rco-15002/ を参照されたい。〔ラフマニノフ：交響曲第 2 番とプロコフィエフ：交響曲第 5 番は単売あり〕

◎オスロ・フィル・レコーディングズ（The Oslo Years）▶Warner
21CD+5DVD。旧 EMI でのオスロ・フィルとの全録音にノルウェー放送協会収録のライヴ映像を加えたもの。DVD の内容は以下の通り。
◎シベリウス：**交響曲第 1 番**●1989 年／**交響曲第 2 番**●2002 年
◎マーラー：**交響曲第 1 番**●1999 年／ストラヴィンスキー：**組曲『火の鳥』1919 年版**●1986 年
◎チャイコフスキー：**マンフレッド交響曲**●1987 年／**イタリア奇想曲**●1985 年
◎ベートーヴェン：**交響曲第 3 番**●1997 年／**交響曲第 7 番**●2000 年
◎ R. シュトラウス：**『ツァラトゥストラはかく語りき』**●1995 年／フランク：**交響曲ニ短調**●1986 年

◎マリス・ヤンソンス・エディション▶BR Klassik
計 70 枚（57CD+11SACD ハイブリッド +2DVD）の愛蔵版セット。BRSO との録音の集大成。リハーサル CD（『幻想』、『ティル』、チャイコフスキー 5 番）を含む。DVD は既出の映像（『ハルモニー・ミサ』ほかハイドン作品と『グレの歌』）。〔発売時点で初 CD 化だったものも、その後単売あるいはデジタル配信されている。現在このセットでしか聞けない音源は、以下の 3 つである〕
◎マーラー
交響曲第 4 番●2010 年 12 月 15 ～ 17 日■パーション（S）
交響曲第 6 番●2011 年 5 月 4 ～ 6 日
交響曲第 8 番●2011 年 10 月 12 ～ 14 日■ロビンソン（S），ベヒレ（A），ボタ（T），フォレ（Br）ほか，ラトビア国立 Chor，テルツ少年 Chor，BRChor

コンサート映像

◎ベートーヴェン：**交響曲全集**●2012年■カルク（S），藤村美穂子（Ms），シャーデ（T），フォレ（Br），BrChor，BRSO▶Althaus（DVD／BD）〔すべて東京公演で、第3番は2012年11月26日、第6番は2012年11月30日の演奏。それ以外の収録日はCDの新全集と同じ。アンコールの伝ハイドン：弦楽四重奏曲Op.3 No.5『セレナード』第2楽章と40分ほどのリハーサル風景（ヘルクレスザール）も収録。NHKより発売の国内盤は他のアンコール曲（シューベルト：『楽興の時』第3番ティエルオ編）も含み、高音質仕様をうたっている（リハーサル風景なし）〕

◎ベートーヴェン：**ミサ曲ハ長調**／ストラヴィンスキー：**三楽章の交響曲**／フンメル：**トランペット協奏曲**●2018年1月11日■キューマイアー（S）ほか声楽陣，アンゲラー（tp），BRChor，BRSO▶Belvedere（DVD／BD）〔ヤンソンスの75歳誕生日祝賀コンサート。ミサ曲はCDと同じ音源〕

◎マーラー：**交響曲第2番**●2009年12月3日／**交響曲第3番**●2010年2月3・4日／**交響曲第8番**●2011年3月4・6日■RCOほか▶RCO Live（DVD）〔既出のCDと同じ音源。RCOによる映像版マーラー交響曲全集（11DVD）所収〕

◎R・シュトラウス：**『ドン・ファン』**／ワーグナー：**『ヴェーゼンドンク歌曲集』**／ブラームス：**交響曲第1番**●2012年8月・ザルツブルク祝祭■ステンメ（S），WPh▶Euro Arts（DVD／BD）

◎ヴァルトビューネ1994～ナイト・オブ・ダンス・アンド・ラプソディ
スッペ：**『軽騎兵』序曲**／シューベルト：**『さすらい人』幻想曲**（リスト編）／R.シュトラウス：**『ばらの騎士』よりワルツ**／リンケ：**『ベルリンの風』**ほか全11曲●1994年6月19日■ルディ（pf），BPh▶Kultur（DVD）

◎オープン・エア～アンコール名曲の夕べ　ヴァルトビューネ2002
モニューシュコ：**歌劇『ハルカ』よりマズルカ**／チャイコフスキー：**『懐かしい土地の思い出』よりメロディ**／マスカーニ：**『カヴァレリア・ルスティカーナ』間奏曲**／マスネ：**『ル・シッド』よりアラゴネーサ**ほか全21曲●2002年6月23日■レーピン（vn），BPh▶EuroArts（DVD）

◎ヤンソンス＆ベルリン・フィル ライヴ・イン・東京2000
ヴェーバー：**『オベロン』序曲**／ショスタコーヴィチ：**ヴァイオリン協奏曲**

第1番／バッハ：**無伴奏ヴァイオリンのためのソナタ第1番 BWV1001 よりプレスト**／ドヴォルザーク：**交響曲第8番**，スラヴ舞曲第2集より第7番●2000年11月26日■ハーン（vn），BPh▶EuroArts（DVD）〔サントリーホールでの来日公演ライヴ。アンコールも収録〕

◎ヨーロッパ・コンサート2001
ハイドン：**交響曲第94番『驚愕』**／モーツァルト：**フルート協奏曲第2番**／ベルリオーズ：**幻想交響曲**●2001年5月1日イスタンブール、聖イレーネ聖堂で収録■パユ（fl），BPh▶EuroArts（DVD／BD）

◎ヨーロッパ・コンサート2017
ヴェーバー：**『オベロン』序曲／クラリネット協奏曲第1番**／ドヴォルザーク：**交響曲第8番**ほか●2017年5月1日キプロス、パフォス城特設会場にて収録■オッテンザマー（cl），BPh▶EuroArts（DVD／BD）

◎ニューイヤー・コンサート2006
J. シュトラウス2世：**『狙いをつけろ』**／ランナー：**『モーツァルト党』**／E. シュトラウス：**『電話』**ほか全23曲●2006年1月1日■WPh▶DG（DVD，音声のみのCDもあり）

◎ニューイヤー・コンサート2012
J. シュトラウス2世／ヨーゼフ・シュトラウス：**『祖国行進曲』**／チャイコフスキー：**『眠りの森の美女』より「パノラマ」**／ヨーゼフ・シュトラウス：**『うわごと』**ほか全24曲●2012年1月1日■ウィーン少年Chor，WPh▶Sony（DVD／BD，音声のみのCDもあり）

◎ニューイヤー・コンサート2016
シュトルツ：**『国連行進曲』**／J. シュトラウス2世：**『観光列車』**／E. シュトラウス：**『速達郵便で』**ほか全21曲●2016年1月1日■ウィーン少年合唱団，WPh▶Sony（DVD／BD，音声のみのCDもあり）

◎ローマ教皇ベネディクト16世を讃えて
パレストリーナ：**『汝はペテロなり』**／ベートーヴェン：**交響曲第9番**●2007年10月27日ヴァチカン・パウロ6世ホールで収録■ストヤノヴァ（S），ブラウン（Ms），シャーデ（T），フォレ（Br），BRChor，BRSO▶Arthaus（DVD）〔教皇の説話やドキュメンタリーも併録〕

バイエルン放送響とのリハーサル（CD、全曲の演奏は含まず）▶BR Klassik

◎ベルリオーズ：**幻想交響曲**●2003年10月23・24日の演奏会のために〔首席指揮者就任後初のリハーサルでのスピーチ、ジャーナリストとの対談などを含む〕
◎R. シュトラウス：**『ティル・オイレンシュピーゲルの愉快ないたずら』**●2009年3月2日の演奏会のために
◎チャイコフスキー：**交響曲第5番**●2009年10月9日
◎コンダクターズ・イン・リハーサル――マリス・ヤンソンス編（4CD）
ストラヴィンスキー：**『ペトルーシュカ』**●2001年10月11・12日の演奏会のために
チャイコフスキー：**交響曲第6番**●2004年6月21日〔同年6月25日の演奏会本番より第1楽章も収録〕
ショスタコーヴィチ：**交響曲第7番**●2016年2月9～12日の演奏会のために
ラフマニノフ：**『交響的舞曲』**●2017年1月24日

ドキュメンタリー

◎「マリス・ヤンソンス・イン・リハーサル」
バルトーク；『中国の不思議な役人』組曲のリハーサル風景と本番の映像（部分）。オスロPO（1997年）▶Arthaus（DVD）
◎ローベルト・ノイミュラー『音楽は心と魂のことば』▶ORF（オーストリア放送協会），2011年〔RCOとのマーラー：交響曲第2番のBD（Cmajor発売）に併録〕

◎エッカルト・クヴェルナー／ザビーネ・シャルナーグル『音楽は常に正しい』▶バイエルン放送協会，2013年〔原題 Die Musik hat immer recht. で検索すると視聴できるサイトが見つかる。来日時の映像も含む〕

文献

コンスタンティン・フロロス『作品への奉仕者——指揮者の教師ハンス・スワロフスキー』「ダス・オルケスター」2009 年 2 月号所収

ハルトムート・ハイン／ユリアン・カスケル共編『指揮者ハンドブック——250 人のポートレート』カッセル，ベーレンライター／メッツラー 2015 年

ロデリック・L・シャープ／ジャンヌ・クークック・スティアマン共著『アメリカのマエストロたち』ラナム，スケアクロウ・プレス 2008 年

カトリン・ライヒェルト『ドイツ占領下のラトビア——1941–944 ラトビアのホロコーストへの関与』ベルリン，メトロポール出版社 2011 年

ピーター・レイノルズ『BBC ウェールズ・ナショナル管弦楽団—記念出版』ロンドン，BBC 2009 年

アレクサンダー・ヴェルナー『カルロス・クライバー』マインツ、ショット 2008 年〔邦訳は『カルロス・クライバー　ある天才指揮者の伝記』(上下巻)、喜多尾道冬・広瀬大介 共訳、音楽之友社、2009 ／ 10 年〕

人名索引

著者

マルクス・ティール *Markus Thiel*

一九六五年、ドイツ・バイエルン州のバート・テルツに生まれる。ミュンヘン大学卒。同地の新聞『ミュンヒナー・メルクーア』で音楽欄を担当するジャーナリスト。とくにオペラと声楽に造詣が深く、オペラ専門誌『オーパーンヴェルト』にも寄稿し、またドイツ・レコード批評家賞の審査員もつとめている。著書に Edita Gruberova ― “Der Gesang ist mein Geschenk “: Biografie. Bärenleiter/Henschel 2012 がある（未訳）。

訳者

小山田 豊（おやまだ・ゆたか）

上智大学大学院博士課程満期退学。早稲田大学ほか兼任講師。C・テヴィンケル『コンサートが退屈な私って変？』（春秋社）によりマックス・ダウテンダイ独和翻訳賞受賞。ほかに訳書としてI・メッツマッハー『新しい音を恐れるな』（春秋社）、K・デッカー『愛犬たちが見たリヒャルト・ワーグナー』（白水社）など。

口絵写真

[1]-[4],[6],[7] © 個人蔵

[5],[8]-[10] © Reinhard Friedrich/Archiv Berliner Philharmoniker

[11] © Arne Knudsen

[12] © Renske Vrolijk/Royal Concertgebouw Orchestra

[13],[14] © Anne Dokter

[15],[16],[18]-[20] © Peter Meisel

[17] © Matthias Schrader

[21] © Michel Neumeister

[22]-[33] © Peter Meisel

マリス・ヤンソンス

すべては音楽のために

2022年7月30日　初版第1刷発行

著者――――マルクス・ティール
訳者――――小山田豊
発行者―――神田　明
発行所―――株式会社 春秋社
〒101-0021 東京都千代田区外神田2-18-6
電話 03-3255-9611
振替 00180-6-24861
https://www.shunjusha.co.jp/
印刷・製本――萩原印刷 株式会社
装丁――――芦澤泰偉

Printed in Japan, Shunjusha
ISBN978-4-393-93604-7 C0073
定価はカバー等に表示してあります

アンドラーシュ・シフ／岡田安樹浩 訳

静寂から音楽が生まれる

現代最高のピアニスト、シフのインタビュー&エッセイ集。円熟した偉大な芸術家の素顔と、音楽への深い洞察が、ユーモアやウィットに富んだ繊細なタッチで紡がれる。

3300円

堀米ゆず子、矢部達哉、下野竜也、小曽根真 他／山田陽一 編

グルーヴ！ 「心地よい」演奏の秘密

クラシックに「グルーヴ」は存在するのか？ 音楽体験の本質を追究する民族音楽学者が、プロの演奏家10名にインタビュー。感動や快感を生み出す「心地よさ」の正体に迫る。

2970円

マーク・エヴァン・ボンズ／堀朋平、西田紘子 訳

ベートーヴェン症候群 音楽を自伝として聴く

なぜわれわれは芸術表現に作り手の人生を読み取ろうとするのか。二〇〇年にわたり、ベートーヴェン受容とともに醸成されてきた音楽聴取のありかたを、丁寧に炙り出す。

3850円

H＝J・ヒンリヒセン／高松佑介 訳

ブルックナー 交響曲

独自の小宇宙を形成しているブルックナーの全交響曲を、体系的かつコンパクトに解説。膨大な一次資料と最新の研究成果に基づき、交響曲創作の背景と各交響曲の本質を捉える。

3080円

沼野雄司

エドガー・ヴァレーズ 孤独な射手の肖像

20世紀の音楽界でただひたすらに新しい音響の創出のみを志し、多くの作家・芸術家を魅了した作曲家ヴァレーズ。その波乱に満ちた生涯と、比類なき創作の軌跡。

5280円

F・アンセルミニ、R・ジャコブ／桑原威夫 訳

コルトー＝ティボー＝カザルス・トリオ 二十世紀の音楽遺産

20世紀を代表する一流ソリスト、コルトー、ティボー、カザルスが結成したピアノ三重奏団の伝記。音楽だけでなく、批評や興業、演奏家と戦争との関わりをも網羅する一冊。

2750円

◆表示価格は税込（10％）